Sobre a República

FUNDAÇÃO EDITORA DA UNESP

Presidente do Conselho Curador
Mário Sérgio Vasconcelos

Diretor-Presidente / Publisher
Jézio Hernani Bomfim Gutierre

Superintendente Administrativo e Financeiro
William de Souza Agostinho

Conselho Editorial Acadêmico
Luís Antônio Francisco de Souza
Marcelo dos Santos Pereira
Patricia Porchat Pereira da Silva Knudsen
Paulo Celso Moura
Ricardo D'Elia Matheus
Sandra Aparecida Ferreira
Tatiana Noronha de Souza
Trajano Sardenberg
Valéria dos Santos Guimarães

Editores-Adjuntos
Anderson Nobara
Leandro Rodrigues

CÍCERO

Sobre a República

Tradução, apresentação e notas
Isadora Prévide Bernardo

© 2024 Editora Unesp

Título original: *De re publica*

Direitos de publicação reservados à:
Fundação Editora da Unesp (FEU)
Praça da Sé, 108
01001-900 – São Paulo – SP
Tel.: (0xx11) 3242-7171
Fax: (0xx11) 3242-7172
www.editoraunesp.com.br
www.livrariaunesp.com.br
atendimento.editora@unesp.br

Dados Internacionais de Catalogação na Publicação (CIP) de acordo com ISBD
Elaborado por Vagner Rodolfo da Silva – CRB-8/9410

C568s
Cícero
    Sobre a República / Cícero; traduzido por Isadora Prévide Bernardo. – São Paulo: Editora Unesp, 2024.

    Tradução de: *De re publica*
    Inclui bibliografia.
    ISBN: 978-65-5711-248-9

    1. Filosofia. 2. Antiguidade Clássica. 3. Filosofia política. 4. Filosofia romana. 5. Política romana. 6. Política. 7. Pensamento clássico. 8. Filosofia clássica. 9. Roma. 10. Diálogo filosófico. I. Bernardo, Isadora Prévide. II. Título.

2024-2031   CDD 100
                                                                                  CDU 1

Editora afiliada:

Sumário

Apresentação . 7
   Notas sobre a tradução . 50

Sobre a República . 53

Livro Primeiro . 55

Livro Segundo . 125

Livro Terceiro . 177

Livro Quarto . 227

Livro Quinto . 243

Livro Sexto . 255

Notas . 275

Referências bibliográficas . 305

Apresentação

A obra *De re publica*, isto é, *Sobre a República*, de Marco Túlio Cícero (106-43 a.C.), foi escrita entre os anos 54 e 51 a.C. Neste tratado, Cícero examina "a melhor *ciuitas* e o melhor concidadão".[1] Foi uma de suas primeiras obras, escrita depois de *De Oratore* (55 a.C.) e concomitantemente a *De Legibus*.

Nas epístolas de Cícero ao irmão Quinto e ao amigo Ático, têm-se informações da época de composição da obra *Sobre a República*. Essas cartas fornecem referências para o processo de composição de seus livros e para as razões que o levaram a empreender o trabalho e, em muitos casos, a data de publicação, indicações ocasionais sobre sua recepção, além de outras informações, como as formulações e reformulações feitas nos textos.

Cícero começa a escrever *Sobre a República* em maio de 54 a.C., como diz a seu irmão Quinto na epístola *Ad Quintum Fratrem*,

---

1 Cícero, *Ad Quintum Fratrem*, III, V e VI. A tradução utilizada aqui foi publicada em Bernardo, Apresentação à Epístola *Ad Quintum Fratrem*, III, V e VI, de Marco Túlio Cícero.

II, 12, 1: "[em Cumas] escrevia sobre aquela que chamava política, sem dúvida uma obra densa e laboriosa, mas, se suceder como penso, o trabalho será bem aproveitado". Ao amigo Ático, em julho de 54 a.C. (*Ad Atticum*, IV, XVI, 2-3), fala sobre o plano da obra, as personagens do diálogo, o modelo aristotélico que irá utilizar nos prólogos de todos os livros. Em *Ad Atticum*, IV, XVIII, 2, de outubro de 54 a.C., escreve que já não existe mais a República que dava a ele o sentimento de paz, expressando seu desgosto político. Em *Ad Quintum Fratrem*, III, V e VI, no final de outubro ou no início de novembro de 54 a.C., Cícero disserta novamente sobre a obra e seu descontentamento com a política:

> 1. Perguntas como andam aqueles livros que comecei a escrever quando eu estava em Cumas. Não os interrompi, nem os interrompo; mas já mudei todo o plano e o método de escrita muitas vezes. De fato, já compus dois livros, os quais se passam no festival novendial – à época do consulado de Tuditano e Aquílio; estabeleci a conversa entre Africano (pouco antes de sua morte), Lélio, Filo, Manílio, Públio Rutílio, Quinto Tuberão e os genros de Lélio: Fânio e Cévola. E a conversa acontece em nove dias e é distribuída em nove livros, que [tratam] da melhor associação de *ciuitas* e do melhor concidadão.

Nesse parágrafo da carta, Cícero expõe de modo conciso todo o contexto em que a obra está inserida, a saber: quem são seus interlocutores (de duas gerações anteriores à dele), a época em que se passa a obra – ano 129 a.C. – e a quantidade de livros que está escrevendo. Temos algumas mudanças em relação à quantidade de livros, que antes eram nove e passaram a

Sobre a República

ser seis, e à data fictícia, que deixou de ser nas *nouendiales feriae* e passou a ser nas *feriae latinae*. Continuemos a leitura dessa carta:

> Sem dúvida, a obra era tecida de maneira elegante, e a posição dos homens [nela retratados] causava no discurso algo a mais de gravidade. Quando li esses livros para Salústio, em Túsculo, fui advertido por ele que esses assuntos poderiam ser discutidos com muito mais autoridade se eu fosse um dos próprios interlocutores da República, principalmente porque eu não era um Heráclides Pôntico, mas um cônsul, e extremamente versado nos assuntos da República. Aquilo que sei, atribuo aos homens de antigamente, e, ainda assim, [perto deles,] parece-me um mero fingimento. Nesses nossos livros, que eram de retórica, sutilmente havia me retirado do diálogo dos oradores; porém, tendo examinado bem, retornei para os oradores. Do mesmo modo, Aristóteles também possui falas em sua própria obra, quando escreve acerca da República e do eminente varão. 2. Ele me comoveu, e ainda mais, porque não pudera atingir os maiores movimentos de nossa *ciuitas*, porque eram inferiores naqueles tempos em que falavam [...]; e te enviarei aqueles [livros] que começara, se eu for a Roma. Pois penso que tu estás prestes a acreditar que os livros foram deixados de lado, não sem uma grande irritação de minha parte.

Nesse último excerto observamos que assim como Aristóteles introduziu em sua obra trechos em sua própria voz, do mesmo modo Cícero o fará nos exórdios dos livros I, III e V de sua obra. E a conversa ocorrida em cada dois livros corresponde a um dia de diálogo.

Cabe notar que, quando escreveu a obra, Cícero não mais ocupava um cargo público: "Afasto-me, certamente, de todos os cuidados em relação à república e dedico-me às letras".[2] Esse afastamento lhe é penoso: "Agonizo, meu caro irmão, agonizo por não haver república, por não haver justiça e por minha idade nesta época, quando [minha] autoridade senatorial deveria florescer".[3]

O tema do afastamento da República e da dedicação às letras é recorrente em muitas de suas obras; mas dedicar-se às letras, quando longe da vida pública, não deixa de ser um trabalho público, ou seja, é o modo mais útil e honesto de servir à República. Certamente poder-se-ia dizer que *Sobre a República* seria uma obra que levasse os leitores a refletir sobre o momento de crise política que estavam vivendo em Roma. Observamos que a ideia da filosofia ligada ao contexto romano perpassa a produção filosófica ciceroniana, pois para Cícero a filosofia parece ser uma forma de ação, e não apenas uma teoria.

Em *Ad Atticum*, V, XII, 2, de julho de 51 a.C., Cícero diz a Ático que seu tratado está concluído, e em 51 a.C., tem-se notícia, por meio da epístola *Ad Familiares*, VIII, I, 4, de que a obra foi publicada. Célio Rufo diz: "Teus livros políticos têm grande importância entre todos". E, em *Ad Atticum*, VI, I, 8, de 50 a.C., Cícero afirma o seu agrado pelo tratado.

Em sua epístola *Ad Familiares*, IX, II, 5, de 46 a.C., demonstra sua satisfação em ter escrito sua obra sobre política e poder lê-la é um consolo.

* * *

---

2 Cícero, *Ad Quintum Fratrem*, III, V e VI, 3.
3 Ibid.

Sobre a República

É preciso considerar o contexto em que Cícero e sua produção filosófica estavam inseridos. De acordo com Sabine e Smith,[4] o pensamento político do período entre a morte de Aristóteles e o tempo da atividade literária de Cícero – ou seja, quase todo o período helenístico – foi, ao mesmo tempo, importante e obscuro. Obscuro porque não restaram muitos trabalhos da época. Importante porque nesse período ocorreu uma mudança dos grandes ideais sociais e políticos. A visão política de Platão e Aristóteles está atrelada à *pólis* e sua filosofia política é inteiramente dedicada a ideias e problemas relativos a esse tipo de organização política. Mas a *pólis* deu lugar a grandes impérios e os ideais políticos de comunidades urbanas centralizadas tiveram de ser reconstituídos para adequar-se à ideia de uma comunidade universal, ao mesmo tempo, humana e ampla. Tornou-se necessário aos romanos pensar em um novo modo de agir que se adequasse a novos espaço e tempo políticos. A filosofia estoica em Roma era capaz de refletir sobre as ideias dessa nova configuração política.

Assim, independentemente dos grandiosos sistemas tanto de Platão quanto de Aristóteles, os estoicos encontraram preparado seu território. O "uno" deve ser unificado com os "muitos"; a Natureza deve estar em aliança ofensiva e defensiva com o Homem; os homens, como indivíduos, devem estar alinhados com a Humanidade, o universal. Embora os fatores do estoicismo possam ser encontrados no pensamento grego anterior, os catastróficos eventos seculares exigiram sua reorganização. O Helenismo chegou a ter contrastes e exclusões; a originali-

---

4 Cícero, *On The Commonwealth*, p.7-8.

Cícero

dade do estoicismo está na sua corajosa tentativa de fornecer inclusões, clamor imperativo dadas as circunstâncias da época.[5]

Segundo Ojea, desde o término das Guerras Púnicas,[6] houve o surgimento de uma nova força: a potência romana estava disposta a expandir-se por todo o entorno do Mediterrâneo. A situação política e social criada pela expansão romana no Mediterrâneo pedia uma base teórica adequada. O estoicismo forjou um sistema dogmático de ideias peculiares, com uma direta dependência de certa estrutura política e social – a do mundo helenístico da época. Se os primeiros estoicos[7] falaram sobre a Cosmópolis, Cícero trouxe a universalidade desta para a república e a expressou por meio das virtudes e da grandeza de Roma. Os pensadores do estoicismo médio estavam dispostos a introduzir e adaptar suas teorias éticas e políticas aos postulados dos governantes e soldados com quem entraram em contato.[8] Foi Panécio de Rodes que, convivendo com a aristocracia romana, principalmente com o Círculo dos Cipiões (ao qual o historiador Políbio também pertencia), adaptou o legado estoico aos interesses sociais dominantes.[9] Desse modo, o estoicismo mostrou-se fértil para a reflexão na República

---

5 Wenley, *Stoicism and its influence*, p.80.

6 Guerras contra Cartago, que aconteceram de 264 a.C. a 146 a.C. Roma vence e passa a ter o domínio do Mediterrâneo.

7 A produção dos filósofos estoicos perpassou séculos. Com isso, a história da escola estoica foi dividida em três fases: Estoicismo Antigo (Zenão, Cleantes e Crisipo), Estoicismo Médio (Panécio, Posidônio) e Estoicismo Imperial (Sêneca, Epicteto e Marco Aurélio).

8 Ojea, *Ideología e historia: el fenómeno estoico en la sociedad antigua*, p.133-4.

9 Ibid., p.135.

Sobre a República

romana. Cícero é herdeiro do estoicismo de Panécio e pensa a República romana na perspectiva estoica romana, quando não se tratava mais da *pólis*, nem da Cosmópolis (como para os primeiros estoicos), mas da *res publica*.

Em Roma, Panécio introduziu a ideia da reunião dos concidadãos em uma *ciuitas*, e o cosmopolitismo estoico parece ter cedido espaço para a valorização da pátria e da vida pública. Para Chaui:

> Sem afirmar a superioridade da virtude prática sobre a teórica, Panécio deu grande valor à sociabilidade e, por sua relação com Cipião, aderiu ao forte sentimento cívico romano, deixando esmorecer o cosmopolitismo de seus predecessores estoicos. Segundo Bréhier, Panécio viu em Cipião um homem de conduta moral e política admiráveis, e, por sua vez, Cipião nele encontrou um guia moral necessário no momento da ascensão de Roma, com todas as ambições daí decorrentes.[10]

Ainda segundo Ojea, para Panécio apenas o bem moral é o verdadeiro bem para o homem, mas ele considera que as coisas conformes à natureza são valores reais para alcançar o ideal moral. O valor da vida permite a Panécio mostrar a importância da natureza do homem para a realização da moral. Na racionalidade humana há o impulso de conhecer, viver em sociedade e se submeter à ordem do mundo; são todos impulsos naturais e preciosos para a existência ética. Sua articulação constitui as bases da moralidade e o pressuposto da harmonia entre pensamento e ação sob o respaldo da razão – que são a finalidade

---

10 Chaui, *Introdução à história da filosofia, vol. 2: As escolas helenísticas*, p. 180.

da vida humana –, e se firmam em uma conduta conforme às disposições naturais de cada homem.[11]

Cícero se formou em um mundo helenizado. Escolheu abarcar da Grécia as letras, a sabedoria, determinadas palavras do vocabulário – mas o traduziu para o latim, pois tinha a seguinte preocupação: "será permitido a você usar, quando quiser, até termos gregos se acaso os latinos não lhe forem suficientes [...]. – Mas procurarei falar em latim, exceto quando usar palavras como filosofia, retórica, física ou dialética, as quais, como muitas outras, o uso já as emprega como latinas".[12] Para Cícero, traduzir o pensamento grego era um modo de assimilá-lo e, mais do que isso, criar uma tradição de pensamento latina; para isso, primeiramente, era preciso criar um vocabulário. O autor contribuiu para a consolidação da tradição escrita em Roma. Falar e filosofar em língua latina era um modo de consolidar a grandeza de Roma.

Um dos aspectos relevantes da formação filosófica de Cícero é o ecletismo – método que consiste na seleção de uma multiplicidade de teses e opiniões. Ele estudou as três principais escolas do período helenístico e escolheu o que acolher de cada uma. Observamos, em sua obra, uma forte oposição ao epicurismo, posto que, segundo essa doutrina, o sábio deveria abster-se dos assuntos relacionados à política, à vida pública.[13] Ele realizou uma apropriação do modo investigativo da Nova

---

11 Ojea, *Ideología e historia: el fenómeno estoico en la sociedad antigua*, p.140.

12 Cícero, Academica Posteriora, VII, 25, in: *De natura deorum. Academica* (a tradução que uso no corpo do texto é minha).

13 "O sábio não abordará os negócios públicos, a não ser em circunstâncias excepcionais", teria declarado Epicuro em sua obra perdida *Sobre a maneira de viver* (Diógenes Laércio, X, 119, apud Salem, *Tel un dieu parmi les hommes – l'Éthique d'Épicure*, p.141).

Sobre a República

Academia, ao buscar a constante investigação das questões e ao balancear seus prós e contras. Da filosofia estoica ele adotou a ética e os assuntos inerentes à *res publica*.

Na obra *Cicero: a study in the origins of republican philosophy*, Radford analisa quais aspectos Cícero decidiu acolher de cada historiador, filósofo ou de cada escola para a sua filosofia política, e aponta quatro elementos estoicos presentes no seu pensamento político, a saber:

> [primeiro,] que a meta fundamental da vida é viver de acordo com, ou constantemente com, a natureza. Nossa natureza é parte do universo natural, que é racional ou compreensível pela reta razão. A razão pode determinar a lei à qual nossa natureza pode ser conforme. [...] [Segundo,] somos naturalmente feitos para viver em comunidades. A justiça, como a lei e a razão, é um assunto da natureza, não uma convenção. [...] [Terceiro,] temos que pensar em todo o universo como uma única entidade política. A mesma natureza está em todos os seres humanos, a mesma razão, a mesma divindade vai relacionar todos nós, e a mesma lei natural é relevante para todos nós. [...] [Quarto,] os homens sábios devem ser engajados na vida ativa, na política, e devem ser homens políticos.[14]

No entanto, Cícero não abarcou esta filosofia como um todo, uma vez que escolheu o que queria acolher. Introduziu a

---

14 Radford, *Cicero: a study in the origins of republican philosophy*, p.21. O autor retirou tais afirmações das seguintes obras de Cícero: *De Finibus*, III, 20, IV, 25-26; *De Legibus*, I, 36, *De Finibus*, III, 62, *De Officiis*, I, 12-13; *De Finibus*, III, 62, IV, 5; *De Officiis*, II, 73.

valorização da vida ativa feita por Panécio e, em *Sobre a República*, trouxe elementos de matriz estoica para fundamentar seu pensamento político.

A obra *Sobre a República* representa um modo de integrar a filosofia com uma particular concepção de *res publica* romana, uma concepção filosófica e historicamente fundada, e tem como premissa a noção de que a constituição de Roma se deu pelo desenvolvimento virtuoso. Desde o princípio temos de compreender que há um pano de fundo da concepção estoica de natureza que perpassa a obra. Para o estoicismo, a natureza é uma razão ordenadora que permite tanto o vínculo de linguagem e a percepção temporal como a *oikeiósis* (sentimento de cuidado) — e, por conseguinte, o vínculo político entre os homens. Os homens são conduzidos por essa razão ordenadora a viver em uma república, e dessa forma reunir-se em uma comunidade é uma manifestação da sociabilidade natural dos homens. Primeiramente, Cícero aponta o princípio natural da república (a inclinação natural dos homens para se unirem); em seguida, expõe o lugar do princípio natural da república na história, narrando feitos memoráveis que demonstram que a república se desenvolveu pelo acúmulo da experiência de concidadãos de muitas gerações.

* * *

No exórdio do Livro I de *Sobre a República*, Cícero se serve de um recurso retórico em que afasta temporalmente a data dramática da obra do momento em que ela foi escrita. Parece-nos que a contextualização desta no passado tem a função de mostrar aos contemporâneos como eles estavam vivendo em

Sobre a República

um momento de declínio, e a solução para Roma retomar a sua grandeza seria recuperar as ações virtuosas, portanto, exemplares do passado.

Cícero se coloca como filósofo e uma testemunha,[15] um narrador historiador. Fox aponta que "Cícero está explorando a ideia de dar ao diálogo um status histórico confiável e o potencial dinâmico de remover sua própria voz de autor do diálogo".[16] No entanto, ele constrói uma cena em que ouve a discussão — a conversa — e a narra a outrem na obra. As múltiplas figuras de narradores testemunhas trazem um aspecto ainda mais testemunhal: quem viu e ouviu, e posteriormente transmitiu a outrem. O recurso aos exemplos históricos ao longo da obra tem relevância não apenas como instrumento retórico, mas também como assunto que passa a ser incorporado ao conteúdo filosófico. Ademais, tais exemplos garantem a coesão da argumentação, a sustentação por meio da comprovação com as provas históricas. Ao colocar as discussões no passado, Cícero faz com que a autoridade dos interlocutores seja trazida à obra.

A data dramática de *Sobre a República* é o ano de 129 a.C., pouco antes da morte de Cipião, principal interlocutor da obra. Vejamos o exórdio do livro I, em que temos notícia de que foi uma conversa contada a Cícero da seguinte forma:

---

15 Hartog, ao explicar o significado da palavra *histoiê*, analisa: "Palavra abstrata, formada sobre o verbo *historein*, investigar, história derivou de *histôr*, termo ligado a *idein*, ver, e a *(w) oida*, eu sei. O *histôr* seria a 'testemunha', 'aquele que sabe por ter visto ou sido informado'". Cf. Hartog, A fábrica da História: do "acontecimento" à escrita da História — as primeiras escolhas gregas, p.7.

16 Fox, *Cicero's Philosophy of History*, p.89.

Cícero

E, na verdade, o argumento que vou expor não é novo nem instituído por nós, mas devo rememorar a discussão de uma única geração de varões ilustríssimos e sapientíssimos de nossa *ciuitas*, que foi a mim e a ti exposta por Públio Rutílio Rufo, que era adolescente, quando estivemos com ele, por muitos dias, em Esmirna. Penso que nada foi preterido do que era pertinente sobre a maior das obras, sobre todas essas coisas.[17]

Compreendemos, que, de certa forma, Cícero assume a figura do *hístor* como "aquele que sabe por ter sido informado",[18] mesmo não se servindo da expressão e ainda raramente utilizando a palavra "história" ao longo da obra. Ao afirmar que vai "rememorar a discussão" que foi exposta a ele e a seu irmão por Rutílio Rufo, elabora uma dupla figura de narradores — Rutílio e ele — que busca na memória aquilo que vai transmitir. Se temos dois narradores, logo, temos uma tripla distância em relação ao acontecido e três tempos distintos, a saber: o do acontecimento; o da narração de Rutílio a Cícero; e o da narração de Cícero. Esses três tempos representam, respectivamente, o tempo em que se desenrola o diálogo, o tempo em que o diálogo foi contado a Cícero e o que Cícero está escrevendo. Além disso, nós vemos as ações narradas filtradas por dois ângulos, o de Cícero e o de Rutílio; narrar é uma capacidade de transmitir experiências, e a fonte dessa obra é a conversa transmitida de pessoa para pessoa. A figura de Cícero como narrador é de um homem que é cioso dos costumes romanos, da filosofia e da vida públi-

---

17 Cícero, *De re publica*, I, 13.
18 Hartog, A fábrica da História: do "acontecimento" à escrita da História — as primeiras escolhas gregas, p.7.

Sobre a República

ca, está apto a governar em um momento de crise e conhece as narrativas históricas de Roma. Essa dupla figura de narradores, sendo um deles uma testemunha ocular, fortalece ainda mais o estatuto historiográfico que há na obra, reforçando que, para falar sobre a melhor *ciuitas* e o melhor concidadão, não basta construir uma obra ao mesmo tempo reflexiva e voltada para a ação; o texto não deve apenas trazer argumentos filosóficos, mas devemos nos servir da utilidade dos exemplos e argumentos históricos. Ademais, ao longo do diálogo, pode-se observar o posicionamento político de Cícero por meio das falas de Lélio e Cipião em defesa da república. Ao rememorar a conversa entre Cipião e seus amigos, o autor elabora conceitos políticos ao longo do curso dos acontecimentos em Roma. Assim, o constante resgate da história, seja pela ambientação, seja pelos exemplos citados, faz com que percebamos uma maior distância temporal de Cícero em relação à data do diálogo. Esse recurso ajuda a dar o efeito de uma conversa que ocorreu com varões de duas gerações anteriores à de Cícero, e isso garante a verossimilhança ao texto ao mesmo tempo que todos os exemplos históricos constitutivos da obra possuem mais força e qualidade, mostrando a grandiosidade do passado e dos costumes. O narrador figura entre os sábios e sabe aconselhar, pois pode recorrer ao que está guardado em sua memória – e o que está guardado é tanto o que ele próprio viveu e aprendeu quanto o que lhe foi contado (as experiências de outros varões eminentes).

Também no exórdio do livro, I, Cícero constrói a figura do homem sábio-político por meio de dois argumentos centrais: o amor pátrio e o combate aos que julgam que a sabedoria é incompatível com a vida pública. Os varões que lutaram pela salvação da pátria são dignos de admiração, pois colocaram os

interesses públicos em primeiro lugar; são os que antepõem o amor à pátria em detrimento do próprio. O amor à pátria é um sentimento de reconhecimento, na medida em que devemos a ela tudo o que temos; ele deve ser incondicional. Cícero faz objeções àqueles que se opõem à atividade política e mostra a necessidade de os bons concidadãos protegerem os outros concidadãos. Eles precisam estar preparados a qualquer momento quando a república necessitar. O concidadão virtuoso deve dedicar-se ativamente à política, deve ter qualidades morais que o habilitem à ação política. Um sábio-político é aquele que é educado nas artes liberais e nos costumes romanos, como o exemplo de Catão em *Sobre a República*, I, 1, que possui "ação e virtude".

Nosso autor escreve contra os epicuristas — chamados de "opositores" ou "vulgo" —, e, para sustentar sua argumentação, emprega a doutrina estoica e os exemplos de homens (Catão, Cipião) que agem de acordo com preceitos estoicos e que lutaram pela pátria. Enfatiza-se a necessidade de praticar a virtude, ou seja, de usá-la na vida pública em benefício do povo. O que os filósofos dizem de reto e honesto é confirmado pelos que fazem as leis para a *ciuitas*. Para Cícero, o sábio é o que ensina as virtudes como justiça, confiança, equidade, pudor, continência, honra, honestidade, fortitude, religião e direito das gentes por meio do exemplo.[19] Algumas dessas virtudes são confirmadas pelos costumes, ao passo que outras são sancionadas pelas leis. O concidadão sábio é aquele que defende os interesses públicos, ou seja, é um homem sábio e político. É dever do concidadão sábio e político engrandecer as obras do gênero humano por meio de seu discernimento e trabalho,

---

19 Cf. Cícero, *De re publica*, I, 2.

Sobre a República

e isso ocorre por estímulo da própria natureza. É dever dos concidadãos cuidar da pátria, isto é, servir a pátria para que ela também lhes proporcione um refúgio. Logo, a pátria não pode ser um simples refúgio sem darmos nada a ela. Aos bons, aos fortes e aos de grande ânimo não haveria causa mais justa do que servir à república.

Cícero, no exórdio, coloca-se como sábio-político, pois ocupou um cargo público quando a República estava em crise. Todos os interlocutores de *Sobre a República* ocuparam cargos públicos, e o principal interlocutor, Cipião, ao explicar como as pessoas devem ouvi-lo e vê-lo, diz ser um togado que foi "instruído de modo livre e foi abrasado pelo desejo de aprender desde a infância, mas foi muito mais instruído pela experiência e pelos preceitos domésticos do que pelas letras".[20] Assim, temos uma junção de teoria e prática. Se pensarmos na filosofia estoica paneciana, que foi a base filosófica de Cipião, a teoria apenas possui importância se for posta em prática.

Cícero, Cipião e Catão representam a perfeita figuração do exemplo. O sábio-político deve dar aos seus concidadãos o exemplo, deve possuir a virtude em si para que a república tenha uma forma justa — consequentemente, não degenerada —, pois a virtude de quem governa a república, ou daqueles que a governam, proporciona a estabilidade para a vida política. Dessa maneira, temos homens particulares que devem pensar no bem comum. Em *Sobre a República*, III, 5, Cícero afirma: "Pois o que pode ser mais notável do que a união da prática e da experiência dos grandes feitos com o conhecimento e os esforços naquelas artes? Ou quem pode se imaginar mais realizado que Públio Cipião,

---

20 Cícero, *De re publica*, I, 36.

que Caio Lélio, que Lúcio Filo?". O autor personifica a sabedoria, a realização e a ideia de dever cívico cumprido na figura de três homens públicos, interlocutores da obra.

* * *

Precisamos ficar atentos ao uso do conceito de *res publica* na obra, pois ele é usado de três modos diferentes: como coisa do povo, como forma de governo justa e como governo misto. República como coisa do povo é definida da seguinte forma:

> [XXV] 39. Portanto – disse Africano –, a república é a coisa do povo, porém o povo não é todos os homens agrupados de qualquer modo, mas congregados em um agrupamento da multidão por seu consenso quanto ao que é justo e uma reunião de utilidade comum. E a causa primeira para agrupar-se não é tanto a debilidade quanto uma certa naturalidade, por assim dizer, dos homens de se congregarem. De fato, este gênero [humano] não é solitário nem isolado, mas foi gerado de tal forma que nem mesmo na abundância de todas as coisas*

Isso quer dizer que a república é a coisa do povo, e o povo consiste em um agrupamento pelo consenso quanto ao que é justo e também de utilidade comum. Dessa forma, o que é útil para um deve ser útil para todos. E os fundamentos da justiça são: "primeiro, que ninguém seja lesado, depois, que a utilidade comum seja salvaguardada".[21] O conceito de justiça está presente na definição de povo, logo, na definição de república.

---

21 Cícero, *De officiis*, I, 31.

Sobre a República

O segundo uso do conceito de *res publica* é usado para denominar as formas de governo justas:

42. Depois, [a república] ou deve ser concedida a um, ou a alguns seletos, ou ser assumida pela multidão e por todos. Por essa razão, quando a maior de todas as coisas [públicas] está em posse de uma só pessoa, a este chamamos rei, e ao estado da república de reino; e quando está em posse dos seletos, então, diz-se que a *ciuitas* é regida pelo arbítrio dos optimates. Entretanto, há a *ciuitas* popular (como assim a chamam) aquela na qual tudo é do povo.

Monarquia, aristocracia e democracia também podem ser chamadas de repúblicas. E devemos observar que até o conceito de *ciuitas* pode ser usado para denominar essas formas de governo. Porém, como as formas simples de governo podem facilmente se degenerar e regenerar, em *Sobre a República*, I, 65, podemos analisar possíveis formas de degeneração e regeneração:

Quando eu disser tudo o que penso acerca daquele gênero de república que mais aprovo, terei de falar, mais cuidadosamente, acerca das mudanças das repúblicas e, mesmo não sendo fácil, considero que hão de acontecer nessa república. Mas, neste [governo] régio, a primeira mudança e a mais provável é esta: assim que o rei começa a ser injusto, imediatamente perece este gênero, e o rei fica idêntico a um tirano – o pior gênero e [ao mesmo tempo] o mais próximo do ótimo. Se os optimates o derrubam, como acontece quase sempre, a república tem o segundo estado dos três; com efeito, surge, por assim dizer, um conselho régio, ou seja, paternal, de principais [concidadãos] que cuidam bem do povo. Mas, se o povo por si mesmo mata ou expulsa o tirano,

23

é bastante moderado enquanto tem percepção e discernimento, e se alegra de seu feito e quer proteger por si mesmo a república constituída. Mas, se, alguma vez, o povo é violento com um rei justo ou o despoja inclusive de seu trono, o que acontece com mais frequência, provou o sangue dos optimates e submeteu toda a república aos seus caprichos [...].

No excerto citado, observamos uma série de marcas de indeterminação para tratar da degeneração e da regeneração, tais como: "provável", "se", "quase sempre", "alguma vez". Esses advérbios e os usos da conjunção "se" deixam o espaço aberto para múltiplas possibilidades, o que demonstra uma quantidade de probabilidades do porvir. Outra possibilidade de degeneração e regeneração sem predeterminação é apontada em *Sobre a República*, I, 68:

> Dessa maneira, como se fosse uma bola, os tiranos tomam para si o governo da república dos reis, mas os principais tomam este dos tiranos ou do povo, e as facções tiram dos principais ou do tirano, e nunca se mantém por muito tempo o mesmo tipo de república.[22]

Com essas passagens, observamos a inexistência de um ciclo predeterminado, a recusa ciceroniana da necessidade do destino, a recusa de um encadeamento de ações predeterminadas e do nexo necessário de causalidade, no plano da história e da política. É justamente porque o homem é capaz de deliberar que Cícero rompeu com o determinismo estoico e colocou no homem a responsabilidade por suas ações e pela república. Logo, as formas de

---

22 Cícero, *De re publica*, I, 68.

Sobre a República

governo se degeneram não porque o destino assim determinou, mas porque os homens agiram de modo vicioso.

A terceira forma de usar o conceito de *res publica* é como governo misto; o autor considera que essa forma de governo deve ser preferível dentre as outras. Esta se cristalizou como a República. Cícero fala da seguinte forma sobre a República como quarto gênero de governo:

> São admiráveis as voltas e, por assim dizer, os ciclos de mudanças e vicissitudes nas repúblicas. Conhecê-los é próprio do sábio, então, prever as ameaças, a regulação do curso da república e a retenção em sua potestade é próprio de um grande concidadão e varão quase divino, no governo da república, moderando seu curso e mantendo-os sob sua potestade. Consequentemente, considero que é muito mais aprovável uma espécie de quarto gênero de república, moderado e misto, que se origina desses três que citei acima.[23]

Assim, desde já podemos observar filosoficamente o que se confirma quando se analisa o segundo livro da obra: a história de Roma, para Cícero, não é circular. O autor não segue a teoria da anaciclose polibiana,[24] que ilustraria uma teoria perfeita do eterno retorno, como descrita nas *Histórias*, V, IV, 7-12:

---

23 Cícero, *De re publica*, I, 45.

24 Segundo Schofield, Social and political thought, p.744-8, Políbio recorre a uma variedade de fontes filosóficas — algumas ainda identificáveis, outras não — para produzir um exercício de análise das formas de governo. A análise tem dois componentes principais: primeiro, a ideia de que as constituições florescem e depois decaem de acordo com um padrão cíclico natural; em segundo lugar, a noção

Então, a primeira forma que se constitui naturalmente e não por criação artificiosa é a monarquia, a qual se degenera e a [forma] que a segue é uma elaboração, e o melhoramento desta, a realeza. Esta última modifica-se em sua forma negativa, que é naturalmente conexa, ou seja, a tirania, e da sua queda nasce a aristocracia. Quando ela, segundo a natureza, degenera-se em oligarquia e o povo, tomado pela ira, pune as injustiças dos chefes, nasce a democracia. Com as prevaricações e as ilegalidades desta última, novamente, com o tempo se produz a oclocracia [...]. De fato, apenas quem compreendeu como cada [forma] nasce poderá compreender também quando, como e onde cada nova [forma] se desenvolverá, conhecerá o ápice, a mudança e o fim.

Na obra ciceroniana, não observamos uma teoria do eterno retorno – como nos primeiros estoicos[25] –, e de modo análogo, não observamos a anaciclose, mas, sim, a teoria da degeneração e regeneração das formas de governo sem uma ordem fixa e sem uma forma fixa, sem circularidade. Pode haver retorno e repetição, mas na obra ciceroniana o mundo não se consome e se recria – isso seria o que a anaciclose representa. Radice aponta, com base em um excerto de Cícero, que Panécio duvidava da teoria da conflagração cósmica, e, a partir disso, podemos depreender que Cícero também:

de que uma constituição mista, como a de Roma, tem mais força. Ele oferece um relato provável.

25 Vogt analisa que, para os antigos estoicos, cada ciclo do mundo era pensado para ser igual ao anterior; assim, os deuses, que eram eternos, sempre sabiam o que iria acontecer. Cf. Vogt, *Law, Reason and the Cosmic City: Political Philosophy in the Early Stoa*, p.117.

Sobre a República

Em virtude disto, os estoicos sustentam que seja destinado a ocorrer aquilo de que diziam que Panécio duvidava, ou seja, ao fim dos tempos, uma conflagração do Universo inteiro [...]. Não sobraria então nada além de fogo, do qual, exatamente como de um ser animado e de um deus, aconteceria uma paligênese do Universo, e este estaria marcado pelas mesmíssimas características.[26]

Radice aponta, ainda, que o filósofo Panécio "negou a doutrina da conflagração cósmica por assumir o princípio aristotélico da eternidade do cosmos".[27] Com isso, Cícero parece ter herdado de Panécio o rompimento com a conflagração cósmica e somou a isso o rompimento com a anaciclose polibiana. Disso depreendemos que o curso da história de Roma é construído pelas ações de quem rege a república, e não predeterminado pelo destino. Momigliano, em "Time in Ancient Historiography", afirma:

Políbio provavelmente aprendeu sobre o ciclo das formas de governo com algum filósofo e gostou da ideia, mas não pôde aplicá-la à sua narrativa histórica (como a conhecemos). Políbio, o historiador das guerras púnicas e da macedônica, parece não ter aprendido muito com o Políbio estudante das constituições. Gostaria de levar Políbio como um exemplo do fato de que os filósofos gregos geralmente pensavam em termos de ciclos, mas os historiadores gregos não o fizeram. É inútil argumentar se o seu sucessor Posidônio aplicou a visão estoica dos ciclos cósmi-

---

26 Cícero, *De natura deorum*, II, 46, 118.
27 Radice, *Estoicismo*, p.198.

cos à narrativa histórica porque não temos uma ideia precisa de como Posidônio escreveu a história como duração.[28]

* * *

No segundo livro de *Sobre a República* predomina a narrativa histórica, a matéria narrada é política e moral. Esse tipo de narrativa possui duas marcas principais: a temporalidade[29] e a matéria. Esta trata da ação de homens, ações políticas feitas tanto na cidade quanto na guerra (raramente retratada na obra ciceroniana) e dos feitos morais realizados em prol da pátria. Na obra, o que está em questão é o espaço público e sua manutenção, o diálogo inerente à vida republicana, as ações de muitos homens de muitas gerações, a formação de homens educados nos costumes e nas artes e a realização da natureza humana na vida política.

Rawson afirma que *Sobre a República* é um microcosmo de todos os interesses históricos de Cícero.[30] Podemos extrair

---

28 Momigliano, Time in Ancient Historiography, p.13.

29 "A matéria fundamental da história é o tempo; portanto, não é de hoje que a cronologia desempenha um papel essencial como fio condutor e ciência auxiliar da história. O instrumento principal da cronologia é o calendário, que vai muito além do âmbito do histórico, sendo antes de mais nada o quadro temporal do funcionamento da sociedade. O calendário revela o esforço realizado pelas sociedades humanas para domesticar o tempo natural [...]. Ele manifesta o esforço das sociedades humanas para transformar o tempo cíclico da natureza e dos mitos, do eterno retorno, num tempo linear escandido por grupos de anos: lustro, olimpíadas, séculos, eras etc." Cf. Le Goff, *História e Memória*, p.14.

30 Rawson, Cicero the Historian and Cicero the Antiquarian, p.36.

Sobre a República

do segundo livro, por meio da narrativa histórica, toda a teoria do governo misto e a negação da circularidade do curso da história.

Durante a narrativa em *Sobre a República*, II, Cipião é interrompido por Lélio e questionado sobre o método que está empregando:

> 21. [...] Nós realmente vemos que até mesmo tu começaste a discutir com um método novo, que [não se encontra] em nenhuma parte nos livros dos gregos. Pois aquele príncipe, com seus escritos, foi mais insigne que todos, e ele próprio escolheu uma área na qual construir, de acordo com seu arbítrio, uma *ciuitas* — talvez excelente, mas incompatível com a vida e os costumes dos homens.

Lélio se refere ao método da narrativa histórica, algo novo, pois Platão ("aquele príncipe") construiu sua filosofia política baseando-se em uma *politeia* que não era real, e os peripatéticos citaram diversas constituições, mas não detalharam o desenvolvimento histórico de nenhuma. Aqui podemos observar que Cícero quer comprovar historicamente o desenvolvimento de Roma. E continua:

> 22. Os outros dissertaram sobre os gêneros e razões das *ciuitates* sem nenhum exemplo e forma definida de república, a mim parece que farás as duas coisas: de fato, começaste de tal forma que preferes atribuir a outros as coisas que tu mesmo encontras do que forjar, como faz Sócrates em Platão. E sobre a localização da urbe, atribui à razão aquelas coisas que foram feitas por Rômulo

por acaso ou por necessidade. E disputas não com um discurso vago, mas com um definido sobre a república; assim, continua como começaste, pois já pareço perceber, na medida em que descreves os demais reis, uma república, por assim dizer, perfeita.

A história traz uma maior autoridade para a obra ciceroniana. Desde o início do livro II, ao enunciar que Roma foi constituída pelo acúmulo de experiências, o autor afirma que sua narrativa histórica mostra como ocorreu esse acúmulo. Portanto, a narrativa que reconstitui a história de Roma trata do que lhe foi proporcionado na fundação e do acúmulo de experiências por muitas gerações:

2. Sobre esse assunto ele costumava dizer que nosso estado de *ciuitas* era superior às demais *ciuitas*, pois naquelas havia, costumeiramente, alguns poucos dentre eles para constituir a república, [fazendo] leis e instituições, tal como Minos dos cretenses, Licurgo dos lacedemônios, Teseu, Drácon, Sólon, Clístenes e muitos outros dentre os atenienses; por fim, até o douto varão Demétrio de Faleros conservando a já enfraquecida e derrubada [república]. Porém, nossa república não foi constituída pelo engenho de um, mas de muitos, nem durante a vida de um homem, mas em alguns séculos e gerações. Pois [Catão] dizia jamais ter existido um engenho tão grande — alguém a quem nada escapasse — e que nem todos os engenhos reunidos em um só poderiam prever tanto, [a ponto de] abarcar em apenas um momento tudo, sem a experiência das coisas e sem amadurecimento.

Dessa forma, a República romana foi construída: trata-se de um somatório de tempos, de gerações, de ações. Em Roma,

Sobre a República

não apenas o ato fundador foi grandioso, mas também as ações que se seguiram, e esse acúmulo de ações levou Roma ao apogeu. Com isso, podemos perceber ao longo da narrativa que a coletividade das ações ocorre mais pelo acúmulo de ações durante séculos e gerações do que uma grande ação coletiva como a guerra.

Observa-se ao longo do segundo livro que autor retira um pouco a importância da fundação e da engenhosidade de apenas um homem e mostra que a experiência romana é diferente das demais, pois ao longo de sua história houve, de acordo com as necessidades, um acúmulo de experiências. Cícero tem a visão de um curso dos acontecimentos no qual, ao mesmo tempo que fundar é consolidar em instituições um conjunto de princípios que estavam presentes desde o ato inaugural, o fundador deve sair de cena para que outros homens contribuam para a construção da pátria. É como se o ato heroico não se fizesse presente apenas na fundação, mas também em derrubar Cartago – como Cipião fez – e em governar a república. No momento da fundação, a natureza dá ao homem o que é necessário para que ele construa a república, mas não oferece a república pronta; são as ações humanas, ou seja, a liberdade das ações humanas que permite a sua constante formação e o seu aperfeiçoamento. A construção é o que permite aos homens realizar a sua natureza e buscar a utilidade comum. A valorização da construção, que ocorreu pela experiência das coisas e pelo amadurecimento dos homens e de seus feitos, permite que haja uma solidificação de princípios, como os do governo misto, e estes conduzem Roma ao seu apogeu.

Cícero

O ponto de partida da fundação de Roma é uma fábula,[31] e não uma narrativa histórica. Para entendermos por que Cícero deu voz a uma narrativa que não se baseava no critério de verdade, lemos em *De re publica*, II, II, 4:

> — Por que temos um começo da instituição da república tão ilustre e tão conhecido por todos, como é o início desta urbe fundada por Rômulo? Nascido do pai Marte (pois concedamos [isso] à voz corrente dos homens, não apenas porque [este mito] está particularmente enraizado, mas também porque foi sabiamente transmitido pelos predecessores o pensamento de que os beneméritos das coisas que são comuns não são só de estirpe como também de engenho divino).

Apesar de Cícero preceituar um método para a escrita da história em que não há espaço para as narrativas míticas, temos que considerar que os mitos faziam parte da cultura greco-romana. Collingwood aponta que há esses elementos em Tucídides e Heródoto, e chama atenção a convivência de elementos históricos e a-históricos.[32]

O ato fundador é um momento de afirmação da coletividade, e a partir dele temos a aceitação de um conjunto de princípios. As ações de Rômulo deixaram para Roma um legado que permaneceu na constituição da república, e é por isso que na narrativa ciceroniana recorre-se a Rômulo, filho do deus Marte. O autor continua:

---

31 Dumézil afirma que, nas antigas sociedades itálicas, as lendas sobre as origens e a fundação serviam para justificar todo tipo de pretensão e de orientação política ou nacional. Cf. Dumézil, *Mito y epopeya*, v.III, p.196.

32 Collingwood, *A Ideia de História*, p.15.

Sobre a República

4. [...] Neste lugar, foi nutrido pelos úberes de um animal selvagem, e pastores o acolheram e o criaram no costume e no trabalho do campo. Relata-se que se desenvolveu e que era tão melhor que os outros com seu corpo varonil e sua ferocidade no ânimo, que todos que cultivavam o campo, onde hoje está esta urbe, obedeciam-no de ânimo tranquilo e de livre vontade. Apresentando-se como chefe das tropas, para já passarmos da fábula aos fatos, subjugou Alba Longa, cidade forte e poderosa daqueles tempos, e matou o rei Amúlio.

Observamos que Cícero se serve do mito e depois da história, e separa-os: "para já passarmos da fábula aos fatos". Um dos elementos de originalidade do livro II está em contar a história de Roma desde as suas origens, mesmo que as tratando de modo fabuloso. É a partir deste ponto, em que separa a fábula dos fatos, que continua a narrar a fundação de Roma.

A ferocidade do animal que nutriu Rômulo parece ter sido transmitida ao seu ânimo, e sua força física foi propagada à cidade. A obediência e a disciplina, caras aos povos conquistadores, estiveram presentes desde a época em que ali havia apenas camponeses. Pouco depois, Rômulo e o rei dos sabinos, para que seu governo fosse, de algum modo, temperado, instituíram o conselho régio delegado aos principais, que chamaram de "pais", e dividiram o povo em três tribos e trinta cúrias. Mas, depois da morte de Tito Tácio, Rômulo reinou muito mais de acordo com a autoridade e discernimento dos pais.[33] Quando Rômulo morreu, o povo romano já era vigoroso.[34]

---

33 Cf. Cícero, *De re publica*, II, 14.
34 Cf. Cícero, *De re publica*, II, 21.

Cícero

Roma nasce monárquica, mas, segundo Cícero, a potestade é tripartida entre: dois reis; os *patres*; e o povo (dividido em tribos e cúrias):

14. Porém, depois da morte de Tácio, uma vez que recaía [sobre Rômulo] todo o domínio, ainda que Tácio houvesse delegado o conselho régio aos principais [concidadãos] (que, por afeto, foram chamados de pais [*patres*]) e dividido o povo em três tribos – às quais [Rômulo] deu o seu nome, o de Tácio e o de Lucumão, companheiro de Rômulo, que morrera no combate contra os sabinos – e em trinta cúrias, as quais nomeou com os nomes daquelas virgens sabinas raptadas que, posteriormente, foram suplicantes da paz e do tratado. Essa distribuição tinha sido feita quando Tácio ainda vivia; entretanto, depois de sua morte, Rômulo reinou muito mais de acordo com a autoridade e a deliberação dos pais [*patres*]. [IX] 15. Rômulo, primeiramente, observou e julgou o mesmo que, pouco antes, Licurgo havia observado em Esparta: que as *ciuitates* seriam mais bem governadas e regidas sob o comando de um só e da potestade régia, se a essa dominação se unir a autoridade dos optimates. Assim, sustentado e apoiado por este conselho e, por assim dizer, pelo senado [...].

Surge, então, o seguinte questionamento: qual é o sentido da tripartição? Podemos nos servir do que Dumézil argumenta em sua obra *Mito y epopeya* sobre o mecanismo das três funções, herdado dos indo-europeus:

[...] várias cenas ou grupos de cenas cuja intenção é trifuncional se apresentam imediatamente para oferecer seu testemunho de que os autores dos Anais ou seus antecessores dos séculos IV e

Sobre a República

III a.C. usaram esse esquema antigo com consciência plena, mesmo que, segundo outros indícios, isso se prolongou além da empresa restauradora de Augusto. Por conseguinte, tentar desenvolver um repertório preciso e exaustivo desses vestígios ou contribuições é legítimo. No entanto, é preciso distinguir com muito cuidado dois tipos de dados, duas modalidades de expressão do mecanismo das três funções, a saber: o teológico e o ideológico. O primeiro se encontra cabalmente integrado pelos deuses da tríade capitolina, Júpiter, Marte e Quirino, enquanto em segundo lugar, ele pode adotar, e de fato faz, múltiplas formas, rejuvenescendo-se e constantemente diversificando-se tanto na história como nas demais produções do espírito romano.[35]

Podemos dizer que Cícero faz um uso "ideológico" das três funções[36] com o governo tripartido, seja do período monárquico, seja do período republicano.

A tríade no governo, desde a monarquia, é importante na obra ciceroniana, pois mostra o horror dos romanos pela tirania. Ademais, observamos que desse fato histórico Cícero depreende um argumento teórico: Roma já nasce com características do governo misto. O autor, em outros trechos, compara o governo romano com o espartano e o cartaginês, como lemos:

24. Certamente, neste tempo, aquele povo ainda novo viu aquilo que escapou ao lacedemônio Licurgo, que estabeleceu que um rei não deveria ser eleito — se é que isso poderia estar na

---

35 Dumézil, *Mito y epopeya*, v.III, p.195.
36 O sagrado, a força e a fecundidade. Cf. Dumézil, *Mito y epopeya*, v.III, p.321.

potestade de Licurgo —, mas acolhido, quem quer que ele fosse, desde que houvesse nascido da estirpe de Hércules. Os nossos [romanos], então ainda rudes, observaram que era oportuno buscar a virtude e a sapiência régia, não a progênie.

Cícero destaca que os reis em Roma eram eleitos, diferentemente do que acontecia em povos mais antigos, como os espartanos. Esse argumento é introduzido para que o autor continue narrando a sucessão de Rômulo por Numa, que foi eleito, assim como os outros reis que o sucederam. Ainda comparando Roma com povos mais antigos, o autor narra:

42. — * [Cartago] havia sido fundada trinta e nove anos antes da primeira olimpíada, portanto era sessenta e cinco anos mais antiga [do que Roma]. E aquele antiquíssimo Licurgo observou quase o mesmo [em Esparta]. Então, parece-me que esta igualdade e este tríplice tipo de república tiveram algo em comum com esses povos. Mas, o que foi particular em nossa república, e mais ilustre que esta nenhuma pode ser, investigarei a fundo e, se puder, mais sutilmente, pois nada igual ao nosso modo poderia ser encontrado em nenhuma outra república. De fato, essas [constituições] que até agora expus existiram nesta *ciuitas*, na dos lacedemônios e na dos cartagineses, por um lado mescladas, mas, por outro, não eram temperadas. 43. Pois em uma república que tenha apenas um [homem] com potestade perpétua, sobretudo régia, ainda que nela haja um senado, como houve, então, em Roma quando existiam reis, ou em Esparta com as leis de Licurgo, ou ainda quando havia algum direito do povo, como houve [no tempo] de nossos reis, entretanto, ainda que prevalecesse o nome régio, uma república [como essa] não poderia ser e se chamar reino.

Sobre a República

Aqui Cícero expõe que a diferença entre Roma, Esparta e Cartago era que Roma tinha um governo temperado, ao passo que as outras apenas eram mescladas. Esse tempero traz um equilíbrio para a constituição romana, e isso pode ser observado desde o início. A divisão da potestade nos tempos de Rômulo e de Tito Tácio foi aperfeiçoada no período republicano. Assim, a grandeza não é alcançada de imediato. A ideia de amadurecimento, aperfeiçoamento, construção durante séculos e gerações nos remete à ideia de progresso, avanço. Não seria um progresso de técnicas ou da moralidade, mas das experiências políticas. Vejamos a seguinte passagem:

> Africano disse: — Pois muito facilmente reconhecerás isto se observares nossa república progredir e chegar a um ótimo estado por um caminho e um curso naturais. Mais ainda, concluirás que a sapiência de nossos ancestrais deve ser louvada, porque entenderás, inclusive, que muitas coisas acolhidas de outros por nós tornaram-se muito melhores do que haviam sido lá, de onde foram trazidas até aqui e onde surgiram pela primeira vez; e entenderás que o povo romano se consolidou, não por acaso, mas mediante o discernimento e a disciplina, todavia nem a fortuna foi adversa.[37]

No trecho, notamos o uso da palavra *progredientem*, que foi traduzida por "progredir". Parece que o progresso político é natural e reforçado pelo discernimento do povo. Cícero escreveu *Sobre a República* quando a república estava em crise, para a qual parecia buscar uma solução por meio de uma narrativa

---

37 Cícero, *De re publica*, II, 30.

historica que recuperasse a glória e mostrasse os exemplos que deveriam ser seguidos, assim como os que deveriam ser evitados. Essa ideia de progresso não nos leva a pensar que Cícero tinha uma visão linear do curso dos acontecimentos. Ao contrário, não observamos uma concepção do curso dos acontecimentos circular, tampouco uma concepção linear. Talvez a ideia de avanço predomine no segundo livro. Ao observarmos a narrativa do período régio de Roma, os reis se sucedem somando suas ações às ações dos antecessores.[38] Depois da morte de Rômulo, o povo exigiu um rei e nomeou Numa Pompílio nos comícios curiados.[39] As maiores contribuições desse rei foram a religião e a clemência.[40] O rei que sucedeu a Numa Pompílio, Tulo Hostílio, foi eleito pelo povo nos comícios curiados. De acordo com Cícero, "os nossos reis já sabiamente observaram — que certas coisas devem ser atribuídas ao povo (pois muitas coisas devem ser ditas acerca desse assunto) —, [vedes que] Tulo nem sequer ousou usar as insígnias régias se não fosse por ordem do povo".[41] Depois dele, Anco Márcio elegeu-se rei pelo povo e, em seguida, Tarquínio, o Antigo. O rei seguinte, Sérvio Túlio, foi o primeiro a reinar sem a ordem do povo, mas pela vontade e consentimento dos concidadãos:[42] o povo ordenou-lhe que reinasse

---

38 Cícero, *De re publica*, II, 37: "— Agora se torna mais certo aquele [dito] de Catão: a constituição de nossa república não é de um só tempo nem de um só homem. Pois é evidente o quão grande se torna o acréscimo de coisas boas e úteis por meio de cada rei".

39 Cf. Cícero, *De re publica*, II, 25.

40 Cf. Cícero, *De re publica*, II, 27.

41 Cf. Cícero, *De re publica*, II, 31.

42 Cf. Cícero, *De re publica*, II, 38.

Sobre a República

depois da morte de Tarquínio. Por fim, o rei, ou melhor, o tirano Tarquínio, o Soberbo, assassinou Sérvio Túlio para chegar ao poder. Com Tarquínio o governo régio se degenerou em tirania:

45. Aqui já orbitará aquele ciclo, cujo movimento natural e em círculos deveis aprender a reconhecer desde o princípio. De fato, o essencial da prudência civil, sobre a qual versa todo este nosso discurso, [consiste] em observar os caminhos e os desvios das repúblicas, quando soubéreis para onde a coisa se inclinará podereis detê-la ou socorrê-la com antecedência. Pois o rei de quem falo [Tarquínio], inicialmente, manchado pelo assassinato de um ótimo rei [Sérvio Túlio], não estava com sua mente tranquila e, como ele mesmo temia um grande castigo pelo seu crime, queria ser temido; depois, baseando-se em suas vitórias e riquezas, exultava insolentemente e não podia reger seus costumes nem os desejos dos seus. 46. E assim, como seu filho mais velho violentou Lucrécia, filha de Tricipitino e esposa de Colatino, esta pudica e nobre mulher castigou a si mesma com a morte, por causa dessa injúria; então, um varão ilustre em engenho e virtude, Lúcio Bruto, repeliu de seus concidadãos aquela sujeição injusta a uma árdua servidão. E, ainda que fosse um concidadão privado, sustentou toda a república e ensinou, que, antes de tudo, nessa *ciuitas* ninguém é um [concidadão] privado quando se trata de preservar a liberdade dos concidadãos. Sendo Lúcio Bruto autoridade e [concidadão] principal, estando a ciuitas agitada e com uma nova queixa do pai e dos parentes de Lucrécia, pela recordação da soberba de Tarquínio e das suas muitas injúrias como as de seus filhos, ordenou exilar tanto o próprio rei como seus filhos e a estirpe dos Tarquínios.

Historicamente, Roma jamais completou um círculo de degeneração e regeneração das formas de governo. Para Cícero, Roma não cumpriu um círculo conhecido, como a anaciclose polibiana (apesar da afirmação "Aqui já orbitará aquele ciclo"), mas estava, desde sua fundação, predestinada a ser uma República. O governo misto não está inserido no ciclo, ou seja, num círculo, porque nessa forma de governo os vícios estão contidos. A República é a forma em que há o acúmulo das experiências, o avanço. A Roma fundada por Rômulo é refundada no período republicano.

No segundo livro de *Sobre a República*, Cícero nos traz a imagem de que a República não segue caminhos sinuosos, ou seja, circulares, mas chega diretamente em um ótimo estado, como podemos observar em *De re publica*, II, 33: "e, de fato, de acordo com o início de tua exposição, a república não serpenteia, mas voa para um ótimo estado". Ou seja, a República não serpenteia dentro dos ciclos de degeneração e regeneração, mas a República romana conhece mais o avanço; ela não faz caminhos sinuosos e lentos, mas voa — a imagem da serpente demonstra algo difícil de sair do lugar, em oposição ao que se move de modo ágil. Afirmar que a República não serpenteia nos transmite duas ideias: tanto de um tipo de percurso que não é sinuoso quanto da velocidade desse percurso; isto é, não há idas e vindas. Assim, Roma foi conduzida rapidamente à melhor forma. Aqui, por meio da narrativa histórica, Cícero se afasta do fatalismo dos primeiros estoicos, dos ciclos de degeneração e regeneração e da anaciclose polibiana. Momigliano, no artigo "Time in Ancient Historiography", argumenta sobre a obra polibiana, e podemos aplicar o mesmo raciocínio à ciceroniana:

Sobre a República

Os defensores da visão cíclica da historiografia grega realmente se apoiam em Políbio. No Livro VI, ele afirma que homens emergiram de algum tipo de cataclismo de primeira linha para a monarquia; então passam de um tipo de constituição para outro apenas para terminar onde começaram: "até que se degenerem novamente em selvagens perfeitos e encontrem mais uma vez um mestre e um monarca". O ciclo está lá para qualquer um ver, e Políbio argumenta em detalhes as etapas únicas do processo. No entanto, não devemos esquecer que essa seção do Livro VI sobre as constituições é uma grande digressão. A relação entre essa digressão e o resto do trabalho de Políbio não é fácil de entender, e me arrisco a acreditar que o próprio Políbio teria ficado envergonhado de explicá-lo. Para começar, não está claro qual é a relação exata entre essa teoria geral, a teoria das constituições e a descrição subsequente das constituições de Roma e Cartago. A teoria geral diz respeito à humanidade e parece implicar que todos os homens se encontrem em um determinado momento no mesmo estágio do mesmo ciclo. Por outro lado, é certo que, de acordo com Políbio, os estados individuais passam de um estágio constitucional para outro em momentos diferentes. Por exemplo: "tanto quanto o poder e a prosperidade de Cartago tinham sido anteriores ao de Roma, tanto Cartago já começou a declinar enquanto Roma estava exatamente no auge, pelo menos no que diz respeito a seu sistema de governo" (VI, 51). Além disso, temos que contar com as complicações provocadas pela constituição mista, que prende a corrupção por um longo tempo, se não for para sempre. Mas a principal consideração é que, fora dos capítulos constitucionais, no resto de sua história, Políbio opera como se ele não tivesse nenhuma visão cíclica da história. A primeira e a segunda Guerras Púnicas não são tratadas como repetições

de eventos que ocorreram no passado remoto e acontecerão novamente em um futuro distante. Os eventos individuais são julgados de acordo com noções vagas, como fortuna, ou de acordo com critérios mais precisos de sabedoria e competência humanas. A supremacia romana no Mediterrâneo proporciona ao historiador uma nova perspectiva histórica. Só porque a fortuna fez quase todos os assuntos do mundo inclinar-se em uma direção, é tarefa do historiador colocar diante de seus leitores uma visão compendiosa das maneiras pelas quais a fortuna realizou seus propósitos. O Império Romano torna possível escrever a história universal.[43]

Da mesma forma que Momigliano mostra que não é possível afirmar uma visão cíclica – no sentido de circular – do tempo na obra polibiana, mesmo havendo a digressão para explicar a teoria da anaciclose, também afirmamos que a percepção do curso dos acontecimentos em Roma na obra ciceroniana não está inserida na tradição do pensamento circular. Da tirania surgiu a República, como lemos:

56. Portanto, naqueles tempos o senado manteve a república na seguinte situação: um povo livre em que poucos [assuntos] eram geridos por ele, enquanto a maioria era gerida pela autoridade, instituição e costumes do senado, de modo que os cônsules tinham potestade que em tempo durava apenas um ano, mas em gênero e direito era régia.

Dumézil afirma que a fundação da República, uma espécie de segundo nascimento de Roma, representa para os historia-

---

43 Momigliano, Time in Ancient Historiography, p.12.

Sobre a República

dores a oportunidade de evocar, mediante paralelismos, as lendas tripartidas das origens de Roma.[44] O livro II se fragmenta, e temos a narrativa até o momento do governo dos decênviros virtuosos e depois dos viciosos.

* * *

No sexto livro, conhecido como *Sonho de Cipião*, devemos observar que o ano dramático é 149 a.C., sendo que a obra *Sobre a República*, escrita entre 54 e 51 a.C., tem como data fictícia o ano de 129 a.C. – ano da morte de Cipião, como vimos. Neste livro, Cícero elabora uma visão do futuro em que o avô mostrará em sonho a seu neto Cipião os acontecimentos futuros. Parece que o intuito não é mostrar apenas as glórias, mas também o que será necessário fazer para recuperar a República. A escatologia[45] é verossímil, pois a obra foi concluída em 51 a.C. e tudo

---

44 Dumézil, *Mito y epopeya*, v.III, p.205.

45 "A escatologia refere-se, por um lado, ao destino último do indivíduo e, por outro, ao da coletividade – humanidade, universo. Mas, como me parece que esta consideração das enciclopédias contemporâneas amplia um pouco abusivamente aos indivíduos um termo formado e usado tradicionalmente para falar dos fins últimos coletivos e, como o destino final individual depende em grande parte do destino universal, tratarei essencialmente da escatologia coletiva. A escatologia individual só assume real importância na perspectiva da salvação que adquiriu, inegavelmente, um lugar de primeiro plano nas especulações escatológicas, mas não é certo que ela seja fundamental nem original nas concepções escatológicas (cf. §4). Os problemas ligados à escatologia individual são fundamentalmente os de um julgamento depois da morte, da ressurreição e da vida eterna, da imortalidade". Cf. Le Goff, *História e Memória*, p.301. E continua: "Mito e escatologia têm duas estruturas, dois discursos diferentes. O mito está

que é narrado como acontecimento futuro já era conhecido dos leitores da época. Como narrativa escatológica, o *Sonho* visa à salvação da República e dos que a ajudaram, e traria a glória para o salvador e para a pátria.[46]

Zetzel afirma que o *Sonho* é o trecho da obra em que Cícero mais imita Platão e, como resultado, mostra as diferenças mais claramente:

O mito de Er platônico destina-se a ser uma última prova de que a justiça é melhor do que a injustiça para o indivíduo: trata-se de uma jornada da alma após a morte, descrevendo punição e recompensas para a ação terrena e a escolha de um futuro da existência terrena [...]. A vida após a morte e a natureza da alma estão subordinadas à prova da importância da vida cívica no aqui e agora. O mito de Er, além disso, refere-se metaforicamente apenas à estrutura física do universo descrito por Platão como um conjunto de espirais girando em torno das voltas do eixo da necessidade; para Cícero, no *Sonho*, geografia e astronomia são cruciais, demonstrando ao mesmo tempo a centralidade literal da Terra – e,

---

voltado para o passado, exprime-se pela narrativa. A escatologia olha para o futuro e revela-se na visão da profecia que 'realiza a transgressão da narrativa: está iminente uma nova intervenção de Javé, que eclipsará a precedente' (Ricoeur, 1971, p.534). Mas mito e escatologia "aliaram-se para dar, por um lado, a ideia de uma criação entendida como primeiro ato de libertação e, por outro, a ideia de libertação como ato criador. A escatologia, sobretudo na literatura tardia do cânon hebraico, projeta uma forma profética que é suscetível de fazer um novo pacto com o mito (op. cit., p.535)." Cf. Le Goff, *História e Memória*, p.304-305.

46 Cícero, *De re publica*, VI, 25.

Sobre a República

portanto, do seu governo – na ordem do universo e a trivialidade da glória humana, em comparação com a glória celestial do mundo por vir.[47]

O avô aparece enquanto Cipião dormia, e representa aquele que conhece o passado, e, como se fosse um deus, é capaz de prever o futuro. Cipião, com sua glória eterna, era uma prefiguração da plenitude no tempo. E o avô de Cipião representa o conhecedor do destino que mostra a vida humana como algo que tem começo, meio e fim, e, ao mesmo tempo, lhe atribui também o caráter eterno da alma. Ela é concebida de dois modos: pela glória terrena e pela vida após a morte. A imortalidade dada pela glória de Cipião é defendida por Lévy:

> As vitórias dos comandantes do fim da República colocaram em questão o destino destes homens excepcionais. Paradoxalmente, foi Cícero, ainda atrelado à forma republicana, o primeiro que deu, no *Somnium Scipionis*, uma forma filosófica e literária ao desejo de imortalidade dos grandes homens, lhes assegurando, por meio da transformação em astros, uma eternidade luminosa no firmamento.[48]

Mas não podemos nos esquecer que Rômulo, em *Sobre a República*, II, também foi transformado em astro. A eternidade, no *Sonho*, similarmente está manifesta pela memória, que garante a transmissão das ideias: o avô não está morto nem na memória

---

47 Cf. Cícero, *De re publica. With an English translation by James E. G. Zetzel*, p.15.

48 Lévy, *Devenir dieux: désir de puissance et rêve d'éternité chez les Anciens*, p.113.

do neto, nem na de Masinissa, nem na memória do povo romano. Masinissa viu no neto o avô, e "recordava não somente todos os seus feitos, mas também seus ditos".[49] E o neto, em sonho, viu o avô que "se mostrou com uma forma que me era mais conhecida por sua estátua do que por sua própria pessoa".[50] A estátua significa a perenidade da imagem, a imutabilidade daquela figura.

Questionamo-nos: por que algumas coisas são postas no plano do dever ser, do que não ocorreu, como a ditadura de Cipião? Por que os planos históricos e do dever ser se confundem na obra? Vejamos em VI, 10-11:

— Ânimo, Cipião, abandone o temor e confie à memória o que vou dizer:

[II] 11. — Vês aquela urbe forçada por mim a obedecer ao povo romano, onde recomeçam as antigas guerras e não pode estar tranquila? E, em um lugar excelso e repleto de estrelas, resplandecente e claro, mostrava-me Cartago.

— Tu vens agora sitiá-la, quase como um soldado. Daqui a dois anos, sendo cônsul, virás derrubá-la, e terás esse sobrenome que, até agora tens de nós como herdeiro, construído por ti. Depois que destruíres Cartago, celebrares o triunfo, fores censor e tiveres percorrido o Egito, a Síria, a Ásia, a Grécia, na qualidade de legado, serás eleito cônsul pela segunda vez enquanto estiveres ausente, e terminarás uma guerra muito grande destruindo a Numância. Mas quando fores levado, em carro triunfal, ao Capitólio, encontrarás a república perturbada pelas ideias de meu neto.

---

49 Cícero, *De re publica*, VI, 10.
50 Cícero, *De re publica*, VI, 10.

Sobre a República

Até este trecho, tudo o que é descrito ocorreu de fato.[51]

12. Então, Africano, será necessário que tu mostres à pátria a luz de teu ânimo, de teu engenho e de teu discernimento. E nessa época vejo, por assim dizer, [diferentes] caminhos para o destino. Pois quando tua idade tiver cumprido oito vezes sete movimentos de idas e vindas do sol e, esses dois números (cada um dos quais é considerado perfeito, por razões diferentes) tiverem completado seu ciclo natural, a soma que o destino estabeleceu a ti, a *ciuitas* voltar-se-á apenas para ti e para o teu nome; a ti o senado, a ti todos os bons, a ti todos os aliados, a ti todos os latinos contemplarão; tu serás o único em quem a salvação da *ciuitas* se apoiará. E, em poucas palavras, será necessário que, como ditador, organizes a república, se escapardes das mãos ímpias de teus parentes.

Na última frase do parágrafo, parece que Cícero acredita que a república teria sido salva se Cipião tivesse se tornado ditador. O livro trata do futuro de Cipião, e, ao mesmo tempo que há o caráter profético e quase tudo profetizado já havia acontecido, Cícero também nos oferece um elemento programático, quando diz que Cipião seria ditador. Ele compõe uma trama, segundo sua própria definição de trama em *De Inuentione*, isto é, uma narração de um fato inventado, mas que poderia ter acontecido.[52] Ele sabe que Cipião não foi ditador. Com isso, ele sai do futuro que realmente aconteceu e descreve um futuro que deveria ter acontecido, sai do ser e passa ao dever ser. Saí-

---

51 Observamos que apesar de Cipião ser um general, raramente os feitos guerreiros são descritos como ações coletivas.

52 Cf. Cícero, *De inuentione*, I, XIX, 27.

47

Cícero

mos do plano da verdade e passamos ao do verossímil. Ademais, neste parágrafo, além de insinuar que a morte de Cipião pode ter sido causada pelos familiares, o exemplo do Cipião como ditador é o único, na obra, que toma uma figura histórica e o coloca no plano do dever ser. É verossímil e poderia ter acontecido, mas não é verdadeiro, e Cícero sabia disso. Apenas é possível trabalhar no plano do dever ser, pois se trata de uma escatologia, do destino de um homem e de um povo em busca de glória. A eternidade não é oposta ao tempo da existência humana, mas esta, quando bem vivida, conduz à glória e à eternidade. Para o homem usufruir da glória celestial é preciso que, no passado, tenha tido a glória na terra, ou seja, o futuro é uma projeção do passado.

25. Se não tiveres esperança de regressar a este lugar, no qual tudo existe para os grandes e ilustres varões, que valor tem, enfim, esta glória dos homens que apenas pode dizer respeito a uma exígua parte de um ano? Assim, se queres olhar para o alto e contemplar esta sede e casa eterna, não te importes com o que fala o vulgo nem ponhas a esperança de [ser recompensado] por teus feitos nos prêmios humanos. A própria virtude te atrairá com seus encantos para o verdadeiro decoro. Os mesmos que falaram de ti são os que te observam, e falarão ainda. Mas, toda conversa fica limitada à pequenez das regiões que vês, nunca foi perene acerca de ninguém, e é sepultada com a desaparição dos homens e se extingue com o esquecimento das [gerações] posteriores.

Apenas se as narrativas históricas imortalizarem os nomes dos grandes varões é que eles não são sepultados, ou seja, não caem no esquecimento pelas gerações posteriores. É a narrativa

Sobre a República

histórica que guarda o passado para que ele seja mostrado às gerações futuras. Os feitos vivem nas memórias e nas narrativas. A imortalidade da alma é reforçada pela grande capacidade da mente humana, como lemos:

26. [...] – Na verdade, tu te esforças e tens entendido que não és tu que és mortal, mas este corpo; pois tu não és este que manifesta esta forma, mas cada um é a sua própria mente e não essa figura que se pode mostrar com o dedo. Logo, tens de saber que tu és um deus, posto que é um deus aquilo que tem vida, que sente, que recorda, que prevê, que rege, governa e move este corpo à frente do qual foi posto, assim como o deus principal deste mundo. E, assim como esse mesmo deus eterno faz mover um mundo que é em parte mortal, a alma eterna move um corpo frágil.

Assim, há um limite para as ações humanas, mas não para a alma humana.

* * *

Ao discorrer sobre o melhor concidadão e a melhor *res publica*, ou seja, Roma, Cícero elabora uma obra filosófico-política que explica e fundamenta a construção da República romana. Quando falamos de política, falamos de algo que é parte da natureza humana, da sociabilidade humana, assim como a história; mas a ação política é anterior à narrativa histórica. E na obra ciceroniana a história retratada tanto nos exemplos quanto nas narrativas é tão filosófica quanto a política. Não se trata de ter o domínio dos acontecimentos exteriores aos homens,

mas das ações humanas, centradas na liberdade da vontade, que tornam os homens capazes de enfrentar as questões da vida pública.

Sobre a República nos ensina principalmente sobre quem é o sábio-político, o curso da vida dos homens e como eles se relacionam com a política; as narrativas históricas na obra descrevem tanto o curso da vida dos homens quanto o curso da República. Ao final da leitura, tanto pelo prisma filosófico quanto pelo histórico, observamos que os homens possuem um tempo de vida pequeno se comparado à República.

Notas sobre a tradução

Sabemos que *De re publica* foi lida até o século VI d.C., mas, depois, durante muitos séculos, não se teve notícias dela, com exceção do *Sonho de Cipião*. Os cinco primeiros livros da obra ficaram perdidos do século VI ao XIX.

Foi encontrada em estado fragmentário, no século XIX, no ano de 1819, pelo cardeal Angelo Mai, na Biblioteca do Vaticano, e publicada pela primeira vez em 1822. O palimpsesto encontrado continha comentários de Agostinho aos Salmos CXIX-CXL feitos no Monastério de Bobbio, perto de Milão. O manuscrito denominado *Codex Vaticanus* continha cerca de um quarto do tratado: quase todo o livro I; o livro II (com exceção do final); uma pequena parte do livro III; apenas algumas páginas dos livros IV e V. O livro VI, *O Sonho de Cipião*, estava em um manuscrito de Macróbio, que comentou essa parte do tratado — a única que não ficou perdida por tantos séculos, além de ter sido preservada em diversas cópias feitas durante a Idade Média.

Sobre a República

Alertamos o leitor que o fato de a obra estar em estado fragmentário, em muitos momentos, traz tanto a dificuldade de tradução quanto de produção de sentido, principalmente nos livros IV e V.

Assim, como a obra está em estado fragmentário, muitas edições tentaram reconstitui-la com excertos citados por Agostinho n'*A Cidade de Deus*, por Lactâncio em *Diuine Institutes* e por Macróbio. Quando escolhemos a edição crítica e o texto latino para ser traduzido, elegemos os dois textos estabelecidos mais comentados, a saber: o de Zetzel e o de Ziegler. Preferimos a edição com o texto estabelecido por Zetzel[53] para traduzir os livros I, II e VI como edição crítica, uma vez que traz comentários pormenorizados desses livros. É a edição crítica mais atual e não contém glosas – não se ocupando com a reconstituição de lacunas e não se servindo de textos de autores posteriores a Cícero. Devemos notar que este autor não estabeleceu o texto dos livros III, IV e V. Dessa maneira, para a tradução destes, tomamos como base o texto estabelecido por Ziegler[54] – de grande rigor filológico, porém repleto de glosas, que foram traduzidas.

Agradecimentos

Agradeço ao CNPq pelo apoio para a realização do mestrado, em que foi apresentada a primeira versão da tradução dos três primeiros livros.

---

53 Cícero, *De re publica: edited by James E. G. Zetzel*.

54 Cícero; Ziegler, M. *Tullius Cicero: De re publica – Librorum sex quae manserunt sextum recognouit*.

Cícero

Um agradecimento especial à minha orientadora, Profa. Dra. Maria das Graças de Souza, e aos professores que acompanharam meu trabalho e participaram das bancas de qualificação e defesa, tanto do mestrado quanto do doutorado: Profa. Dra. Patrícia F. Aranovich, Prof. Dr. Alberto R. G. de Barros, Profa. Dra. Marilena Chaui, Profa. Dra. Taynam Bueno, Prof. Dr. Sérgio Xavier e Prof. Dr. Franklin Leopoldo e Silva.

Isadora Prévide Bernardo

Sobre a República

Liber I

[I] 1. ... <im>petu liberauissent, nec C. Duilius A. Atilius L. Metellus terrore Carthaginis, non duo Scipiones oriens incendium belli Punici secundi sanguine suo restinxissent, nec id excitatum maioribus copiis aut Q. Maximus eneruauisset, aut M. Marcellus contudisset, aut a portis huius urbis auolsum P. Africanus compulisset intra hostium moenia. M. uero Catoni homini ignoto et nouo, quo omnes qui isdem rebus studemus quasi exemplari ad industriam uirtutemque ducimur, certe licuit Tusculi se in otio delectare, salubri et propinquo loco. sed homo demens ut isti putant, cum cogeret eum necessitas nulla, in his undis et tempestatibus ad summam senectutem maluit iactari, quam in illa tranquillitate atque otio iucundissime uiuere. omitto innumerabiles uiros, quorum singuli saluti huic ciuitatifuerunt, et qui sunt <haud> procul ab aetatis huius memoria; commemorare eos desino, ne quis se aut suorum aliquem praetermissum queratur. unum hoc definio, tantam esse necessitatem uirtutis generi hominum a natura

Livro Primeiro

[I] 1. ... ímpeto; nem Caio Duílio,[1] Aulo Atílio, Lúcio Metelo teriam libertado [Roma] do terror de Cartago; nem os dois Cipiões teriam extinto, com seu sangue, as primeiras chamas da Segunda Guerra Púnica; nem Quinto Máximo as teria debelado quando estas se reacenderam com maiores forças, ou Marco Marcelo as teria subjugado, ou Públio Africano, depois de desviá-las das portas desta urbe, as teria forçado para dentro das muralhas dos inimigos. Na verdade, a Marco Catão,[2] homem desconhecido e novo,[3] por quem – como um modelo para todos nós que nos dedicamos às mesmas coisas – somos, por assim dizer, conduzidos à ação e à virtude, certamente tinha sido permitido deleitar-se no ócio,[4] em Túsculo, lugar salutar e próximo. Mas [esse] homem insensato, como aqueles[5] consideram, ainda que nenhuma necessidade o coagisse, preferiu ser sacudido nestas ondas e tempestades[6] até a suma velhice a viver naquela tranquilidade e ócio jucundíssimo. Omito inumeráveis varões que foram, cada um, a salvação dessa *ciuitas*, e, uma vez que não estão afastados da memória dessa época, deixo de mencioná-los, para que ninguém se queixe de que o esqueci ou a algum dos seus. Afirmo apenas: tanta foi a necessidade de virtude dada ao

tantumque amorem ad communem salutem defendendam datum, ut ea uis omnia blandimenta uoluptatis otique uicerit.

[**II**] **2.** Nec uero habere uirtutem satis est quasi artem aliquam nisi utare; etsi ars quidem cum ea non utare scientia tamen ipsa teneri potest, uirtus in usu sui tota posita est; usus autem eius est maximus ciuitatis gubernatio, et earum ipsarum rerum quas isti in angulis personant reapse non oratione perfectio. nihil enim dicitur a philosophis, quod quidem recte honesteque dicatur, quod <non> ab iis partum confirmatumque sit, a quibus ciuitatibus iura descripta sunt. unde enim pietas, aut a quibus religio? unde ius aut gentium aut hoc ipsum ciuile quod dicitur? unde iustitia fides aequitas? unde pudor continentia fuga turpi<tu>dinis adpetentia laudis et honestatis? unde in laboribus et periculis fortitudo? nempe ab iis qui haec disciplinis informata alia moribus confirmarunt, sanxerunt autem alia legibus.

3. quin etiam Xenocraten ferunt, nobilem in primis philosophum, cum quaereretur ex eo quid assequerentur eius discipuli, respondisse ut id sua sponte facerent quod cogerentur facere legibus. ergo ille ciuis qui id cogit omnes imperio legumque poena quod uix paucis persuadere oratione philosophi possunt, etiam iis qui illa disputant ipsis est praeferendus doctoribus. quae est enim istorum oratio tam exquisita quae sit anteponenda bene constitutae ciuitati publico iure et moribus? equidem quem ad modum "urbes magnas atque imperiosas", ut appellat Ennius, uiculis et castellis praeferendas puto, sic eos qui his ur- bibus consilio atque auctoritate praesunt, iis qui omnis negotii publici expertes sint longe duco sapientia ipsa

Sobre a República

gênero humano pela natureza, tanto o amor dado para defender a salvação comum, que essa força venceu todos os afagos da volúpia e do ócio.[7]

[II] 2. Não é suficiente, na verdade, ter a virtude, por assim dizer, como uma arte, a menos que se a pratique. Ainda que uma arte não seja praticada, sua ciência pode ser mantida, porém a virtude está posta inteiramente em seu uso;[8] no entanto, sua prática máxima está em governar a *ciuitas* e não no discurso perfeito nem nas próprias coisas que aqueles[9] proclamam pelos cantos.[10] Pois nada é dito pelos filósofos, ao menos nada que seja dito de maneira reta e honesta, que não tenha sido obtido e confirmado pelos que prescreveram as leis para as *ciuitates*.[11] De fato, de onde [vem] a piedade, ou de quem [provém] a religião? De onde [vêm] o direito das gentes ou esse que é chamado de civil?[12] De onde [vêm] a justiça, a confiança, a equidade? De onde o pudor, a continência, a fuga da torpeza, a busca da honra e da honestidade? De onde [provém] a fortitude nos trabalhos e nos perigos? Sem dúvida daqueles que nos ensinaram essas coisas por meio da disciplina, confirmaram umas por meio dos costumes e sancionaram outras por meio das leis.

3. Assim contam que Xenócrates,[13] notável entre os primeiros filósofos, quando perguntado sobre o que seus discípulos aprenderam, respondia: faziam espontaneamente o que eram obrigados a fazer por força das leis. Então, aquele concidadão[14] que, pelo império das leis e pelas penas, constrange todos a fazer aquilo que, com dificuldade, os filósofos a poucos podem persuadir a fazer com seu discurso, deve, portanto, ser preferido[15] aos próprios doutos que disputam sobre isso. Pois, qual discurso desses é tão cuidado que deva ser anteposto a uma *ciuitas* bem constituída com base no direito público e nos costumes? Certamente, do mesmo modo que considero "as urbes grandiosas e imperiosas", como Ênio as chamava, julgo serem preferíveis às aldeolas e às fortificações;[16] assim, os que governam essas urbes com discernimento[17] e autoridade devem ser antepostos (por sua

esse anteponendos. et quoniam maxime rapimur ad opes augendas generis humani, studemusque nostris consiliis et laboribus tutiorem et opulentiorem uitam hominum reddere, et ad hanc uoluptatem ipsius naturae stimulis incitamur, teneamus eum cursum qui semper fuit optimi cuiusque, neque ea signa audiamus quae receptui canunt, ut eos etiam reuocent qui iam processerint.

[III] 4. His rationibus tam certis tamque illustribus opponuntur ab iis qui contra disputant primum labores qui sint <in> re publica defendenda sustinendi, leue sane impedimentum uigilanti et industrio, neque solum in tantis rebus sed etiam in mediocribus uel studiis uel officiis uel uero etiam negotiis contemnendum. adiunguntur pericula uitae, turpisque ab his formido mortis fortibus uiris opponitur, quibus magis id miserum uideri solet, natura se consumi et senectute, quam sibi dari tempus ut possint eam uitam, quae tamen esset reddenda naturae, pro patria potissimum reddere. illo uero se loco copiosos et disertos putant, cum calamitates clarissimorum uirorum iniuriasque iis ab ingratis inpositas ciuibus colligunt. 5. hinc enim illa et apud Graecos exempla, Miltiadem uictorem domitoremque Persarum, nondum sanatis uolneribus iis quae corpore aduerso in clarissima uictoria accepisset, uitam ex hostium telis seruatam in ciuium uinclis profudisse, et Themistoclem patria quam liberauisset pulsum atque proterritum, non in Graeciae portus per se seruatos sed in barbariae sinus confugisse quam adflixerat. nec uero leuitatis Atheniensium crudelitatisque in amplissimos ciues exempla deficiunt, quae nata et frequentata apud illos etiam in grauissumam ciuitatem nostram dicunt redundasse.

Sobre a República

própria sabedoria[18]) a todos os que estão longe dos negócios públicos. E, uma vez que somos levados[19] a aumentar as obras do gênero humano, esforçamo-nos para tornar a vida dos homens mais segura e opulenta por meio de nossos discernimentos e trabalhos, e somos incitados a esse prazer[20] pelos estímulos da própria natureza, devemos manter o curso[21] que sempre foi o dos melhores concidadãos, e não ouçamos os toques de retirada, para que retrocedam até aqueles que já avançaram.

[III] **4.** A estas razões tão certas e tão ilustres são opostos, por aqueles que disputam o contrário, primeiramente, os labores suportados pelos que defendem a república. Sem dúvida, um impedimento leve para o vigilante e industrioso e uma dificuldade[22] desprezível não só em coisas grandes ou nas medíocres, ou nos esforços, ou nos deveres. Agregam-se os perigos às vidas dos varões fortes que se opõem ao torpe medo da morte, aos quais costuma parecer mais mísero ser consumido pela natureza e pela senilidade do que oferecer seu tempo para poder entregar à pátria aquela vida que, de todo modo, deveria ser devolvida à natureza.[23] Na verdade, julgam-se copiosos e disertos quando coligem, nesse tópico, as calamidades de varões ilustríssimos e as injustiças impostas a estes pelos seus concidadãos ingratos. **5.** Disso temos exemplos entre os gregos: Milcíades – vencedor e dominador dos persas –, quando ainda não estavam sanadas as feridas infligidas, com o corpo castigado, em uma gloriosa vitória, perdeu, no cativeiro dos concidadãos, a vida que protegera das armas inimigas. E Temístocles,[24] expulso e desterrado da pátria que havia libertado, refugiou-se, não nos portos da Grécia, que por ele foram protegidos, mas nas baías do país dos bárbaros que escravizara. Na verdade, não faltam exemplos da leviandade e crueldade dos atenienses em relação aos seus concidadãos mais importantes;[25] nascidos e multiplicados entre eles, dizem ter se espalhado até em nossa mais grave *ciuitas*.

59

Cicero

6. nam uel exilium Camilli uel offensio commemoratur Ahalae uel inuidia Nasicae uel expulsio Laenatis uel Opimi damnatio uel fuga Metelli uel acerbissima C. Mari clades ... principum caedes, uel eorum multorum pestes quae paulo post secutae sunt. nec uero iam meo nomine abstinent, et credo quia nostro consilio ac periculo sese in illa uita atque otio conseruatos putant, grauius etiam de nobis queruntur et amantius. sed haud facile dixerim, cur cum ipsi discendi aut uisendi causa maria tramittant *

Deest folium unum

[IV] 7. *saluam esse consulatu abiens in contione populo Romano idem iurante iurassem, facile iniuriarum omnium compensarem curam et molestiam. quamquam nostri casus plus honoris habuerunt quam laboris, neque tantum molestiae quantum gloriae, maioremque laetitiam ex desiderio bonorum percepimus quam ex laetitia improborum dolorem. sed si aliter ut dixi accidisset, qui possem queri, cum mihi nihil improuiso nec grauius quam expectauissem pro tantis meis factis euenisset? is enim fueram, cui cum liceret aut maiores ex otio fructus capere quam ceteris propter uariam suauitatem studiorum in quibus a pueritia uixeram, aut si quid accideret acerbius uniuersis, non praecipuam sed parem cum ceteris fortunae condicionem subire, non dubitauerim me grauissimis tempestatibus ac paene fulminibus ipsis obuium ferre conseruandorum ciuium causa, meisque propriis periculis parere commune reliquis otium. **8.** neque enim hac nos patria lege genuit aut educauit, ut nulla quasi alimenta exspectaret a nobis, ac tantummodo nostris ipsa commodis seruiens tutum

Sobre a República

6. São, pois, lembrados ou o exílio de Camilo, ou a ofensa a Ahala, ou a hostilidade a Nasica, ou a expulsão de Lenate, ou a condenação de Ópimo, ou a fuga de Metelo,[26] ou o crudelíssimo desastre de Caio Mário ... ou a matança dos principais[27] ou as desgraças de muitos deles, que pouco depois vieram. Na verdade, nem se abstiveram de [citar] meu nome, e acredito que se julguem defendidos naquela vida e ócio por nosso discernimento e perigo, e por isso mesmo se compadecem grave e amavelmente de nós.[28] Mas não facilmente diriam o porquê, quando eles mesmos atravessam[29] os mares com o objetivo de aprender ou ver*[30]

Falta um fólio

[**IV**] **7.** * ao sair do consulado,[31] eu havia jurado em uma assembleia do povo romano, e o [povo] fez o mesmo, o que facilmente me compensava da inquietação e do desgosto por todas as injúrias.[32] Todavia, em nossos casos houve mais honras do que pesares, nem tanto desgosto quanto glória, e colhemos maior alegria pelo desejo dos bons do que dor pela alegria dos ímprobos.[33] Mas, como disse, se de outro [modo] acontecesse, como poderia queixar-me, uma vez que nada a mim [aconteceu] de grave nem de modo imprevisto, como seria de se esperar que acontecesse pelos meus tantos feitos? Pois me havia sido e ainda me era permitido ou colher no ócio os maiores frutos, em relação aos demais – pela aprazível variação dos estudos entre os quais eu vivera desde a infância[34] –, ou aceitar uma calamidade completa, afrontando não uma especial condição da fortuna,[35] mas uma igual à dos demais. Não hesitaria em me expor às mais graves tempestades e quase aos próprios raios com o intuito de salvar os concidadãos e, com meu próprio perigo, proporcionar aos restantes o ócio comum. **8.** Com efeito, a pátria não nos gerou ou educou de modo a não esperar de nós, por assim dizer, nenhum alimento,[36] e a servir às nossas comodidades,

perfugium otio nostro suppeditaret et tranquillum ad quietem locum, sed ut plurimas et maximas nostri animi ingenii consilii partes ipsa sibi ad utilitatem suam pigneraretur, tantumque nobis in nostrum priuatum usum quantum ipsi superesse posset remitteret.

[V] 9. Iam illa perfugia quae sumunt sibi ad excusationem quo facilius otio perfruantur, certe minime sunt audienda, cum ita dicunt accedere ad rem publicam plerumque homines nulla re bona dignos, cum quibus comparari sordidum, confligere autem multitudine praesertim incitata miserum et periculosum sit. quam ob rem neque sapientis esse accipere habenas cum insanos atque indomitos impetus uolgi cohibere non possit, neque liberi cum impuris atque immanibus aduersariis decertantem uel contumeliarum uerbera subire, uel expectare sapienti non ferendas iniurias: proinde quasi bonis et fortibus et magno animo praeditis ulla sit ad rem publicam adeundi causa iustior, quam ne pareant improbis neue ab isdem lacerari rem publicam patiantur, cum ipsi auxilium ferre si cupiant non queant.

[VI] 10. Illa autem exceptio cui probari tandem potest, quod negant sapientem suscepturum ullam rei publicae partem, extra quam si eum tempus et necessitas coegerit? quasi uero maior cuiquam necessitas accidere possit quam accidit nobis; in qua quid facere potuissem, nisi tum consul fuissem? consul autem esse qui potui, nisi eum uitae cursum tenuissem a pueritia, per quem equestri loco natus peruenirem ad honorem amplissimum? non igitur potestas est ex tempore aut cum uelis opitulandi rei publicae, quamuis ea prematur periculis, nisi eo loco sis ut tibi id facere liceat. 11. maximeque hoc in hominum doctorum oratione mihi mirum uideri solet,

Sobre a República

proporcionando um refúgio seguro ao nosso ócio e um lugar tranquilo para o descanso, mas, [ao contrário,] de [modo a] receber como garantia, para sua própria utilidade, as múltiplas e as mais importantes partes de nosso ânimo, engenho, discernimento e a entregar ao nosso uso privado tanto quanto possa sobrar disso.

[V] 9. Já os subterfúgios que eles[37] [os opositores] tomam para si como escusa para desfrutar facilmente do ócio, certamente não são minimamente aprováveis, como quando dizem que os homens que ocupam os cargos da república de nada valem, que comparar-se a estes é sórdido e que opor-se a eles, sobretudo quando a multidão é incitada, é deplorável e perigoso. E, nessa situação, nem é próprio do sábio tomar as rédeas[38] — uma vez que não pode conter os insanos e indomáveis ímpetos do vulgo[39] —, nem do [homem] livre lutar contra adversários impuros e desumanos, ou se sujeitar a palavras ultrajantes, ou esperar as injúrias intoleráveis [dirigidas] a um sábio. Como se para [homens] bons, fortes e de grande ânimo pudesse haver qualquer causa mais justa para participar na república do que não se sujeitar a [homens] ímprobos ou não permitir que eles dilacerassem a república, enquanto eles próprios são incapazes de auxiliá-la, mesmo se desejarem.

[VI] 10. Porém, quem pode, afinal, aprovar aquela restrição segundo a qual o sábio não terá nenhuma participação na república, exceto quando os tempos e a necessidade o obrigarem?[40] Como se a alguém pudesse sobrevir uma necessidade maior, por assim dizer, do que a que se abateu sobre nós; nela, o que eu poderia ter feito, então, que não fosse ser cônsul? Porém, como poderia ser cônsul se não tivesse [mantido], desde a infância, esse curso[41] de vida pelo qual, nascido de origem equestre, alcançaria tão grande honra?[42] Portanto, não há possibilidade de socorrer a república a qualquer momento ou segundo teu desejo, por mais que ela esteja permeada de perigos, a não ser que estejas em uma posição que te permita fazê-lo. 11. No discurso destes homens doutos,

quod qui tranquillo mari gubernare se negent posse, quod nec didicerint nec umquam scire curauerint, iidem ad gubernacula se accessuros profiteantur excitatis maximis fluctibus. isti enim palam dicere atque in eo multum etiam gloriari solent, se de rationibus rerum publicarum aut constituendarum aut tuendarum nihil nec didicisse umquam nec docere, earumque rerum scientiam non doctis hominibus ac sapientibus sed in illo genere exercitatis concedendam putant. quare qui conuenit polliceri operam suam rei publicae tum denique si necessitate cogantur, cum, quod est multo procliuius, nulla necessitate premente rem publicam regere nesciant? equidem, ut uerum esset sua uoluntate sapientem descendere ad rationes ciuitatis non solere, sin autem temporibus cogeretur tum id munus denique non recusare, tamen arbitrarer hanc rerum ciuilium minime neglegendam scientiam sapienti propterea quod omnia essent ei praeparanda, quibus nesciret an aliquando uti necesse esset.

[VII] 12. Haec plurimis a me uerbis dicta sunt ob eam causam, quod his libris erat instituta et suscepta mihi de re publica disputatio; quae ne frustra haberetur, dubitationem ad rem publicam adeundi in primis debui tollere. ac tamen si qui sunt qui philosophorum auctoritate moueantur, dent operam parumper atque audiant eos quorum summa est auctoritas apud doctissimos homines et gloria; quos ego existimo, etiamsi qui ipsi rem publicam non gesserint, tamen, quoniam de re publica multa quaesierint et scripserint, functos esse aliquo rei publicae munere. eos uero septem quos Graeci sapientes nominauerunt, omnes paene uideo in media re publica esse uersatos. neque enim est ulla res in qua propius ad deorum numen uirtus accedat

costumo admirar-me muito com os que negam poder governar em mar tranquilo, porque nem aprenderam, nem nunca procuraram sabê-lo;[43] eles afirmaram que juntar-se-iam ao governo caso se aproximassem as grandes ondas. Pois dizem publicamente, e também costumam glorificar-se muito de que nem aprenderam nem ensinaram nada acerca das teorias de constituição ou de defesa da república, e julgam que o conhecimento dessas coisas se reserva não aos homens doutos e sábios, mas aos experientes nesse gênero. Por que [razão] convém prometer trabalhar pela república apenas quando coagidos pela necessidade se, apesar de ser muito mais fácil, não sabem reger a república quando não há nenhuma necessidade premente? Sem dúvida, ainda que fosse verdade que o sábio não costuma se rebaixar por sua vontade aos negócios da *ciuitas*, contudo, se forçado pelas circunstâncias, não recusaria essa tarefa; todavia, eu julgaria que de modo algum [deve ser] negligenciado pelo sábio[44] esse conhecimento, uma vez que deve-se preparar tudo o que não se sabe, caso algum dia seja necessário usar.[45]

[VII] 12. Isso foi dito por mim com muitas palavras pela seguinte razão: porque nesses livros foi instituída e empreendida por mim uma discussão sobre a república. Para que essa não seja frustrada, primeiramente, devo eliminar a dúvida em aceitar um cargo público. Entretanto, se há alguns que se movem pela autoridade dos filósofos, prestem atenção e escutem aqueles de suma autoridade[46] e glória em meio aos homens doutíssimos. Ainda que não tenham gerido a república,[47] contudo, uma vez que investigaram e escreveram muito acerca dela, considero que desempenharam alguma tarefa para a república. Na verdade, vejo que quase todos aqueles sete, aos quais os gregos chamaram sábios,[48] estiveram ocupados com a república.[49] De fato, não há coisa alguma na qual a virtude humana se aproxime mais dos deuses do que na fundação de novas *ciuitates*, ou na conservação das já fundadas. [VIII] 13. Neste assunto, dado que nós conseguimos algo digno de memória gerindo

humana, quam ciuitates aut condere nouas aut conseruare iam conditas. [**VIII**] **13.** Quibus de rebus, quoniam nobis contigit ut idem et in gerenda re publica aliquid essemus memoria dignum consecuti, et in explicandis rationibus rerum ciuilium quandam facultatem, non modo usu sed etiam studio discendi et docendi <...> essemus auctores, cum superiores alii fuissent in disputationibus perpoliti, quorum res gestae nullae inuenirentur, alii in gerendo probabiles, in disserendo rudes. nec uero nostra quaedam est instituenda noua et a nobis inuenta ratio, sed unius aetatis clarissimorum ac sapientissimorum nostrae ciuitatis uirorum disputatio repetenda memoria est, quae mihi tibique quondam adulescentulo est a P. Rutilio Rufo, Smyrnae cum simul essemus complures dies, exposita, in qua nihil fere quod magno opere ad rationes omnium <harum> rerum pertineret praetermissum puto.

[**IX**] **14.** Nam cum P. Africanus hic Paulli filius feriis Latinis Tuditano consule et Aquilio constituisset in hortis esse, familiarissimique eius ad eum frequenter per eos dies uentitaturos se esse dixissent, Latinis ipsis mane ad eum primus sororis filius uenit Q. Tubero. quem cum comiter Scipio appellauisset libenterque uidisset, 'quid tu' inquit 'tam mane, Tubero? dabant enim hae feriae tibi opportunam sane facultatem ad explicandas tuas litteras'.

Tum ille: 'mihi uero omne tempus est ad meos libros uacuum; numquam enim sunt illi occupati. te autem permagnum est nancisci otiosum, hoc praesertim motu rei publicae'.

Tum Scipio: 'atqui nactus es, sed mehercule otiosiorem opera quam animo.'

Sobre a República

a república e a capacidade para explicar as razões das coisas civis,[50] não apenas pela prática, mas também pelo esforço de aprender e ensinar[51] <...>[52] temos autoridade, uma vez que, dentre os predecessores, alguns foram polidos nas discussões e não realizaram nenhum feito, enquanto outros foram dignos de aprovação nos atos e rudes na exposição. E, na verdade, o argumento que vou expor não é novo nem instituído por nós, mas devo rememorar[53] a discussão de uma única geração de varões ilustríssimos e sapientíssimos de nossa *ciuitas*, que foi a mim e a ti[54] exposta por Públio Rutílio[55] Rufo,[56] que era adolescente, quando estivemos com ele, por muitos dias, em Esmirna. Penso que nada foi preterido do que era pertinente sobre a maior das obras, sobre todas essas coisas.[57]

[IX] 14. Pois quando Públio Africano,[58] filho de Paulo, no consulado de Tudiano e Aquilio, decidiu passar as férias latinas em sua casa de campo, aqueles que eram amigos mais [próximos] disseram que o visitariam frequentemente por aqueles dias; veio até ele, primeiro, pela manhã, já nas férias latinas,[59] Quinto Tuberão,[60] filho de sua irmã. Como Cipião o havia chamado, teve prazer em vê-lo e com entusiasmo dirigiu-lhe a palavra:

— Por que vens tão cedo, Tuberão? — disse. — De fato, estas férias dariam a ti, sem dúvida, uma ocasião oportuna para desenvolver teus escritos.

Então, [Tuberão disse]:

— Na verdade, tenho todo o tempo à disposição para meus livros; pois eles nunca estão ocupados. Mas, o maravilhoso é encontrar-te ocioso,[61] principalmente com a agitação da república.

Então, Cipião [disse]:

— Por Hércules! Por certo me encontraste, mas mais ocioso de trabalho do que de ânimo.

E [Tuberão disse]:

— Na verdade, é oportuno que também relaxes o ânimo,[62] pois somos muitos como combinamos e estamos preparados para usufruir contigo desse ócio, caso [isso] te possa ser cômodo.

Cicero

Et ille: 'at uero animum quoque relaxes oportet; sumus enim multi ut constituimus parati, si tuo commodo fieri potest, abuti tecum hoc otio.'

'Libente me uero, ut aliquid aliquando de doctrinae studiis admoneamur.'

[**X**] **15.** Tum ille: 'uisne igitur, quoniam et me quodam modo inuitas et tui spem das, hoc primum, Africane, uideamus, ante quam ueniunt alii, quidnam sit de isto altero sole quod nuntiatum est in senatu? neque enim pauci neque leues sunt qui se duo soles uidisse dicant, ut non tam fides non habenda quam ratio quaerenda sit.'

Hic Scipio: 'quam uellem Panaetium nostrum nobiscum haberemus! qui cum cetera tum haec caelestia uel studiosissime solet quaerere. sed ego, Tubero,— nam tecum aperte quod sentio loquar — non nimis assentior in omni isto genere nostro illi familiari, qui quae uix coniectura qualia sint possumus suspicari, sic affirmat ut oculis ea cernere uideatur aut tractare plane manu. quo etiam sapientiorem Socratem soleo iudicare, qui omnem eius modi curam deposuerit, eaque quae de natura quaererentur aut maiora quam hominum ratio consequi possit aut nihil omnino ad uitam hominum attinere dixerit.' **16.** Dein Tubero: 'nescio, Africane, cur ita memoriae proditum sit, Socratem omnem istam disputationem reiecisse, et tantum de uita et de moribus solitum esse quaerere. quem enim auctorem de illo locupletiorem Platone laudare possumus? cuius in libris multis locis ita loquitur Socrates, ut etiam cum de moribus de uirtutibus denique de re publica disputet, numeros tamen et geometriam et harmoniam studeat Pythagorae more coniungere.' Tum Scipio: 'sunt ista ut dicis; sed audisse

Sobre a República

Cipião:

— Verdadeiramente me agrada, de quando em quando, recordar nossos estudos da doutrina.

[X] 15. Então [Tuberão disse]:

— Queres, então, Africano, já que, não apenas de certo modo me convidas, mas também me dás esperança de ouvir-te, que examinemos, antes que os demais cheguem, primeiramente, o que foi enunciado no senado sobre o outro sol?[63] De fato, nem são poucos, nem levianos os que dizem ter visto dois sóis, no entanto, não se deve tanto confiar quanto investigar a razão.

Aqui Cipião [disse]:

— Como gostaria que tivéssemos conosco nosso amigo Panécio![64] Ele costuma investigar com muito esforço tanto as demais [coisas] quanto as celestes. Mas, Tuberão, falarei abertamente contigo o que penso, em todo este gênero não concordo com esse nosso amigo, que a respeito das coisas que apenas por conjectura podemos suspeitar o que são, no entanto, afirma que parece vê-las com os olhos ou tocá-las perfeitamente com as mãos.[65] Também costumo considerar mais sábio do que ele Sócrates, que se afastou de toda e qualquer preocupação e disse que investigar acerca da natureza ou estaria acima do que a razão do homem pode alcançar, ou não seria absolutamente nada, por não se ater à vida dos homens.[66]

16. Assim, Tuberão [disse]:

— Não sei, Africano, por que ficou guardado para a posteridade que Sócrates recusou toda esta discussão e costumava investigar não apenas acerca da vida, mas também dos costumes,[67] pois, qual autor podemos louvar [que trata] dele com mais riqueza do que Platão? Em seus livros, em muitos lugares,[68] Sócrates fala de tal modo que mesmo quando disputa acerca dos costumes, das virtudes, ou seja, da república, esforça-se, porém, para incluir os números, a geometria e a harmonia, como ao modo de Pitágoras.

te credo, Tubero, Platonem Socrate mortuo primum in Aegyptum discendi causa, post in Italiam et in Siciliam contendisse ut Pythagorae inuenta perdisceret, eumque et cum Archyta Tarentino et cum Timaeo Locro multum fuisse, et Philolai commentarios esse nanctum, cumque eo tempore in his locis Pythagorae nomen uigeret, illum se et hominibus Pythagoreis et studiis illis dedisse. itaque cum Socratem unice dilexisset, eique omnia tribuere uoluisset, leporem Socraticum subtilitatemque sermonis cum obscuritate Pythagorae et cum illa plurimarum artium grauitate contexuit.'

[**XI**] **17.** Haec Scipio cum dixisset, L. Furium repente uenientem aspexit, eumque ut salutauit, amicissime apprehendit et in lecto suo collocauit. et cum simul P. Rutilius uenisset, qui est nobis huius sermonis auctor, eum quoque ut salutauit, propter Tuberonem iussit adsidere.

Tum Furius: 'quid uos agitis? num sermonem uestrum aliquem diremit noster interuentus?'

'Minime uero,' Africanus. 'soles enim tu haec studiose inuestigare quae sunt in hoc genere de quo instituerat paulo ante Tubero quaerere; Rutilius quidem noster etiam sub ipsis Numantiae moenibus solebat mecum interdum eius modi aliquid conquirere'.

'Quae res tandem inciderat?' inquit Philus.

Tum ille: 'de solibus istis duobus; de quo studeo, Phile, ex te audire quid sentias.'

[**XII**] **18.** Dixerat hoc ille, cum puer nuntiauit uenire ad eum Laelium domoque iam exisse. tum Scipio calceis et uestimentis sumptis e cubiculo est egressus, et cum paululum inambulauisset in porticu, Laelium aduenientem salu-

Então, Cipião [disse]:

— É como dizes; mas, acredito que ouviste, Tuberão, que, morto Sócrates, Platão se dirigiu, primeiramente, ao Egito com o intuito de aprender, depois dirigiu-se à Itália e à Sicília para se aprofundar nas descobertas de Pitágoras, esteve muito com Arquitas de Tarento e com Timeu de Locros e reuniu os comentários de Filolau; e, naquela época, como o nome de Pitágoras vigorava nesses lugares, ele se dedicou aos pitagóricos e aos seus estudos. Assim, como estimava Sócrates de modo único e queria atribuir-lhe tudo, entrelaçou o encanto e a sutileza[69] dos diálogos socráticos com a obscuridade de Pitágoras e a gravidade de suas múltiplas artes.

[XI] 17. Dito isso, Cipião avistou Lúcio Fúrio[70] vindo repentinamente; assim que o saudou, conduziu-o, amistosamente, e o acomodou.[71] E como, ao mesmo tempo, vinha Públio Rutílio, que é para nós o autor dessa conversa, logo o saudou e também o convidou para sentar-se junto a Tuberão. Então, Fúrio [disse]:

— De que vos ocupáveis? Porventura nossa chegada interrompeu alguma conversa vossa?

Africano respondeu:

— De forma alguma, pois costumas investigar, com empenho, tratados neste gênero, o qual Tuberão tinha começado a expor pouco antes. Nosso amigo Rutílio, mesmo sob as próprias muralhas da Numância, costumava investigar comigo alguma coisa desse modo.

— E qual assunto, enfim, foi apresentado? – perguntou Filo.

Então [Africano disse]:

— O [assunto] desses dois sóis, sobre o qual anseio ouvir de ti, Filo, o que pensas.

[XII] 18. Ele havia dito isto quando um menino anunciou que Lélio[72] viria até ele e já havia saído de sua casa. Então, Cipião calçou-se e vestiu-se, saiu do cômodo e caminhou um pouco no pórtico;[73] quando

tauit et eos qui una uenerant, Spurium Mummium quem in primis diligebat et C. Fannium et Q. Scaeuolam generos Laeli, doctos adulescentes iam aetate quaestorios; quos cum omnes salutauisset, conuertit se in porticu et coniecit in medium Laelium. fuit enim hoc in amicitia quasi quoddam ius inter illos, ut militiae propter eximiam belli gloriam Africanum ut deum coleret Laelius, domi uicissim Laelium, quod aetate antecedebat, obseruaret in parentis loco Scipio. dein cum essent perpauca inter se uno aut altero spatio collocuti, Scipionique eorum aduentus periucundus et pergratus fuisset, placitum est ut in aprico maxime pratuli loco, quod erat hibernum tempus anni, considerent. quod cum facere uellent, interuenit uir prudens omnibusque illis et iucundus et carus, M'. Manilius, qui a Scipione ceterisque amicissime consalutatus adsedit proximus Laelio.

[**XIII**] **19.** Tum Philus: 'non mihi uidetur' inquit 'quod hi uenerunt alius nobis sermo esse quaerendus, sed agendum accuratius et dicendum dignum aliquid horum auribus.'

Hic Laelius: 'quid tandem agebatis, aut cui sermoni nos interuenimus?'

'Quaesierat ex me Scipio quidnam sentirem de hoc quod duo soles uisos esse constaret.'

'Ain uero, Phile? iam explorata nobis sunt ea quae ad domos nostras quaeque ad rem publicam pertinent, siquidem quid agatur in caelo quaerimus?' Et ille: 'an tu ad domos nostras non censes pertinere scire quid agatur et quid fiat domi? quae non ea est quam parietes nostri cingunt, sed mundus hic totus, quod domicilium quamque patriam di nobis communem secum dederunt, cum praesertim si haec

Sobre a República

Lélio chegou, saudou-o e aos que com ele vinham: Espúrio Múmio,[74] a quem mais estimava, Caio Fânio[75] e Quinto Cévola,[76] genros de Lélio, doutos jovens já com idade para a questura. Tendo saudado a todos, deu uma volta no pórtico e colocou Lélio no meio. Pois, em sua amizade, havia como que uma norma entre eles: na milícia Lélio estimava Cipião Africano como a um deus, por sua exímia glória na guerra; por sua vez, Cipião reverenciava Lélio em casa como a um pai, porque o antecedia em idade. Então, conversaram um pouco entre eles, entre um lugar e outro. E Cipião ficou muito encantado e grato com a chegada deles; então, sentaram-se no lugar mais ensolarado do gramado, porque era inverno. Quando se acomodaram, chegou entre eles um varão prudente, alegre e caro a todos, Mânio Manílio,[77] que, sendo saudado muito amigavelmente, tanto por Cipião como pelos outros, sentou-se junto a Lélio.

[**XIII**] **19.** Então, Filo [disse]:

— Não me parece que devamos buscar outra conversa para nós, porque eles chegaram, mas discutir acuradamente e conversar sobre algo digno de seus ouvidos.

Aqui, Lélio [perguntou]:

— O que, porém, discutias, ou qual discussão interrompemos?

— Cipião havia me perguntado o que penso da constatação de que foram vistos dois sóis.

— É verdade, Filo? Já foi, então, explorado por nós o que concerne às nossas casas e à república, visto que investigamos o que acontece no céu?[78]

E [Filo] disse:

— Por acaso tu não consideras que pertence às nossas casas saber o que aconteceu e o que se faz em casa? Não aquela que nossas paredes protegem, mas em todo esse mundo que [os deuses] deram a nós como domicílio e pátria em comum com eles;[79] se a ignoramos, muitas

Cícero

ignoremus, multa nobis et magna ignoranda sint. ac me quidem, ut hercule etiam te ipsum, Laeli, omnesque auidos sapientiae, cognitio ipsa rerum consideratioque delectat.'

20. Tum Laelius: 'non impedio, praesertim quoniam feriati sumus; sed possumus audire aliquid an serius uenimus?'

'Nihil est adhuc disputatum, et quoniam est integrum, libenter tibi, Laeli, ut de eo disseras equidem concessero.'

'Immo uero te audiamus, nisi forte Manilius interdictum aliquod inter duos soles putat esse componendum, ut ita caelum possideant ut uterque possederit.'

Tum Manilius: 'pergisne eam, Laeli, artem illudere, in qua primum excellis ipse, deinde sine qua scire nemo potest quid sit suum, quid alienum? sed ista mox; nunc audiamus Philum, quem uideo maioribus iam de rebus quam me aut quam P. Mucium consuli.'

[os parágrafos 21-24 foram omitidos na edição]

[**XVI**] **25.** 'Atque eius modi quiddam etiam bello illo maximo, quod Athenienses et Lacedaemonii summa inter se contentione gesserunt, Pericles ille et auctoritate et eloquentia et consilio princeps ciuitatis suae, cum obscurato sole tenebrae factae essent repente Atheniensiumque animos summus timor occupauisset, docuisse ciuis suos dicitur, id quod ipse ab Anaxagora cuius auditor fuerat acceperat, certo illud tempore fieri et necessario, cum tota se luna sub orbem solis subiecisset; itaque etsi non omni intermenstruo, tamen id fieri non posse nisi intermenstruo tempore. quod cum disputando rationibusque docuisset, populum liberauit

Sobre a República

e grandiosas [coisas] serão ignoradas por nós. E eu, por Hércules, e também tu mesmo, Lélio, e todos os ávidos por sabedoria se deleitam com o próprio conhecimento e a consideração das coisas.

20. Então, Lélio [disse]:

— Não me oponho, sobretudo porque estamos em tempos de férias; mas podemos ouvir algo ou chegamos tarde?

[Filo disse:]

— Não se discutiu nada, e uma vez que ainda não tocamos no assunto, com prazer, o concedê-lo-ei a ti, Lélio, para dissertares acerca dele!

[Lélio disse:]

— Na verdade te ouviremos, a não ser que Manílio julgue que se deve estabelecer um interdito[80] acerca dos dois sóis, para que então ambos possuam o céu que só um possuiria.

Então, Manílio [respondeu]:

— Persistes, Lélio, a gracejar com essa arte,[81] na qual, primeiro, tu mesmo te sobressais, e, também, sem a qual ninguém pode saber o que é seu e o que é de outrem? Mas [deixemos] isto para daqui a pouco; agora, ouçamos Filo, a quem vejo já ter considerado coisas maiores do que eu ou Públio Múcio.[82]

[os parágrafos 21-24 foram omitidos na edição][83]

[XVI] 25. — E, do mesmo modo, durante aquela grande guerra que os atenienses e os lacedemônios travaram entre si,[84] com tamanha rivalidade, formaram-se as trevas, de repente, ao obscurecer o sol, um enorme temor tomou os ânimos dos atenienses. Então, aquele Péricles, o principal de sua *ciuitas* por sua autoridade, eloquência e discernimento, ensinando algo a seus concidadãos do que já havia aprendido com o próprio Anaxágoras,[85] de quem fora ouvinte, disse que aquilo ocorrera em um tempo certo e necessário, quando toda a lua se colocava sob a órbita do sol.[86] Assim, ainda que não haja todo o interlúdio, todavia,

metu; erat enim tum haec noua et incognita ratio, solem lunae opposito solere deficere, quod Thaletem Milesium primum uidisse dicunt. id autem postea ne nostrum quidem Ennium fugit; qui ut scribit, anno quinquagesimo CCC fere post Romam conditam

"Nonis Iunis soli luna obstitit et nox."

atque hac in re tanta inest ratio atque sollertia, ut ex hoc die quem apud Ennium et in maximis annalibus consignatum uidemus superiores solis defectiones reputatae sint usque ad illam quae Nonis Quinctilibus fuit regnante Romulo; quibus quidem Romulum tenebris etiamsi natura ad humanum exitum abripuit, uirtus tamen in caelum dicitur sustulisse.'

[XVII] 26. Tum Tubero: 'uidesne, Africane, quod paulo ante secus tibi uidebatur, doc*

Deest folium unum

* 'lis, quae uideant ceteri. quid porro aut praeclarum putet in rebus humanis, qui haec deorum regna perspexerit, aut diuturnum, qui cognouerit quid sit aeternum, aut gloriosum, qui uiderit quam parua sit terra, primum uniuersa, deinde ea pars eius quam homines incolant, quamque nos in exigua eius parte affixi, plurimis ignotissimi gentibus, speremus tamen nostrum nomen uolitare et uagari latissime? 27. agros uero et aedificia et pecudes et immensum argenti pondus atque auri qui bona nec putare nec appellare soleat, quod earum rerum uideatur ei leuis fructus, exiguus usus, incertus dominatus,

Sobre a República

isto não pode acontecer a não ser em um intervalo entre duas lunações. E, uma vez que se ensinava com razões, libertou-se o povo do medo; pois, até então, era nova e ignorada essa teoria: o sol em oposição à lua costuma eclipsar-se, e dizem que Tales de Mileto foi o primeiro a observá-lo. Porém, depois, nem ao nosso Ênio escapou isso que escreve, aproximadamente no ano 350 depois da fundação de Roma,

"Nas Nonas de Junho, a lua obstruiu o sol e se fez a noite"

e para esta arte há uma razão e uma habilidade que, a partir desse dia, vemos consignadas em Ênio e nos *Anais Máximos*, onde foram computados os eclipses solares anteriores até as Nonas de Julho,[87] quando reinava Rômulo. E, embora durante essas trevas a natureza tenha levado Rômulo ao fim do humano,[88] sua virtude o conduziu ao céu.

[**XVII**] **26.**[89] Então, Tuberão [disse]:

— Vês, Africano, por que, um pouco antes, parecia-te de outra maneira,*

Falta um fólio

*[Cipião disse:]

— Que vejam os outros. Ademais, quem compreende os reinos dos deuses,[90] o que pode [considerar] ilustre entre as coisas humanas? Ou quem [não] tenha conhecido o que é eterno, como pode [considerar] a longa duração? Ou [considerar] glorioso quem [não] tenha observado o quão pequena é a terra, primeiro o seu universo e depois as partes nas quais os homens habitavam, e, como nós, fixados em uma exígua parte dela, desconhecidos para muitos povos, todavia, esperamos que nosso nome voasse e se espalhasse muito vastamente? **27.** Quem nem costumaria estimar nem denominar de bens os campos, as edificações, os rebanhos e a imensa quantidade de prata e ouro, porque o fruto

saepe etiam taeterrimorum hominum immensa possessio, quam est hic fortunatus putandus! cui soli uere liceat omnia non Quiritium sed sapientium iure pro suis uindicare, nec ciuili nexo sed communi lege naturae, quae uetat ullam rem esse cuiusquam, nisi eius qui tractare et uti sciat; qui imperia consulatusque nostros in necessariis, non in expetendis rebus, muneris fungendi gratia subeundos, non praemiorum aut gloriae causa appetendos putet; qui denique, ut Africanum auum meum scribit Cato solitum esse dicere, possit idem de se praedicare, numquam se plus agere quam nihil cum ageret, numquam minus solum esse quam cum solus esset. **28.** quis enim putare uere potest, plus egisse Dionysium tum cum omnia moliendo eripuerit ciuibus suis libertatem, quam eius ciuem Archimedem cum istam ipsam sphaeram, nihil cum agere uideretur, de qua modo dicebatur, effecerit? quis autem non magis solos esse, qui in foro turbaque quicum colloqui libeat non habeant, quam qui nullo arbitro uel secum ipsi loquantur, uel quasi doctissimorum hominum in concilio adsint, cum eorum inuentis scriptisque se oblectent? quis uero diuitiorem quemquam putet quam eum cui nihil desit quod quidem natura desideret, aut potentiorem quam illum qui omnia quae expetat consequatur, aut beatiorem quam qui sit omni perturbatione animi liberatus, aut firmiore fortuna quam qui ea possideat quae secum ut aiunt uel e naufragio possit efferre? quod autem imperium, qui magistratus, quod regnum potest esse praestantius quam despicientem omnia humana et inferiora sapientia ducentem nihil umquam nisi sempiternum et diuinum animo uolutare? cui persuasum sit appellari ceteros homines, esse solos eos qui essent

dessas coisas lhe parecia insignificante, de uso exíguo, de domínio incerto, e também, frequentemente, imenso o [desejo] de posse dos terríveis homens, o quão afortunado devemos considerá-lo?[91] Porque apenas a ele é verdadeiramente permitido tudo requerer, não pelo direito dos Quirites,[92] mas pelo dos sábios e não por um contrato civil,[93] mas na lei comum da natureza,[94] a qual veta que alguma coisa seja de alguém, a não ser daquele que sabe tratá-la e usá-la. E quem considera que o mando e nossos consulados devam ser assumidos como necessários, não entre as coisas desejáveis, mas com o objetivo de cumprir com uma obrigação,[95] e não serem considerados em razão dos prêmios e da glória. Enfim, como meu avô Africano[96] costumava dizer, de acordo com o que escreveu Catão, quem pode proclamar acerca de si mesmo, que nunca fazia mais do que quando nada fazia, que nunca estava menos só do que quando estava só. **28.** Pois quem poderia afirmar verdadeiramente que mais fez Dionísio,[97] quando com todo esforço destruiu a liberdade de seus concidadãos, do que seu concidadão Arquimedes, quando fazia essa mesma esfera[98] de que há pouco se falava, ainda que nada parecesse fazer? Porém, quem estaria mais só: os que no fórum e em meio à turba não tinham com quem fosse permitido conversar, ou os que sem a presença de ninguém falavam consigo mesmos como que se comparecessem em concílios dos homens mais doutos e se divertissem com seus inventos e escritos? Na verdade, quem julgará alguém mais rico do que aquele a quem nada falta daquilo que a natureza oferece, ou mais poderoso do que aquele que consegue tudo a que aspira, ou mais feliz do que quem se libertou de toda a perturbação da alma,[99] ou de fortuna mais firme do que aquele que, como dizem, possui aquilo que pode salvar consigo mesmo em um naufrágio? Porém, qual comando, qual magistratura, qual reino pode ser preferível à sabedoria, que depreciando todas as coisas humanas e inferiores quer conduzir seu ânimo ao eterno e ao divino, que nada examina alguma vez em sua alma; e foi persuadida de que os demais que

politi propriis humanitatis artibus? **29.** ut mihi Platonis illud, seu quis dixit alius, perelegans esse uideatur. quem cum ex alto ignotas ad terras tempestas et in desertum litus detulisset, timentibus ceteris propter ignorationem locorum, animaduertisse dicunt in arena geometricas formas quasdam esse descriptas; quas ut uidisset, exclamauisse ut bono essent animo; uidere enim se hominum uestigia; quae uidelicet ille non ex agri consitura quam cernebat, sed ex doctrinae indiciis interpretabatur. quam ob rem, Tubero, semper mihi et doctrina et eruditi homines et tua ista studia placuerunt.'

[**XVIII**] **30.** Tum Laelius: 'non audeo quidem' inquit 'ad ista Scipio dicere, neque tam te aut Philum aut Manilium*

Deest folium unum

*in ipsius paterno genere fuit noster ille amicus, dignus huic ad imitandum,

"Egregie cordatus homo, catus Aelius Sextus,"

qui "egregie cordatus" et "catus" fuit et ab Ennio dictus est, non quod ea quaerebat quae numquam inueniret, sed quod ea respondebat quae eos qui quaesissent et cura et negotio soluerent, cuique contra Galli studia disputanti in ore semper erat ille de Iphigenia Achilles:

Astrologorum signa in caelo quid sit obseruationis? cum Capra aut Nepa aut exoritur nomen aliquod beluarum, quod est ante pedes nemo spectat, caeli scrutantur plagas.

Sobre a República

se chamam homens, apenas o são os que se poliram nas artes próprias da humanidade?[100] **29.** A mim parece muito judicioso o que disse Platão ou algum outro, que, quando arrastado por uma tempestade do alto mar até as terras desconhecidas e a um litoral deserto, os que estavam com ele temiam por ignorarem o lugar; então, quando ele percebeu que na areia havia algumas formas geométricas traçadas, logo exclamou que tivessem bom ânimo, pois pareciam ser vestígios de homens, e distinguia-os não pela semeadura dos campos, mas interpretava a partir dos indícios da doutrina. E assim, Tuberão, sempre me deram prazer tanto a doutrina de homens eruditos como os teus esforços.

[XVIII] **30.** Então, Lélio responde:

— Não ouso, na verdade, dizer isto, Cipião, nem a ti, ou a Filo, ou a Manílio*

Falta um fólio

*na estirpe paterna dele havia aquele nosso amigo, digno de imitação,

"O varão distintamente judicioso, o cauteloso Élio Sexto"

que foi "distintamente judicioso" e "cauteloso", e assim foi chamado por Ênio, não porque buscava o que nunca encontraria, mas porque respondia aos que buscavam soluções para seus negócios e preocupações; argumentava contra os estudos de Galo e sempre estava em sua boca aquele Aquiles de *Ifigênia*:[101]

Astrólogos buscam no céu signos para observação?
Eis que a Cabra[102] ou o Escorpião ou o nome de algum [outro] animal aparece,
E o que está ante os pés ninguém observa,
Mas as regiões do céu exploram.

81

Cicero

Atque idem (multum enim illum audiebam et libenter) Zethum illum Pacuui nimis inimicum doctrinae esse dicebat: magis eum delectabat Neoptolemus Ennii, qui se ait philosophari uelle, sed paucis; nam omnino haud placere. Quodsi studia Graecorum uos tanto opere delectant, sunt alia liberiora et transfusa latius, quae uel ad usum uitae uel etiam ad ipsam rem publicam conferre possumus. Istae quidem artes, si modo aliquid, <ualent, id> ualent, ut paulum acuant et tamquam irritent ingenia puerorum, quo facilius possint maiora discere.'

[**XIX**] **31.** Tum Tubero: 'non dissentio a te, Laeli, sed quaero quae tu esse maiora intellegas.'

'Dicam mehercule et contemnar a te fortasse, cum tu ista caelestia de Scipione quaesieris, ego autem haec quae uidentur ante oculos esse magis putem quaerenda. quid enim mihi L. Pauli nepos, hoc auunculo, nobilissima in familia atque in hac tam clara re publica natus, quaerit quo modo duo soles uisi sint, non quaerit cur in una re publica duo senatus et duo paene iam populi sint? nam ut uidetis mors Tiberii Gracchi et iam ante tota illius ratio tribunatus diuisit populum unum in duas partis; obtrectatores autem et inuidi Scipionis, initiis factis a P. Crasso et Appio Claudio, tenent nihilo minus illis mortuis senatus alteram partem, dissidentem a uobis auctore Metello et P. Mucio, neque hunc qui unus potest, concitatis sociis et nomine Latino, foederibus uiolatis, triumuiris seditiosissimis aliquid cotidie noui molientibus, bonis uiris [locupletibus] perturbatis, his tam periculosis rebus subuenire patiuntur. **32.** quam ob rem si me audietis, adulescentes, solem alterum ne metueritis: aut enim nullus esse potest, aut sit sane ut uisus est, modo ne sit molestus,

E também dizia (pois eu lhe ouvia muito e com satisfação) que Zeto,[103] aquele [da peça] de Pacúvio, era tão inimigo da doutrina que muito lhe deleitava o Neoptólemo de Ênio, que afirmava querer filosofar, mas pouco, pois não lhe aprazia fazê-lo por completo.[104] E se os estudos dos gregos vos deleitam tanto, há outros mais livres[105] e amplamente difundidos que podemos empregar ou no uso da vida ou também na própria república.[106] Essas artes, se valem para algo, servem para acurar um pouco e estimular os engenhos das crianças, a fim de que possam aprender mais facilmente [coisas] maiores.[107]

[**XIX**] **31.** Então, Tuberão [disse]:

— Não discordo de ti, Lélio, mas quais [coisas] entendes, tu,[108] como maiores?

— Direi, por Hércules! E talvez serei desdenhado por ti, pois perguntaste a Cipião sobre esses fenômenos celestes, porém, eu considero que [urge] investigar mais o que aparece ante os olhos. Pois o neto de Lúcio Paulo e o sobrinho de tal tio [Cipião], nascido em uma família nobilíssima e nesta tão ilustre república, como ele pergunta a mim como foram vistos os dois sóis e não pergunta por que em uma república há quase dois senados e já dois povos?[109] Pois, como vês, a morte de Tibério Graco e, já antes, toda a conduta de seu tribunado dividiu um povo em duas partes. Os detratores e inimigos de Cipião — formados por Públio Crasso e Ápio Cláudio[110] —, depois da morte destes, não tiveram lugar naquela parte do senado, que é oposta a vós e cujas autoridades são Metelo e Públio Múcio.[111] E, provocando revolta entre os aliados e os renomados latinos, violando os pactos, os sediciosíssimos triúnviros[112] planejavam diariamente algo novo para perturbar os bons varões;[113] e eles não permitiam que este [Cipião] remediasse essas coisas tão perigosas, sendo o único que poderia fazê-lo. **32.** Por isso me ouvis, adolescentes: não temais esse outro sol, pois ou ele pode não existir ou existir; existindo, parece suficiente que não cause mal; e

Cicero

aut scire istarum rerum nihil, aut etiamsi maxime sciemus, nec meliores ob eam scientiam nec beatiores esse possumus. senatum uero et populum ut unum habeamus et fieri potest, et permolestum est nisi fit, et secus esse scimus, et uidemus si id effectum sit et melius nos esse uicturos et beatius.'

[XX] 33. Tum Mucius: 'quid esse igitur censes, Laeli, discendum nobis ut istud efficere possimus ipsum quod postulas?'

'Eas artis quae efficiant ut usui ciuitati simus; id enim esse praeclarissimum sapientiae munus maximumque uirtutis uel documentum uel officium puto. quam ob rem ut hae feriae nobis ad utilissimos rei publicae sermones potissimum conferantur, Scipionem rogemus ut explicet quem existimet esse optimum statum ciuitatis; deinde alia quaeremus, quibus cognitis spero nos ad haec ipsa uia peruenturos, earumque rerum rationem quae nunc instant explicaturos.'

[XXI] 34. Cum id et Philus et Manilius et Mummius admodum adproba<uissent>*

Deest folium unum

* 'non solum ob eam causam fieri uolui quod erat aequum de re publica potissimum principem rei publicae dicere, sed etiam quod memineram persaepe te cum Panaetio disserere solitum coram Polybio, duobus Graecis uel peritissimis rerum ciuilium, multaque colligere ac docere, optimum longe statum ciuitatis esse eum quem maiores nostri nobis reliquissent. qua in disputatione quoniam tu paratior es, feceris —ut etiam pro his dicam— si de re publica quid sentias explicaris, nobis gratum omnibus.'

Sobre a República

dessas coisas nada se sabe, ou ainda sabemos muito, mas com esse saber não podemos ser nem melhores nem mais felizes. Na verdade, podemos fazer com que tenhamos um único senado e um único povo – a não ser que nos cause muito mal, mas sabemos que é de outro modo – e percebemos que se isto se realizasse viveríamos melhor e de modo mais feliz.

[**XX**] **33.** Então, Múcio [disse]:

– Portanto o que aconselhas, Lélio? O que podemos aprender para realizar isso mesmo que postulas?

– Aquelas artes que nos tornam úteis à *ciuitas*; pois julgo que esta é a mais bela função da sabedoria e o grande exemplo ou dever da virtude. E assim, para que nós dediquemos essas férias às conversas mais úteis à república, roguemos a Cipião que explique o que estima ser o melhor estado da *ciuitas*;[114] depois, investigaremos outras [coisas], que espero que alcancemos por meio das já conhecidas e explicaremos a razão dessas coisas que agora nos ameaçam.

[**XXI**] **34.** Como Filo, Manílio e Múmio aprovaram isso sobremaneira*

Falta um fólio

*[115] quis que fizesse não só por esta causa, porque era equilibrado que se falasse sobre a república e acima de tudo da principal república, mas também porque recordava que muitas vezes costumavas discutir com Panécio[116] na presença de Políbio[117] – dois gregos, talvez[118] os maiores peritos nas coisas civis[119] –, e reuniam muitas para ensinar que o melhor estado da *ciuitas* é, de longe, o que nossos predecessores nos deixaram. Uma vez que tu estás mais preparado nesta discussão – para falar também por estes [homens que aqui estão] –, agradarás a todos nós se explicares o que pensas sobre a república.

Cícero

[**XXII**] 35. Tum ille: 'non possum equidem dicere me ulla in cogitatione acrius aut diligentius solere uersari, quam in ista ipsa quae mihi, Laeli, a te proponitur. etenim cum in suo quemque opere artificem, qui quidem excellat, nihil aliud cogitare meditari curare uideam nisi quo sit in illo genere melior, ego cum mihi sit unum opus hoc a parentibus maioribusque meis relictum, procuratio atque administratio rei publicae, non me inertiorem esse confitear quam opificem quemquam, si minus in maxima arte quam illi in minimis operae consumpserim? 36. sed neque iis contentus sum quae de ista consultatione scripta nobis summi ex Graecia sapientissimique homines reliquerunt, neque ea quae mihi uidentur anteferre illis audeo. quam ob rem peto a uobis ut me sic audiatis: neque ut omnino expertem Graecarum rerum, neque ut eas nostris in hoc praesertim genere anteponentem, sed ut unum e togatis patris diligentia non illiberaliter institutum studioque discendi a pueritia incensum, usu tamen et domesticis praeceptis multo magis eruditum quam litteris.'

[**XXIII**] 37. Hic Philus: 'non Hercule,' inquit 'Scipio, dubito, quin tibi ingenio praestiterit nemo, usuque idem in re publica rerum maximarum facile omnis uiceris; quibus autem studiis semper fueris tenemus. quam ob rem si, ut dicis, animum quoque contulisti in istam rationem et quasi artem, habeo maximam gratiam Laelio; spero enim multo uberiora fore quae a te dicentur quam illa quae a Graecis hominibus scripta sunt omnia.'

Tum ille: 'permagnam tu quidem expectationem, quod onus est ei qui magnis de rebus dicturus est grauissimum, imponis orationi meae.'

Sobre a República

[**XXII**] **35.** Então [Cipião disse]:

— Não posso, evidentemente, dizer que costumo versar sobre algum assunto com mais agudeza ou diligência do que este que me é proposto por ti, Lélio. Com efeito, se vejo que cada artesão, especificamente o que se sobressai, sobre nenhuma outra coisa pensa, medita, nada procura senão aquilo em cujo gênero é melhor, assim, eu conservo para mim, de meus progenitores e predecessores, este único trabalho: o cuidado e a administração da república; não me confessaria mais inerte do que qualquer [outro] trabalhador[120] se, na maior arte, empregasse menos energia do que eles nas suas?[121] **36.** Mas nem me contento com o que os homens mais sábios e eminentes da Grécia transmitiram a nós sobre esse assunto, nem ouso lhes antepor os que me parecem [corretos]. Eis por que vos peço que me ouçais da seguinte forma:[122] nem como a quem ignora absolutamente as teorias gregas, nem como a quem as antepõe, sobretudo neste gênero, às nossas, mas como a um dentre os togados que, graças à diligência de seu pai, não deixou de ser instruído de modo livre[123] e foi abrasado pelo desejo de aprender desde a infância, mas foi muito mais instruído pela experiência e pelos preceitos domésticos[124] do que pelas letras.

[**XXIII**] **37.** Aqui Filo disse:

— Por Hércules! Cipião, duvido que alguém te supere em engenho e vencerás facilmente a todos na experiência nos maiores assuntos da república, mas temos conhecimento de teus contínuos esforços. Se, como dizes, também empregaste teu ânimo a esta razão,[125] por assim dizer, a esta arte, eis por que sou muito grato a Lélio. De fato, espero que o que tu dirás seja muito mais fecundo do que tudo o que foi escrito pelos homens gregos.

Então, ele [Cipião disse]:

— Certamente, tu impões a meu discurso uma expectativa muito grande, o que é um grande ônus para quem vai falar sobre coisas grandiosas.

Et Philus: 'quamuis sit magna, tamen eam uinces ut soles; neque enim est periculum ne te de re publica disserentem deficiat oratio.'

[XXIV] 38. Hic Scipio: 'faciam quod uultis ut potero, et ingrediar in disputationem ea lege, qua credo omnibus in rebus disserendis utendum esse si errorem uelis tollere, ut eius rei de qua quaeretur si nomen quod sit conueniat, explicetur quid declaretur eo nomine; quod si conuenerit, tum demum decebit ingredi in sermonem; numquam enim quale sit illud de quo disputabitur intellegi poterit, nisi quod sit fuerit intellectum prius. quare quoniam de re publica quaerimus, hoc primum uideamus quid sit id ipsum quod quaerimus.'

Cum approbauisset Laelius, 'nec uero' inquit Africanus 'ita disseram de re tam illustri tamque nota, ut ad illa elementa reuoluar quibus uti docti homines his in rebus solent, ut a prima congressione maris et feminae, deinde a progenie et cognatione ordiar, uerbisque quid sit et quot modis quidque dicatur definiam saepius; apud prudentes enim homines et in maxima re publica summa cum gloria belli domique uersatos cum loquar, non committam ut sit illustrior illa ipsa res de qua disputem quam oratio mea. nec enim hoc suscepi ut tamquam magister persequerer omnia, neque hoc polliceor me effecturum ut ne qua particula in hoc sermone praetermissa sit.'

Tum Laelius: 'ego uero istud ipsum genus orationis quod polliceris expecto.'

[XXV] 39. 'Est igitur' inquit Africanus 'res publica res populi, populus autem non omnis hominum coetus quoquo

Sobre a República

E Filo [respondeu]:

— Ainda que seja grande, todavia, vencerás como de costume; de fato não há perigo de que te faltem palavras ao dissertar acerca da república. **[XXIV] 38.** Aqui Cipião [disse]:

— Farei o que quereis na medida em que puder, e entrarei na discussão com essa regra — que creio dever ser observada ao dissertar sobre qualquer assunto se quereis eliminar o erro —, que é conveniente investigar o nome que se tem do tema sobre o qual se vai tratar e explicar o que se indica com esse nome;[126] e, se assim for combinado, só então será conveniente entrar na conversa. De fato, nunca se poderão entender as qualidades daquilo sobre o qual se vai discutir, a não ser que se entenda antes o que é. Portanto, dado que investigamos acerca da república, vejamos, primeiro, o que é propriamente isso que investigaremos.[127]

Como Lélio aprovou, continuou Africano:

— Na verdade, não dissertarei sobre um assunto tão ilustre e tão notável de modo que remonte aos elementos que os homens doutos costumam utilizar nestes assuntos: a começar pela primeira união do macho com a fêmea,[128] e, em seguida, pela progênie e pelas relações de parentescos, e definindo, primeiramente, com palavras, o que é [o nome] e de quantos modos pode-se dizer. De fato, dado que falo perante homens prudentes e conhecedores da maior república, com suma glória na guerra e na paz,[129] não permitirei que o próprio assunto sobre o qual se discuta seja mais claro que meu discurso; [mas] nem assumo explicar-lhe tudo como um mestre, nem prometo fazer com que nenhuma parte seja preterida nesta conversa.

Então, Lélio:

— Na verdade, esse gênero mesmo de discurso que prometes é o que eu espero.

[XXV] 39. Portanto — disse Africano —, a república[130] é a coisa do povo, porém o povo não é todos os homens agrupados de qualquer

modo, congregatus sed coetus multitudinis iuris consensu et utilitatis communione sociatus. eius autem prima causa coeundi est non tam imbecillitas quam naturalis quaedam hominum quasi congregatio; non est enim singulare nec soliuagum genus hoc, sed ita generatum ut ne in omnium quidem rerum affluen<tia>*

Deest folium unum

[**XXVI**] 41. *'<quae>dam quasi semina, neque reliquarum uirtutum nec ipsius rei publicae reperiatur ulla institutio. hi coetus igitur hac de qua exposui causa instituti, sedem primum certo loco domiciliorum causa constituerunt; quam cum locis manuque saepsissent, eius modi coniunctionem tectorum oppidum uel urbem appellauerunt, delubris distinctam spatiisque communibus. omnis ergo populus, qui est talis coetus multitudinis qualem exposui, omnis ciuitas, quae est constitutio populi, omnis res publica, quae ut dixi populi res est, consilio quodam regenda est, ut diuturna sit. id autem consilium primum semper ad eam causam referendum est quae causa genuit ciuitatem. 42. deinde aut uni tribuendum est, aut delectis quibusdam, aut suscipiendum est multitudini atque omnibus. quare cum penes unum est omnium summa rerum, regem illum unum uocamus, et regnum eius rei publicae statum. cum autem est penes delectos, tum illa ciuitas optimatium arbitrio regi dicitur. illa autem est ciuitas popularis (sic enim appellant) in qua in populo sunt omnia. atque horum trium generum quoduis, si teneat illud uinculum quod primum homines inter

Sobre a República

modo, mas congregados em um agrupamento da multidão por seu consenso quanto ao que é justo e uma reunião de utilidade comum.[131] E a causa primeira para agrupar-se[132] não é tanto a debilidade[133] quanto uma certa naturalidade, por assim dizer, dos homens de se congregarem. De fato, este gênero [humano] não é solitário nem isolado, mas foi gerado de tal forma que nem mesmo na abundância de todas as coisas*

Falta um fólio

[XXVI] 41. *certas sementes, por assim dizer. Não poderia ser encontrada nenhuma instituição nem das virtudes nem da própria república. Assim, estes agrupamentos, instituídos por esta causa que expus, estabeleceram sua sede primeiramente em um lugar certo[134] para constituir domicílios. Protegida, por sua localização e pelas mãos,[135] a chamaram de fortificação ou de urbe, tendo ela sido dotada de santuários e praças comuns. Logo, todo o povo, que é o agrupamento de uma multidão, tal como expus; toda a *ciuitas*, que é a constituição de um povo; toda a república, que, como disse, é a coisa do povo, deve ser conduzida pelo discernimento para que seja duradoura.[136] Porém, esse discernimento, em primeiro lugar, deve sempre refletir essa mesma causa que gerou a *ciuitas*. 42.[137] Depois, [a república] ou deve ser concedida a um, ou a alguns seletos, ou ser assumida pela multidão e por todos. Por essa razão, quando a maior de todas as coisas [públicas] está em posse de uma só pessoa, a este chamamos rei, e ao estado da república de reino;[138] e quando está em posse[139] dos seletos, então, diz-se que a *ciuitas* é regida pelo arbítrio[140] dos optimates. Entretanto, há a *ciuitas* popular[141] (como assim a chamam), aquela na qual tudo é do povo. E qualquer um destes três gêneros, mesmo que tenha o vínculo que primeiramente uniu os homens entre si na reunião da república,

91

se rei publicae societate deuinxit, non perfectum illud quidem neque mea sententia optimum, sed tolerabile tamen, et aliud alio possit esse praestantius. nam rex aequus ac sapiens, uel delecti ac principes ciues, uel ipse populus, quamquam id est minime probandum, tamen nullis interiectis iniquitatibus aut cupiditatibus posse uidetur aliquo esse non incerto statu.

[**XXVII**] **43.** 'Sed et in regnis nimis expertes sunt ceteri communis iuris et consilii, et in optimatium dominatu uix particeps libertatis potest esse multitudo, cum omni consilio communi ac potestate careat, et cum omnia per populum geruntur quamuis iustum atque moderatum, tamen ipsa aequabilitas est iniqua, cum habet nullos gradus dignitatis. itaque si Cyrus ille Perses iustissimus fuit sapientissimusque rex, tamen mihi populi res (ea enim est ut dixi antea publica) non maxime expetenda fuisse illa uidetur, cum regeretur unius nutu ac †modo†; si Massilienses nostri clientes per delectos et principes ciues summa iustitia reguntur, inest tamen in ea condicione populi similitudo quaedam seruitutis; si Athenienses quibusdam temporibus sublato Areopago nihil nisi populi scitis ac decretis agebant, quoniam distinctos gradus non habebant, non tenebat ornatum suum ciuitas.

[**XXVIII**] **44.** 'Atque hoc loquor de tribus his generibus rerum publicarum non turbatis atque permixtis, sed suum statum tenentibus. quae genera primum sunt in iis singula uitiis quae ante dixi, deinde habent perniciosa alia uitia: nullum est enim genus illarum rerum publicarum, quod non habeat iter ad finitimum quoddam malum praeceps ac lubricum. nam illi regi, ut eum potissimum nominem, tolerabili aut si uoltis etiam amabili Cyro subest ad immutandi animi licentiam crudelissimus ille Phalaris, cuius in similitudinem dominatus

Sobre a República

certamente não é, em minha opinião, nem perfeito nem ótimo, ainda que tolerável, se bem que um pode ser superior ao outro. Pois se houver um rei equânime e sábio, ou os seletos e os principais concidadãos, ou o próprio povo — ainda que este seja o menos aprovável —, se não se interpuserem as iniquidades ou a cupidez, é possível haver uma situação estável.

[XXVII] 43. Mas nos reinos [o povo] é demasiadamente privado do direito comum e da deliberação dos outros; na dominação dos optimates a multidão pode ser apenas partícipe da liberdade, pois é excluída de todas as deliberações comuns e de potestade; e quando tudo é gerido pelo povo, ainda que este seja justo e moderado, todavia, a própria igualdade é iníqua, pois não há nenhum dos graus de dignidade.[142] Assim, mesmo que o persa Ciro tenha sido um rei muito justo e muito sábio, todavia, parece-me que a coisa do povo (esta é, com efeito, como disse anteriormente, a república) não era muito desejada, já que era regida pela vontade e o modo de um só. Mesmo que os marselheses,[143] clientes nossos, sejam regidos com suma justiça por concidadãos seletos e principais, porém, há nessa condição do povo certa semelhança com a servidão. Mesmo que os atenienses, em certos tempos, tendo sido eliminado o Areópago,[144] não faziam nada que não fossem os decretos e as decisões do povo; uma vez que não havia distintos graus de dignidade, a *ciuitas* não possuía distinção.

[XXVIII] 44. Ademais, isto digo-lhe destes três gêneros de república, não confusos e mesclados, mas que conservam seu estado: cada um desses gêneros, primeiramente, possui aqueles vícios que antes disse; depois, possuem outros vícios perniciosos, pois não há nenhum gênero dessas repúblicas que não tenha um caminho que oriente a um declive escorregadio e próximo ao mal.[145] Sob um rei tolerável, ou, se quereis também, amável como Ciro, para nomeá-lo de preferência, está, no que diz respeito a uma vontade imutável, o crudelíssimo Faláris —

Cícero

unius procliui cursu et facile delabitur. illi autem Massi-
liensium paucorum et principum administrationi ciuitatis
finitimus est qui fuit quodam tempore apud Athenienses
triginta <illorum> consensus et factio. iam Atheniensium
populi potestatem omnium rerum ipsi, ne alios requiramus, ad
furorem multitudinis licentiamque conuersam pesti*

Deest folium unum

[**XXIX**] **45.** *'taeterrimus, et ex hac uel optimatium uel
factionis, tyrannica illa uel regia uel etiam persaepe popularis, itemque ex ea genus aliquod efflorescere ex illis quae
ante dixi solet, mirique sunt orbes et quasi circuitus in rebus
publicis commutationum et uicissitudinum. quos cum cog-
nosse sapientis est, tum uero prospicere impendentes, in
gubernanda re publica moderantem cursum atque in sua
potestate retinentem, magni cuiusdam ciuis et diuini paene
est uiri. itaque quartum quoddam genus rei publicae maxime
probandum esse sentio, quod est ex his quae prima dixi
moderatum et permixtum tribus.'

[**XXX**] **46.** Hic Laelius: 'scio tibi ita placere, Africane:
saepe enim ex te audiui; sed tamen, nisi molestum est,
ex tribus istis modis rerum publicarum uelim scire quod
optimum iudices. nam uel profuerit aliquid ad cog'*

Deest folium unum

[**XXXI**] **47.** *'et talis est quaeque res publica, qualis
eius aut natura aut uoluntas qui illam regit. itaque nulla
alia in ciuitate, nisi in qua populi potestas summa est,

Sobre a República

cuja imagem se inclinará, em um curso propício e fácil, ao domínio de um só. A conspiração e a facção daqueles trinta que estiveram certa vez em Atenas[146] são parecidas com a administração da *ciuitas* de poucos e de principais marselheses. Enfim, nós buscamos a potestade de todas as coisas do povo ateniense e não dos outros, ao furor da multidão e licenciosidade melhorada e o *pesti*[147]*

Falta um fólio

[XXIX] 45. *algum gênero dessas coisas que antes mencionei costuma florescer naquela [república] dos optimates ou naquela [república] da facção,[148] naquela tirânica ou na régia e até muitas vezes na popular; e são admiráveis as voltas e, por assim dizer, os ciclos de mudanças e vicissitudes nas repúblicas. Conhecê-los é próprio do sábio, então, prever as ameaças, a regulação do curso da república e a retenção em sua potestade é próprio de um grande concidadão e varão quase divino, no governo da república, moderando seu curso e mantendo-os sob sua potestade. Consequentemente, considero que é muito mais aprovável uma espécie de quarto gênero de república, moderado e misto, que se origina desses três que citei primeiro.

[XXX] 46. Aqui Lélio:

— Sei que isso te apraz, Africano, pois, muitas vezes ouvi a ti; todavia, se não for importuno, pois seria proveitoso, [eu] quereria saber qual desses três tipos de república julgas ótimo, *

Falta um fólio

[XXXI] 47.[149] *e cada república é tal e qual a natureza ou a vontade de quem a rege. E assim, em nenhuma outra *ciuitas*, a não ser naquela em que a potestade do povo é superior, a liberdade tem algum domicílio —

95

ullum domicilium libertas habet; qua quidem certe nihil potest esse dulcius, et quae si aequa non est ne libertas quidem est. qui autem aequa potest esse, omitto dicere in regno, ubi ne obscura quidem est aut dubia seruitus, sed in istis ciuitatibus in quibus uerbo sunt liberi omnes? ferunt enim suffragia, mandant imperia magistratus, ambiuntur, rogantur, sed ea dant [magis] quae etiamsi nolint danda sint, et quae ipsi non habent unde alii petunt: sunt enim expertes imperii, consilii publici, iudicii delectorum iudicum, quae familiarum uetustatibus aut pecuniis ponderantur. in libero autem populo, ut Rhodis, ut Athenis, nemo est ciuium qui*

Deest folium unum

[**XXXII**] **48.** *'<po>pulo aliquis unus pluresue diuitiores opulentioresque extitissent, tum ex eorum fastidio et superbia nata esse commemorant, cedentibus ignauis et imbecillis et arrogantiae diuitum succumbentibus. si uero ius suum populi teneant, negant quicquam esse praestantius, liberius, beatius; quippe qui domini sint legum, iudiciorum, belli, pacis, foederum, capitis unius cuiusque, pecuniae. hanc unam rite rem publicam, id est rem populi, appellari putant. itaque et a regum et a patrum dominatione solere in libertatem rem populi uindicari, non ex liberis populis reges requiri aut potestatem atque opes optimatium. **49.** et uero negant oportere indomiti populi uitio genus hoc totum liberi populi repudiari: concordi populo et omnia referente ad incolumitatem et ad libertatem suam nihil esse immutabilius, nihil firmius; facillimam autem in ea re publica esse posse

Sobre a República

certamente nada pode ser mais doce do que a liberdade, que se não for equânime, sequer é liberdade. Porém, como pode ser equânime, não digo em um reino – onde a servidão nem sequer é ocultada ou duvidosa –, mas nessas *ciuitates* nas quais todos são livres pelas palavras? Pois conduzem as eleições, dão comandos às magistraturas, buscam votos, solicitam as próprias leis; mas eles dão aquelas coisas que precisam ser dadas, ainda que não queiram, e outros pedem o que eles mesmos não têm;[150] de fato, estão privados do comando, do discernimento público, do tribunal dos juízes eleitos, que são escolhidos pela tradição da família ou pela riqueza. Porém, em meio a um povo livre como em Rodes assim como em Atenas,[151] não há concidadão a quem*

Falta um fólio

[**XXXII**] **48.** *eles lembram que um ou alguns, dos mais ricos e opulentos, em razão de seu fastio e sua soberba inata, se sobressaem aos que cedem por ignorância e debilidade e aos que sucumbem à arrogância dos ricos. Na verdade, eles dizem que se os povos mantêm seus direitos não há nada melhor, mais livre, mais feliz, principalmente porque eles são os senhores das leis, dos juízes, da guerra, da paz, dos tratados, da vida de cada concidadão e do dinheiro. Pensam ser chamada de república, convenientemente, esta única, ou seja, a coisa do povo. Assim, na coisa do povo, costumaram reivindicar a liberdade na dominação dos reis e dos pais [*patres*], e não a buscar em um povo livre, ou nos reis, ou na potestade e nos recursos dos optimates. **49.** E, na verdade, dizem que não é oportuno, com base no vício de um povo indômito, que se repudie todo este gênero de povo e nada é mais imutável, nada é mais firme do que um povo unido e concorde em todas as coisas, no que diz respeito não só à sua segurança como também à sua liberdade. A partir do que cada um considera útil para si, quando a cada um

Cícero

concordiam, in qua idem conducat omnibus; ex utilitatis uarietatibus, cum aliis aliud expediat, nasci discordias; itaque cum patres rerum potirentur, numquam constitisse ciuitatis statum; multo iam id in regnis minus, quorum, ut ait Ennius, "nulla [regni] sancta societas nec fides est." quare cum lex sit ciuilis societatis uinculum, ius autem legis aequale, quo iure societas ciuium teneri potest, cum par non sit condicio ciuium? si enim pecunias aequari non placet, si ingenia omnium paria esse non possunt, iura certe paria debent esse eorum inter se qui sunt ciues in eadem re publica. quid est enim ciuitas nisi iuris societas ciuium?*

Deest folium unum

[**XXXIII**] **50.** *'ceteras uero res publicas ne appellandas quidem putant iis nominibus quibus illae sese appellari uelint. cur enim regem appellem Iouis optimi nomine hominem dominandi cupidum aut imperii singularis, populo oppresso dominantem, non tyrannum potius? tam enim esse clemens tyrannus quam rex inportunus potest, ut hoc populorum intersit utrum comi domino an aspero seruiant; quin seruiant quidem fieri non potest. quo autem modo assequi poterat Lacedaemo illa tum, cum praestare putabatur disciplina rei publicae, ut bonis uteretur iustisque regibus, cum esset habendus rex quicumque genere regio natus esset? nam optimatis quidem quis ferat, qui non populi concessu sed suis comitiis hoc sibi nomen arrogauerunt? qui enim iudicatur iste optimus? Doctrina, artibus studiis, audio: quando*

Sobre a República

agradam coisas diferentes, nascem as discórdias e assim, quando os pais [*patres*] possuíam as coisas, nunca foi permanente o estado da *ciuitas*; e muito menos o dos reinos, nos quais, como diz Ênio, "nem a reunião, nem a confiança são sagradas em um reino". Por isso, dado que a lei é o vínculo da reunião civil e o direito equânime [emana] da lei, com base em qual direito se pode manter a reunião dos concidadãos, quando a condição dos concidadãos não é par? Se, de fato, não agrada igualar as riquezas, se os engenhos de todos não podem ser pares, certamente, devem ser pares entre si os direitos daqueles que são concidadãos em uma mesma república. O que é, pois, a *ciuitas* senão uma reunião de direitos dos concidadãos?[152] *

Falta um fólio

[**XXXIII**] **50.** *julgam, na verdade, que as outras repúblicas nem sequer devem ser chamadas com os nomes com os quais elas querem ser chamadas. De fato, por que hei de chamar de rei – com o nome de Júpiter Ótimo – e não de tirano um homem com desejo de dominar, ou que está sozinho no comando e que domina um povo oprimido? Pois tanto um tirano pode ser clemente quanto um rei [pode] ser cruel, de modo que, entre os povos, há os que servem a um senhor amável ou a um áspero, mas não é possível que não o sirvam. E como, então, a Lacedemônia – quando pensava que se sobressaia pela disciplina na república – poderia garantir que usufruísse de bons e justos reis, já que qualquer rei que se tivesse seria nascido de estirpe régia? Pois, quem aceitaria os optimates que, não com o consentimento do povo, mas por sua própria decisão se dariam este nome? Afinal, quem é esse que é considerado ótimo? Ouço[153] a partir da doutrina, das artes, dos esforços, quando*

Cícero

Desunt folia duo

[**XXXIV**] 51. *'si fortuito id faciet, tam cito euertetur quam nauis, si e uectoribus sorte ductus ad gubernacula accesserit. quodsi liber populus deliget quibus se committat (deligetque si modo saluus esse uult optimum quemque), certe in optimorum consiliis posita est ciuium salus, praesertim cum hoc natura tulerit, non solum ut summi uirtute et animo praeessent imbecillioribus, sed ut hi etiam parere summis uelint. uerum hunc optimum statum prauis hominum opinionibus euersum esse dicunt, qui ignoratione uirtutis, quae cum in paucis est tum a paucis iudicatur et cernitur, opulentos homines et copiosos, tum genere nobili natos esse optimos putant. hoc errore uulgi cum rem publicam opes paucorum, non uirtutes tenere coeperunt, nomen illi principes optimatium mordicus tenent, re autem carent eo nomine. nam diuitiae nomen opes uacuae consilio et uiuendi atque aliis imperandi modo dedecoris plenae sunt et insolentis superbiae, nec ulla deformior species est ciuitatis quam illa in qua opulentissimi optimi putantur. 52. uirtute uero gubernante rem publicam, quid potest esse praeclarius? cum is qui imperat aliis seruit ipse nulli cupiditati, cum quas ad res ciues instituit et uocat, eas omnes complexus est ipse, nec leges imponit populo quibus ipse non pareat, sed suam uitam ut legem praefert suis ciuibus. qui si unus satis omnia consequi posset, nihil opus esset pluribus; si uniuersi uidere optimum et in eo consentire possent, nemo delectos principes quaereret. difficultas ineundi consilii rem a rege ad plures, error et temeritas populorum a multitudine ad paucos

Sobre a República

Faltam dois fólios

[**XXXIV**] **51.** *se o fizer fortuitamente, será derrotado tão rapidamente quanto um navio, que, conduzido ao acaso, tenha o timão[154] tomado por um dos passageiros. E se um povo livre escolhe [alguns] dentre aqueles nos quais confia — e cada um escolhe, se quer estar a salvo, o melhor —, certamente a segurança dos concidadãos está posta no discernimento dos optimates, sobretudo porque a natureza propõe não apenas que os mais eminentes em virtude e ânimo governem os mais débeis, mas também que estes queiram obedecer aos superiores. Na verdade, dizem que este ótimo estado foi transformado pelas opiniões errôneas de homens que, por ignorância da virtude — a qual se tem em poucos e é julgada e discernida por poucos —, julgam que os homens opulentos e ricos, assim como os nascidos de estirpe nobre, são os optimates. Quando, por este erro do vulgo, os recursos de uns poucos e não as virtudes começaram a manter a república, os optimates principais mantiveram obstinadamente seu título, porém careceram do valor desse título, pois as divisas, o nome, os recursos, sem o discernimento e a moderação de viver e de mandar em outros, estão cheios de insolente soberba; e não há espécie alguma mais disforme de *ciuitas* do que aquela na qual os mais opulentos são considerados os optimates. **52.** Na verdade, o que pode ser mais ilustre do que a virtude como governadora da república? Quando aquele que comanda outros não é, ele próprio, servo de nenhuma paixão, quando ele institui e conclama os concidadãos a todas aquelas obras de que ele próprio participa e não impõe ao povo leis que ele próprio não siga, mas apresenta sua vida a seus concidadãos como lei.[155] Se este pudesse alcançar tudo, de maneira satisfatória, não haveria a necessidade de muitos. Se todos juntos pudessem ver o melhor e se pusessem de acordo com ele, ninguém buscaria os seletos principais. A dificuldade de discernir transferiu o

transtulit. sic inter <in>firmitatem unius temeritatemque multorum medium optimates possederunt locum, quo nihil potest esse moderatius; quibus rem publicam tuentibus beatissimos esse populos necesse est, uacuos omni cura et cogitatione, aliis permisso otio suo quibus id tuendum est neque committendum ut sua commoda populus neglegi a principibus putet. **53.** nam aequabilitas quidem iuris, quam amplexantur liberi populi, neque seruari potest — ipsi enim populi, quamuis soluti effrenatique sint, praecipue multis multa tribuunt, et est in ipsis magnus dilectus hominum et dignitatum — eaque quae appellatur aequabilitas iniquissima est. cum enim par habetur honos summis et infimis, qui sint in omni populo necesse est, ipsa aequitas iniquissima est; quod in iis ciuitatibus quae ab optimis reguntur accidere non potest. Haec fere, Laeli, et quaedam eiusdem generis ab iis qui eam formam rei publicae máxime laudant disputari solent.'

[**XXXV**] **54.** Tum Laelius: 'quid tu,' inquit 'Scipio? E tribus istis quod máxime probas?'

'Recte quaeris quod máxime e tribus, quoniam eorum nullum ipsum per se separatim probo, anteponoque singulis illud quod conflatum fuerit ex omnibus. Sed si unum ac simplex p<ro>bandum <sit>, reginum <pro>bem .... pri ......in .....f ...... hoc loco appellatur, occurit nomen quasi patrium Regis, ut ex se natis ita consulentis suis ciuibus et eos con<s>eruantis stu<dio>sius quam .....entis .....tem .....us......tibus..... uos sustentari unius optimi et summi uiri diligentia. **55.** adsunt optimates, qui se melius hoc idem facere profiteantur plusque fore dicant in pluribus consilii quam in uno, et eandem tamen aequitatem et fidem. ecce autem

Sobre a República

poder de um rei a muitos, e o erro e o desatino dos povos o transferi-
ram de uma multidão a uns poucos. Assim, entre a debilidade [de discernimento de] um e o desatino de muitos, os optimates ocuparam a
posição intermediária, na qual nada pode ser mais moderado. Quando
eles cuidam da república, necessariamente, os povos são muito felizes,
livres de todo cuidado e preocupações, devendo ser guardado por outro
aquilo que diz respeito à sua tranquilidade e feito de forma que o povo
não julgue suas comodidades negligenciadas pelos [homens] principais. **53.** Pois a igualdade de direitos, que os povos livres abraçam, não
pode se conservar – de modo que os próprios povos, por serem muito
dissolutos e desenfreados, concedem muitos cargos a muitos e há neles
próprios uma grande diferença de homens e de dignidades –, pois essa
que chamam igualdade é iniquíssima. De fato, quando a honra é considerada de maneira igual aos que são superiores e aos que são ínfimos,
que necessariamente existem em qualquer povo, a própria igualdade
é iniquíssima. Nessas *ciuitates* regidas pelos optimates isso não pode
acontecer. É quase isto, Lélio, e aqueles que aprovam ao máximo essa
forma de república costumam discutir algo do mesmo gênero.

[**XXXV**] **54.** Então, Lélio perguntou:

– E tu, Cipião? Qual dessas três mais aprovas?

– Perguntas corretamente qual dessas três mais aprovo; não aprovo
nenhuma, separadamente, por si própria. E prefiro uma que seja a fusão
de todas. Mas se devesse aprovar a uma e simples, aprovaria a régia ...
desde que o nome de rei fosse como que o de pai, aquele que cuida de
seus concidadãos como de seus filhos, e os protege com mais esforços
... sustentados pela diligência de um só varão ótimo e sumo. **55.** Em seguida, a dos optimates, os quais proclamam que isto mesmo [governar]
eles fazem melhor, e dizem que em vários haverá mais discernimento do
que apenas em um, ainda que haja, todavia, a mesma equidade e confiança. Mas aqui o povo clama com máxima voz e não quer obedecer

maxima uoce clamat populus neque se uni neque paucis uelle parere; libertate ne feris quidem quicquam esse dulcius; hac omnes carere, siue regi siue optimatibus seruiant. ita caritate nos capiunt reges, consilio optimates, libertate populi, ut in comparando difficile ad eligendum sit quid maxime uelis.'

'Credo' inquit 'sed expediri quae restant uix poterunt, si hoc incohatum reliqueris.'

[**XXXVI**] **56.** 'Imitemur ergo Aratum, qui magnis de rebus dicere exordiens a Ioue incipiendum putat.' 'Quo Ioue? aut quid habet illius carminis simile haec oratio?'

'Tantum' inquit 'ut rite ab eo dicendi principia capiamus, quem unum omnium deorum et hominum regem esse omnes docti indoctique [expoliri] consentiunt.'

'Quid?' inquit Laeliu.

'Et ille: 'quid censes nisi quod est ante oculos? siue haec ad utilitatem uitae constituta sunt a principibus rerum publicarum, ut rex putaretur unus esse in caelo qui nutu, ut ait Homerus, totum Olympum conuerteret, idemque et rex et pater haberetur omnium, magna auctoritas est multique testes – siquidem omnes multos appellari placet – ita consensisse gentes decretis uidelicet principum, nihil esse rege melius, quoniam deos omnes censent unius regi numine; siue haec in errore imperitorum posita esse et fabularum similia didicimus, audiamus communes quasi doctores eruditorum hominum, qui tamquam oculis illa uiderunt quae nos uix audiendo cognoscimus.'

'Quinam' inquit Laelius 'isti sunt?'

Et ille: 'qui natura omnium rerum peruestiganda sense-runt omnem hunc mundum mente*

Sobre a República

nem a um nem a alguns poucos; já que nem para as feras existe coisa mais doce do que a liberdade, dela todos carecem, quer sirvam a um rei, quer sirvam aos optimates. Assim, os reis nos cativam pelo amor,[156] os optimates pelo discernimento e o povo pela liberdade;[157] de modo que se as compararmos torna-se difícil escolher a que mais prefiras.

– Acredito, respondeu, mas dificilmente poderão resolver os que restam se deixares essa [questão] sem resposta.

[XXXVI] 56. – Imitemos, assim, a Arato, que nos exórdios acerca de assuntos elevados julga que se deve começar dizendo por Júpiter.

– Por que Júpiter? Como esse discurso se assemelha àquele poema?

– Tanto – disse – que devemos iniciar o discurso por aquilo que todos os doutos e indoutos consentem ser aquele o único rei de todos os deuses e homens.[158]

– Por quê? – perguntou Lélio.

E ele:

– Por que duvidas a não ser daquilo que está diante dos teus olhos? Se os principais das repúblicas estabeleceram para a utilidade da vida que [o povo] deve acreditar que há no céu um único rei que – como disse Homero, todo o Olimpo estremeceria – do mesmo modo que fosse rei e pai de todos (e há uma grande autoridade e muitas testemunhas, se é que todos podem ser chamados de muitos, de que as gentes, naturalmente, teriam concordado por meio dos decretos de seus principais, nada seria melhor que um rei, já que considerariam que todos os deuses são regidos por apenas um); aprendemos que essas [coisas] se apoiam no erro dos ignorantes e que são semelhantes às fábulas, ouçamos aos doutores, por assim dizer, comuns dos homens eruditos, os quais viram, de certa maneira, com os olhos, o que nós apenas conhecemos ouvindo.

– Quem são esses? – disse Lélio.

E ele:

– Os que, investigando a natureza de todas as coisas, perceberam que todo este mundo [é regido] por uma única mente*

Cicero

Desunt folia duo

[**XXXVII**] **58.** *'sed si uis, Laeli, dabo tibi testes nec nimis antiquos nec ullo modo barbaros.'

'Istos' inquit 'uolo.'

'Videsne igitur minus quadringentorum annorum esse hanc urbem ut sine regibus sit?'

'Vero minus.'

'Quid ergo? haec quadringentorum annorum aetas ut urbis et ciuitatis num ualde longa est?'

'Ista uero' inquit 'adulta uix.'

'Ergo his annis quadringentis Romae rex erat?'

'Et superbus quidem.'

'Quid supra?'

'Iustissimus, et deinceps retro usque ad Romulum, qui ab hoc tempore anno sescentesimo rex erat.' 'Ergo ne iste quidem peruetus?'

'Minime, ac prope senescente iam Graecia.'

'Cedo, num barbarorum Romulus rex fuit?'

'Si ut Graeci dicunt omnes aut Graios esse aut barbaros, uereor ne barbarorum rex fuerit; sin id nomen moribus dandum est, non linguis, non Graecos minus barbaros quam Romanos puto.'

Et Scipio: 'atqui ad hoc de quo agitur non quaerimus gentem, ingenia quaerimus. si enim et prudentes homines et non ueteres reges habere uoluerunt, utor neque perantiquis neque inhumanis ac feris testibus.'

[**XXXVIII**] **59.** Tum Laelius: 'uideo te, Scipio, testimoniis satis instructum, sed apud me, ut apud bonum iudicem,

Sobre a República

Faltam dois fólios

[**XXXVII**] **58.**[159] *mas se queres, Lélio, dar-te-ei testemunhos, nem demasiado antigos nem de algum modo bárbaros.

— Quero-os – disse [Lélio].

— Vês, portanto, que há menos de quatrocentos anos esta urbe está sem reis?

— Na verdade, menos.

— Quanto, então? Esta idade de quatrocentos anos é, por acaso, muito longa como a idade de uma urbe ou de uma *ciuitas*?

— Esta, na verdade – disse –, é apenas adulta.

— Logo, há quatrocentos anos havia em Roma um rei?

— E soberbo, precisamente.

— E antes?

— Um justíssimo, e [outros] antes até chegar a Rômulo, que era rei no ano seiscentos, contando desde esse tempo.

— Logo, nem sequer este [Rômulo] é muito antigo?

— De modo algum, viveu quando a Grécia já estava envelhecendo.

— Concordo. Acaso Rômulo foi rei dos bárbaros?

— Se, como dizem os gregos, todos são ou gregos[160] ou bárbaros, temo que tenha sido rei dos bárbaros; mas se este nome deve dar-se pelos costumes e não pela língua, não considero os gregos menos bárbaros[161] que os romanos.

E Cipião:

— Todavia, sobre o [assunto] que tratamos, não investigamos a gente, investigamos os temperamentos. Se, de fato, homens prudentes e não tão antigos quiseram ter reis, valho-me de testemunhas nem muito antigas nem inumanas e ferozes.

[**XXXVIII**] **59.** Então, Lélio:

— Vejo, Cipião, que tu és suficientemente provido de testemunhos, mas, diante de mim, como diante do bom juiz, as provas valem mais do que os argumentos.

argumenta plus quam testes ualent.' Tum Scipio: 'utere igitur argumento, Laeli, tute ipse sensus tui.'

'Cuius' inquit ille 'sensus?'

'Si quando, si forte tibi uisus es irasci alicui.'

'Ego uero saepius quam uellem.'

'Quid? tum cum tu es iratus, permittis illi iracundiae dominatum animi tui?'

'Non mehercule' inquit 'sed imitor Archytam illum Tarentinum, qui cum ad uillam uenisset et omnia aliter offendisset ac iusserat, "a te infelicem" inquit uilico, "quem necassem iam uerberibus, nisi iratus essem."

60. 'Optime' inquit Scipio. 'ergo Archytas iracundiam uidelicet dissidentem a ratione seditionem quandam animi esse iure ducebat, atque eam consilio sedari uolebat; adde auaritiam, adde imperii, adde gloriae cupiditatem, adde libidines, et illud uides: si in animis hominum regale imperium sit, unius fore dominatum, consilii scilicet (ea est enim animi pars optima); consilio autem dominante nullum esse libidinibus, nullum irae, nullum temeritati locum.'

'Sic' inquit 'est.'

'Probas igitur animum ita affectum?'

'Nihil uero' inquit 'magis.'

'Ergo non probares, si consilio pulso libidines, quae sunt innumerabiles, iracundiaeue tenerent omnia?'

'Ego uero nihil isto animo, nihil ita animato homine miserius ducerem.'

'Sub regno igitur tibi esse placet omnes animi partes, et eas regi consilio?'

'Mihi uero sic placet.'

Sobre a República

Então, Cipião:

— Emprega, portanto, tu mesmo, Lélio, um argumento de teu sentimento.

— De qual sentimento? — perguntou ele.

— De quando, talvez, pareceu-te ficar colérico com alguém.

— Eu, na verdade, mais vezes do que gostaria.

— O quê? Então quando tu estás irado, permites que a iracúndia domine teu ânimo?

— Não, por Hércules! — disse —, mas imito aquele Arquitas de Tarento, que quando foi à sua casa de campo e encontrou tudo de modo distinto do que havia deixado ordenado, disse ao caseiro: "Ah, infeliz de ti! A quem já teria matado com açoites se não estivesse irado".[162]

60. — Ótimo — disse Cipião. Logo Arquitas considerava a iracúndia, quando está em desacordo com a razão, uma espécie de sedição da alma,[163] e queria que aquela se acalmasse com a razão. Acrescenta a avareza, a avidez do comando, o desejo pela glória, os desejos desordenados, e vejas: se nas almas dos homens há um comando régio, haverá o domínio de apenas uma coisa, a saber, da razão (pois esta é a melhor parte da alma); porém, quando a razão[164] domina, não há lugar para os desejos, nenhum [lugar] para a ira, nenhum [lugar] para a temeridade.

— Assim é — disse [Lélio].

— Aprovas, portanto, uma alma assim disposta?

— Na verdade, não há nada que eu aprove mais, disse.

— Logo, concordarias que se expulsa a razão, os desejos que são inumeráveis, ou, as iracúndias, controlariam todas as coisas?

— Eu, na verdade, nada consideraria mais mísero do que esse ânimo, nada mais mísero do que um homem dotado de um ânimo como esse.

— Apraz-te, portanto, que todas as partes da alma estejam sob uma autoridade régia e que sejam regidas pela razão?

— Assim, na verdade, agrada-me.

Cícero

'Cur igitur dubitas quid de re publica sentias? in qua si in plures translata res sit, intellegi iam licet nullum fore quod praesit imperium, quod quidem nisi unum sit esse nullum potest.'

[**XXXIX**] **61.** Tum Laelius: 'quid quaeso interest inter unum et plures, si iustitia est in pluribus?'

Et Scipio: 'quoniam testibus meis intellexi, Laeli, te non ualde moueri, non desinam te uti teste, ut hoc quod dico probem.'

'Me?' inquit ille 'quonam modo?'

'Quia animum aduerti nuper, cum essemus in Formiano, te familiae ualde interdicere, ut uni dicto audiens esset.'

'Quippe uilico.'

'Quid domi? pluresne praesunt negotiis tuis?'

'Immo uero unus' inquit.

'Quid? totam domum num quis alter praeter te regit?'

'Minime uero.'

'Quin tu igitur concedis <it>idem in re publica singulorum dominatus, si modo iusti sint, esse optimos?'

'Adducor' inquit 'et propemodum assentior.'

[**XL**] **62.** Et Scipio: 'tum magis assentiare, Laeli, si (ut omittam similitudines, uni gubernatori, uni medico, si digni modo sint iis artibus, rectius esse alteri nauem committere, aegrum alteri quam multis) ad maiora peruenero.'

'Quaenam ista sunt?

'Quid? tu non uides unius importunitate et superbia Tarquinii nomen huic populo in odium uenisse regium?'

'Video uero' inquit.

Sobre a República

— Por que duvidas, então, sobre o que pensar acerca da república? Nesta, se a coisa for transferida a vários já se pode entender que não haverá mando algum, o qual se não for de um único, certamente, não poderá existir.

[**XXXIX**] **61.** Então, Lélio:

— Por favor, que diferença há entre um e muitos, se há justiça nos muitos?[165]

E Cipião:

— Posto que entendi, Lélio, não te comovo muito com minhas testemunhas, não deixarei de utilizar a ti como testemunha para provar o que digo.

— A mim? – disse ele. – De que modo?

— Porque percebi agora pouco tua [disposição] da alma, quando estávamos em Fórmias, quando ordenavas energicamente aos teus que obedecessem ou escutassem a apenas um.

— Sim, ao caseiro.

— O quê? Em tua casa muitos dirigem teus negócios?

— Na verdade, apenas um – disse.

— O quê? Acaso algum outro além de ti rege tua casa?

— De forma alguma.

— Por que, portanto, tu não concedes que seria ótimo em uma república que haja o mesmíssimo domínio de um só, se for justo?

— Concordo e quase assinto – disse.

[**XL**] **62.** E Cipião:

— Então poderás assentir mais, Lélio, se para omitir as comparações de que é melhor confiar o navio a um só piloto, o enfermo a um só médico do que a muitos — se é que são dignos dessas artes —, chegarei a [exemplos] maiores.

— Quais são esses?

— Quais? Tu não percebes que pela crueldade e pela soberba de apenas um (Tarquínio) o nome dos reis veio a ser odiado por esse povo?

Cicero

'Ergo etiam illud uides, de quo progrediente oratione plura me dicturum puto, Tarquinio exacto mira quadam exultasse populum insolentia libertatis: tum exacti in exilium innocentes, tum bona direpta multorum, tum annui consules, tum demissi populo fasces, tum prouocationes omnium rerum, tum secessiones plebis, tum prorsus ita acta pleraque ut in populo essent omnia.'

'Est' inquit 'ut dicis.'

63. 'Est uero' inquit Scipio 'in pace et otio (licet enim lasciuire, dum nihil metuas) ut in naui ac saepe etiam in morbo leui. sed ut ille qui nauigat, cum subito mare coepit horrescere, et ille aeger ingrauescente morbo, unius opem implorat, sic noster populus in pace et domi imperat et ipsis magistratibus, minatur, recusat, appellat, prouocat, in bello sic paret ut regi; ualet enim salus plus quam libido. grauioribus uero bellis etiam sine collega omne imperium nostri penes singulos esse uoluerunt, quorum ipsum nomen uim suae potestatis indicat. nam dictator quidem ab eo appellatur quia dicitur, sed in nostris libris uides eum, Laeli, magistrum populi appellari.'

'Video' inquit.

Et Scipio: 'sapienter igitur illi uete<res>*

Deest folium unum

[XLI] 64. *'iusto quidem rege cum est populus orbatus, "pectora" diu "tenet desiderium," sicut ait Ennius, post optimi regis obitum:

Sobre a República

– Sim, percebi – disse.

– Logo também vês isto sobre o qual, ao avançar meu discurso, penso que direi mais: tendo sido expulso Tarquínio,[166] o povo exultou, por assim dizer, com certa estranha insolência de sua liberdade; e foram enviados ao exílio homens inocentes; e foram roubados os bens de muitos; e apareceram os cônsules anuais; e os fasces foram curvados diante do povo; e fizeram apelações em todas as coisas; e fizeram as secessões da plebe; então, muitas coisas foram feitas de tal forma que tudo estivesse com o povo.

– É como dizes – disse [Lélio].

63. – É verdade – disse Cipião –, na paz e no ócio, como em um navio e também com uma enfermidade leve, é permitido divertir-se enquanto nada temes. Mas, do mesmo modo que um navegante, quando subitamente o mar começa a agitar-se, e que o enfermo, quando se agrava a enfermidade, implora pela ajuda de apenas um; assim, nosso povo, na paz e em casa, manda nos próprios magistrados, ameaça-os, recusa-os, chama-os, desafia-os; mas, na guerra, obedece-os como a um rei, pois vale mais a salvação do que o capricho. Por certo, nas maiores guerras, os nossos quiseram que todo o comando estivesse entre alguns dos quais o próprio nome indica a força de sua potestade; pois chama--se, assim, ditador [*dictator*] porque foi nomeado [*dicitur*], mas em nossos livros[167] vês, Lélio, que ele se chama mestre do povo.[168]

– Percebo – disse.

E Cipião:

– Sabiamente, portanto, aqueles antigos*

Falta um fólio

[**XLI**] **64.** *quando um povo é privado por muito tempo de um rei justo, "a ausência toma conta dos corações" – como disse Ênio – depois da morte de um ótimo rei:

simul inter

sese sic memorant: "o Romule, Romule die,
qualem te patriae custodem di genuerunt!
o pater, o genitor, o sanguen dis oriundum!"

non eros nec dominos appellabant eos quibus iuste paruerunt,
denique ne reges quidem, sed patriae custodes, sed patres, sed
deos, nec sine causa. quid enim adiungunt?

"tu produxisti nos intra luminis oras."

uitam honorem decus sibi datum esse iustitia regie existima-
bant. mansisset eadem uoluntas in eorum posteris, si regum
similitudo permansisset; sed uides unius iniustitia concidisse
genus illud totum rei publicae.'

'Video uero' inquit 'et studeo cursus istos mutationum
non magis in nostra quam in omni re publica noscere.'

[**XLII**] **65.** Et Scipio: 'est omnino, cum de illo genere rei
publicae quod maxime probo quae sentio dixero, accuratius
mihi dicendum de commutationibus rerum publicarum, etsi
minime facile eas in ea re publica futuras puto. sed huius
regiae prima et certissima est illa mutatio: cum rex iniustus
esse coepit, perit illud ilico genus, et est idem ille tyrannus,
deterrimum genus et finitimum optimo; quem si optimates
oppresserunt, quod ferme euenit, habet statum res publica
de tribus secundarium; est enim quasi regium, id est patrium
consilium populo bene consulentium principum. sin per
se populus interfecit aut eiecit tyrannum, est moderatior,
quoad sentit et sapit, et sua re gesta laetatur, tuerique uult

Sobre a República

Ao mesmo tempo
entre si assim rememoram: Ó Rômulo, Rômulo divino,
Os deuses engendraram a ti como guardião da pátria!
Ó pai, ó genitor, ó sangue oriundo dos deuses!

Não chamavam amos[169] nem senhores aqueles a quem obedeceram
com justiça, enfim, nem sequer reis, mas guardiães da pátria, ou pais,[170]
ou deuses; e nem sem causa; pois, o que acrescentam?

"Tu nos levaste para o interior das praias de sol."

Estimavam que a vida, a honra, a beleza tinham lhe sido dadas pela
justiça do rei. A mesma vontade teria permanecido em seus descendentes, se a semelhança dos reis tivesse sido conservada, mas vês que pela
injustiça de apenas um se desmoronou todo aquele gênero de república.

— Percebo bem — disse —, e esforço-me para conhecer esses cursos de
mudanças, não apenas em nossa, mas em todas as repúblicas.[171]

[XLII] 65. E Cipião:

— Quando eu disser tudo o que penso acerca daquele gênero de república que mais aprovo, terei de falar, mais cuidadosamente, acerca
das mudanças das repúblicas e, mesmo não sendo fácil, considero que
hão de acontecer nessa república. Mas neste [governo] régio a primeira
mudança e a mais provável é esta: assim que o rei começa a ser injusto,
imediatamente perece este gênero, e o rei fica idêntico a um tirano — o
pior gênero e [ao mesmo tempo] o mais próximo do ótimo. Se os optimates o derrubam, como acontece quase sempre, a república tem o
segundo estado dos três; com efeito, surge, por assim dizer, um conselho régio, ou seja, paternal,[172] de principais [concidadãos] que cuidam
bem do povo. Mas se o povo por si mesmo mata ou expulsa o tirano,
é bastante moderado enquanto tem percepção e discernimento, e se

per se constitutam rem publicam. sin quando aut regi iusto uim populus attulit regnoue eum spoliauit aut etiam, id quod euenit saepius, optimatium sanguinem gustauit ac totam rem publicam substrauit libidini suae, caue putes aut[em] mare ullum aut flammam esse tantam quam non facilius sit sedare quam effrenatam insolentia multitudinem. tum fit illud quod apud Platonem est luculente dictum, si modo id exprimere Latine potuero; difficile factu est, sed conabor tamen.

[**XLIII**] **66.** ' "Cum" enim inquit "inexplebiles populi fauces exaruerunt libertatis siti, malisque usus ille ministris non modice temperatam sed nimis meracam libertatem sitiens hausit, tum magistratus et principes, nisi ualde lenes et remissi sint et large sibi libertatem ministrent, insequitur insimulat arguit, praepotentes reges tyrannos uocat." puto enim tibi haec esse nota.'

'Vero mihi' inquit ille 'notissima.'

67. 'Ergo illa sequuntur: "eos qui pareant principibus agitari ab eo populo et seruos uoluntarios appellari; eos autem qui in magistratu priuatorum similes esse uelint, eosque priuatos qui efficiant ne quid inter priuatum et magistratum differat, <ef>ferunt laudibus, [et] mactant honoribus, ut necesse sit in eius modi re publica plena libertatis esse omnia, ut et priuata domus omnis uacet dominatione, et hoc malum usque ad bestias perueniat, denique ut pater filium metuat, filius patrem neglegat, absit omnis pudor, ut plane liberi sint, nihil intersit ciuis sit an peregrinus, magister ut discipulos metuat et iis blandiatur, spernantque discipuli magistros, adulescentes ut senum sibi

Sobre a República

alegra de seu feito e quer proteger por si mesmo a república constituída.
Mas, se, alguma vez, o povo é violento com um rei justo ou o despoja
inclusive de seu trono, o que acontece com mais frequência, provou o
sangue dos optimates e submeteu toda a república aos seus caprichos
(e não penses que um mar ou um incêndio sejam tão grandes que não
seja mais fácil lhes apaziguar do que a uma multidão desenfreada na
sua insolência), então ocorre o que está dito esplendidamente em Platão, se é que posso expressá-lo em latim – é difícil fazê-lo, entretanto,
esforçar-me-ei.

[**XLIII**] **66.** Disse, pois: "quando as fauces insaciáveis do povo se-
caram por causa da sede de liberdade e ele, servido por maus servos,
embebeu-se de uma liberdade não moderadamente temperada, mas
excessivamente pura, então, perseguiu-os, acusou-os, recriminou-os,
chamou-os de reis prepotentes, tiranos, àqueles magistrados e principais, a menos que fossem muito lenientes e remissos e que dessem a liberdade amplamente". Julgo, pois, que essas palavras te são conhecidas.

– Na verdade, a mim – disse ele –, conhecidíssimas.

67. – Seguem, então, estas: "aqueles dentre o povo que obedecem aos
principais são repreendidos por seu povo e chamados de servos volun-
tários; porém, aos que em sua magistratura querem ser semelhantes aos
[homens] privados e eles enaltecem que não há diferença alguma entre
um [homem] privado e um magistrado, eles louvam-se em graças e pro-
metem honras de forma que nesse tipo de república seja necessário que
todas as coisas estejam repletas de liberdade, de modo que tudo libere
as casas privadas de dominação, e este mal se estende até aos animais;
finalmente, o pai teme o filho, o filho despreza seu pai, perde-se todo
pudor, até que sejam plenamente livres; [desse modo,] não há diferença alguma entre ser concidadão ou estrangeiro; o mestre é brando com
seus discípulos e os teme, e os discípulos desdenham o seu mestre; os
adolescentes assumem a seriedade dos anciãos e, por sua vez, os anciãos

pondus assumant, senes autem ad ludum adulescentium descendant, ne sint iis odiosi et graues. ex quo fit ut etiam serui se liberius gerant, uxores eodem iure sint quo uiri, inque tanta libertate canes etiam et equi, aselli denique libere [sint] sic incurrant ut iis de uia decedendum sit. ergo ex hac infinita" inquit "licentia haec summa cogitur, ut ita fastidiosae mollesque mentes euadant ciuium, ut si minima uis adhibeatur imperii, irascantur et perferre nequeant; ex quo leges quoque incipiunt neglegere, ut plane sine ullo domino sint.'"

[**XLIV**] **68.** Tum Laelius: 'prorsus' inquit 'expressa sunt a te quae dicta sunt ab illo.'

'Atque ut iam ad sermonis mei auctorem reuertar, ex hac nimia licentia, quam illi solam libertatem putant, ait ille ut ex stirpe quadam existere et quasi nasci tyrannum. nam ut ex nimia potentia principum oritur interitus principum, sic hunc nimis liberum populum libertas ipsa seruitute afficit. sic omnia nimia, cum uel in tempestate uel in agris uel in corporibus laetiora fuerunt, in contraria fere conuertuntur, maximeque <id> in rebus publicis euenit, nimiaque illa libertas et populis et priuatis in nimiam seruitutem cadit. itaque ex hac maxima libertate tyrannus gignitur et illa iniustissima et durissima seruitus. ex hoc enim populo indomito uel potius immani deligitur aliqui plerumque dux contra illos principes afflictos iam et depulsos loco, audax, impurus, consectans proterue bene saepe de re publica meritos, populo gratificans et aliena et sua. cui quia priuato sunt oppositi timores, dantur imperia et ea continuantur; praesidiis etiam, ut Athenis Pisistratus, saepiuntur; pos-

Sobre a República

regressam aos jogos dos adolescentes, para não lhes serem odiosos nem graves; disso resulta também que os servos se conduzam mais livremente; as esposas têm os mesmos direitos que os maridos; e, em meio a tão grande liberdade, também os cachorros e os cavalos e, por fim, os burros correm livremente, de forma que se deve lhes ceder espaço". Assim, disse que "o resultado percebido desta licença ilimitada é que as mentes dos concidadãos se tornam de tal modo altivas e suscetíveis, que, se uma medida minimamente forte do comando for aplicada, estas se iram e não conseguem suportar, a partir de então começam, também, a negligenciar as leis até que fiquem sem senhor algum".

[**XLIV**] **68.** Então, disse Lélio:

— Com exatidão foi expresso por ti o que foi dito por ele [Platão].

— Pois, para que eu já volte ao autor de meu discurso: é desta exagerada licença que aqueles consideram a única liberdade, diz ele, que surge como de uma raiz e, por assim dizer, que nasce o tirano. Pois da mesma maneira que da exagerada potência dos principais se origina a ruína dos principais, assim também a própria liberdade põe [em posição] servil este povo exageradamente livre. Assim, todas as coisas exageradas, mesmo quando são favoráveis, seja nas condições do tempo, seja na agricultura, seja na condição física, quase sempre se convertem em seus contrários, e sucede isto principalmente nas repúblicas, e aquela exagerada liberdade decai, tanto para os povos como para os privados, em exagerada servidão. E dessa máxima liberdade se engendram um tirano e sua injustíssima e duríssima servidão. De fato, dentre este povo indômito, ou melhor, desumano, mais de uma vez se escolhe um chefe contra os principais, já abatidos e despojados de sua posição, um chefe audaz, impuro, que sempre persegue aqueles que merecem os méritos da república e favorece o povo tanto com os bens alheios quanto com os seus. A este, posto que é um [homem] privado, os temores o acometem, são-lhe dados mandos e estes são renovados e são inclusive rodeados

tremo, a quibus producti sunt, existunt eorum ipsorum tyranni. quos si boni oppresserunt, ut saepe fit, recreatur ciuitas; sin audaces, fit illa factio, genus aliud tyrannorum, eademque oritur etiam ex illo saepe optimatium praeclaro statu, cum ipsos principes aliqua prauitas de uia deflexit. sic tanquam pilam rapiunt inter se rei publicae statum tyranni ab regibus, ab iis autem principes aut populi, a quibus aut factiones aut tyranni, nec diutius unquam tenetur idem rei publicae modus.

[XLV] 69. 'Quod ita cum sit, <ex> tribus primis generibus longe praestat mea sententia regium, regio autem ipsi praestabit id quod erit aequatum et temperatum ex tribus primis rerum publicarum modis. placet enim esse quiddam in re publica praestans et regale, esse aliud auctoritati principum impertitum ac tributum, esse quasdam res seruatas iudicio uoluntatique multitudinis. haec constitutio primum habet aequabilitatem quandam [magnam], qua carere diutius uix possunt liberi, deinde firmitudinem, quod et illa prima facile in contraria uitia conuertuntur, ut exsistat ex rege dominus, ex optimatibus factio, ex populo turba et confusio, quodque ipsa genera generibus saepe commutantur nouis. hoc in hac iuncta moderateque permixta constitutione rei publicae non ferme sine magnis principum uitiis euenit. non est enim causa conuersionis, ubi in suo quisque est gradu firmiter collocatus, et non subest quo praecipitet ac decidat.

[XLVI] 70. 'Sed uereor, Laeli uosque homines amicissimi ac prudentissimi, ne si diutius in hoc genere uerser, quasi praecipientis cuiusdam et docentis et non uobiscum simul considerantis esse uideatur oratio mea. quam ob rem

Sobre a República

por guardas, como Pisístrato[173] em Atenas; finalmente, se alçam como tiranos daqueles mesmos por quem foram produzidos. Se os bons os abatem, como sucede com frequência, a *ciuitas* se regenera; mas se o fazem os audazes, forma-se aquela facção, outro gênero de tiranos. E essa mesma nasce também, frequentemente, do notável estado de optimates quando alguma perversidade desvia os próprios principais de seu caminho. Dessa maneira, como se fosse uma bola, os tiranos tomam para si o governo da república dos reis, mas os principais tomam este dos tiranos ou do povo, e as facções tiram dos principais ou do tirano, e nunca se mantém por muito tempo o mesmo tipo de república.

[XLV] **69.** Sendo assim, dos três gêneros primários, em minha opinião, o régio é superior, mas superará o próprio régio aquele que for equânime e temperado[174] pelas três primeiras formas de república. De fato, apraz que haja na república algum elemento notável e real, que haja algo concedido e outorgado à autoridade dos principais e que existam alguns assuntos reservados ao juízo e à vontade da multidão. Esta constituição tem, primeiramente, uma grande igualdade, por assim dizer, da qual dificilmente os homens livres podem carecer por muito tempo; depois, firmeza,[175] pois, por uma parte, aqueles [gêneros] primários facilmente se convertem nos vícios contrários, de modo que de um rei surge um tirano, dos optimates uma facção, do povo uma turba e confusão; e os próprios gêneros são, muitas vezes, transformados em novos gêneros. Isso não sucede nesta constituição unida e moderadamente mista de república, a não ser por grandes vícios provenientes dos principais. De fato, não há motivo para alteração quando cada qual está colocado firmemente em seu grau e não há rachadura por baixo onde se precipite e caia.

[XLVI] **70.** Mas, Lélio e vós, homens amicíssimos e prudentíssimos, temo que se ficar por mais tempo neste gênero, meu discurso parecerá como o que de alguém que preceitua e ensina e não de quem considera estas coisas juntamente convosco. Por isso entrarei nesses

ingrediar in ea quae nota sunt omnibus, quaesita autem a nobis iam diu. sic enim decerno, sic sentio, sic affirmo, nullam omnium rerum publicarum aut constitutione aut discriptione aut disciplina conferendam esse cum ea, quam patres nostri nobis acceptam iam inde a maioribus reliquerunt. quam si placet, quoniam ea quae tenebatis ipsi etiam ex me audire uoluistis, simul et qualis sit et optimam esse ostendam, expositaque ad exemplum nostra re publica, accommodabo ad eam si potero omnem illam orationem quae est mihi habenda de optimo ciuitatis statu. quod si tenere et consequi potuero, cumulate munus hoc, cui me Laelius praeposuit, ut opinio mea fert effecero.'

[**XLVII**] 71. Tum Laelius: 'tuum uero,' inquit 'Scipio, ac tuum quidem unius. quis enim te potius aut de maiorum dixerit institutis, cum sis clarissimis ipse maioribus? aut de optimo statu ciuitatis? quem si habemus, etsi ne nunc quidem, tum uero, quis te possit esse florentior? aut de consiliis in posterum prouidendis, cum tu duobus huius urbis terroribus depulsis in omne tempus prospexeris?'

Sobre a República

[pontos] que são conhecidos a todos e que já são investigados por nós há muito tempo. Assim julgo, assim penso, assim afirmo: que de todas as repúblicas, ou em sua constituição, ou em sua distribuição, ou em sua disciplina, nenhuma deve comparar-se com aquela que nossos pais nos deixaram e que já a haviam recebido de seus predecessores. Se vos apraz, posto que quisestes também ouvir de mim isso que vós mesmos conhecíeis, mostrarei, ao mesmo tempo, tal como é e qual é a melhor; e tendo sido apresentada nossa república como exemplo, acomodarei a ela, se puder, todo o meu discurso acerca do melhor estado de *ciuitas*. Se sustentar e conseguir isso, realizarei plenamente a tarefa que Lélio me propôs – [falo] como é minha opinião.

[**XLVII**] **71.** Então Lélio [disse]:

– Na verdade, [a tarefa] é tua, Cipião, e apenas tua. Quem, de fato, ou poderia falar [melhor] do que tu acerca das instituições dos predecessores, sendo tu mesmo proveniente dos mais renomados predecessores?[176] Ou acerca do melhor estado da *ciuitas*?[177] E se o temos – ainda que não agora –, então, quem poderia nele florescer mais do que tu? Ou acerca dos conselhos que devem ser providos para a posteridade,[178] quando tu, ao repelir duas vezes os terrores[179] dessa urbe, provestes para todo sempre?

Liber II

[I] 1. *<cupidi>tate audiendi, ingressus est sic loqui Scipio:

'Catonis hoc senis est, quem ut scitis unice dilexi maximeque sum admiratus, cuique uel patris utriusque iudicio uel etiam meo studio me totum ab adulescentia dedidi, cuius me numquam satiare potuit oratio: tantus erat in homine usus rei publicae, quam et domi et militiae cum optime tum etiam diutissime gesserat, et modus in dicendo, et grauitate mixtus lepos, et summum uel discendi studium uel docendi, et orationi uita admodum congruens. 2. is dicere solebat ob hanc causam praestare nostrae ciuitatis statum ceteris ciuitatibus, quod in illis singuli fuissent fere quorum suam quisque rem publicam constituisset legibus atque institutis suis, ut Cretum Minos, Lacedaemoniorum Lycurgus, Atheniensium, quae persaepe commutata esset, tum Theseus tum Draco tum Solo tum Clisthenes tum multi alii, postremo exsanguem iam et iacentem doctus uir Phalereus sustentasset Demetrius, nostra autem res publica non unius esset ingenio sed multorum, nec una hominis

Livro Segundo[180]

[I][181] **1.** *desejando que o escutassem, Cipião começou a contar o seguinte:[182]

— Isso é do velho Catão a quem, como sabeis, de modo único estimei e por quem tive máxima admiração, e a quem tanto por determinação de meus pais[183] como também por meu esforço dediquei-me[184] totalmente desde a juventude; seu discurso nunca pôde me saciar, tanto servia na prática da república quanto em casa e na guerra. Ele o geria não só de maneira excelente como também longamente, reunindo a moderação — misturando a gravidade e a leveza — e o sumo esforço de aprender e de ensinar, [unindo] seu discurso à vida.[185] **2.** Sobre esse assunto ele costumava dizer que nosso estado de *ciuitas* era superior às demais *ciuitas*, pois naquelas havia, costumeiramente, alguns poucos dentre eles para constituir a república, [fazendo] leis e instituições, tal como Minos dos cretenses, Licurgo[186] dos lacedemônios, Teseu, Drácon, Sólon, Clístenes e muitos outros dentre os atenienses; por fim, até o douto varão Demétrio[187] de Faleros conservando a já enfraquecida e derrubada [república]. Porém, nossa república não foi constituída pelo engenho de um, mas de muitos, nem durante a vida

uita sed aliquot constituta saeculis et aetatibus. nam neque ullum ingenium tantum extitisse dicebat, ut quem res nulla fugeret quisquam aliquando fuisset, neque cuncta ingenia collata in unum tantum posse uno tempore prouidere, ut omnia complecterentur sine rerum usu ac uetustate. **3.** quam ob rem, ut ille solebat, ita nunc mea repetet oratio populi Romani originem; libenter enim etiam uerbo utor Catonis. facilius autem quod est propositum consequar, si nostram rem publicam uobis et nascentem et crescentem et adultam et iam firmam atque robustam ostendero, quam si mihi aliquam, ut apud Platonem Socrates, ipse finxero.'

[**II**] **4.** Hoc cum omnes adprobauissent, 'quod habemus' inquit 'institutae rei publicae tam clarum ac tam omnibus notum exordium quam huius urbis condendae principium profectum a Romulo? qui patre Marte natus (concedamus enim famae hominum, praesertim non inueteratae solum sed etiam sapienter a maioribus proditae, bene meriti de rebus communibus ut genere etiam putarentur, non solum ingenio esse diuino) – is igitur ut natus sit, cum Remo fratre dicitur ab Amulio rege Albano ob labefactandi regni timorem ad Tiberim exponi iussus esse; quo in loco cum esset siluestris beluae sustentatus uberibus, pastoresque eum sustulissent et in agresti cultu laboreque aluissent, perhibetur ut adoleuerit et corporis uiribus et animi ferocitate tantum ceteris praestitisse ut omnes qui tum eos agros ubi hodie est haec urbs incolebant, aequo animo illi libenterque parerent. quorum copiis cum se ducem praebuisset, ut [et] iam a fabulis ad facta ueniamus, oppressisse Longam Albam, ualidam urbem et potentem temporibus illis, Amuliumque regem interemisse fertur.

Sobre a República

de um homem, mas em alguns séculos e gerações.[188] Pois [Catão] dizia jamais ter existido um engenho tão grande – alguém a quem nada escapasse[189] – e que nem todos os engenhos reunidos em um só poderiam prever tanto, [a ponto de] abarcar em apenas um momento tudo, sem a experiência das coisas e sem amadurecimento. **3.** Por isso, como ele costumava fazer, agora também meu discurso retomará a origem do povo romano; pois, também com prazer, uso a palavra de Catão.[190] Se vos tiver apresentado nossa república nascendo, crescendo, quando adulta e já firme e robusta,[191] mais facilmente alcançarei o que é proposto, do que se forjasse uma própria, como [fez] Sócrates [na obra] de Platão.[192]

[**II**] **4.**[193] Como todos aprovaram, [Cipião] disse:

– Por que temos um começo da instituição da república tão ilustre e tão conhecido por todos, como é o início desta urbe fundada por Rômulo? Nascido do pai Marte (pois concedamos [isso] à voz corrente dos homens, não apenas porque [este mito] está particularmente enraizado, mas também porque foi sabiamente transmitido pelos predecessores o pensamento de que os beneméritos das coisas que são comuns não são só de estirpe como também de engenho divino), portanto, conta-se que, logo quando nasceu, [Rômulo] foi lançado ao Tibre com seu irmão Remo por Amúlio, rei albano, por temer que destruísse o reino. Neste lugar, foi nutrido pelos úberes de um animal selvagem, e pastores o acolheram e o criaram no costume e no trabalho do campo. Relata-se que se desenvolveu e que era tão melhor que os outros com seu corpo varonil e sua ferocidade no ânimo,[194] que todos que cultivavam o campo, onde hoje está esta urbe, obedeciam-no de ânimo tranquilo e de livre vontade. Apresentando-se como chefe das tropas, para já passarmos da fábula aos fatos,[195] subjugou Alba Longa, cidade forte e poderosa daqueles tempos, e matou o rei Amúlio.

[III] 5. qua gloria parta urbem auspicato condere et firmare dicitur primum cogitauisse rem publicam.

'Vrbi autem locum, quod est ei qui diuturnam rem publicam serere conatur diligentissime prouidendum, incredibili opportunitate delegit. neque enim ad mare admouit, quod ei fuit illa manu copiisque facillimum, ut in agrum Rutulorum Aboriginumue procederet aut in ostio Tiberino, quem in locum multis post annis rex Ancus coloniam deduxit, urbem ipse conderet, sed hoc uir excellenti prouidentia sensit ac uidit, non esse opportunissimos situs maritimos urbibus eis quae ad spem diuturnitatis conderentur atque imperii, primum quod essent urbes maritimae non solum multis periculis oppositae sed etiam caecis.

6. nam terra continens aduentus hostium non modo expectatos sed etiam repentinos multis indiciis et quasi fragore quodam et sonitu ipso ante denuntiat, neque uero quisquam potest hostis aduolare terra quin eum non modo <ad>esse sed etiam quis et unde sit scire possimus. maritimus uero ille et naualis hostis ante adesse potest quam quisquam uenturum esse suspicari queat, nec uero cum uenit prae se fert aut qui sit aut unde ueniat aut etiam quid uelit, denique ne nota quidem ulla, pacatus an hostis sit, discerni ac iudicari potest.

[IV] 7. 'Est autem maritimis urbibus etiam quaedam corruptela ac mutatio morum. admiscentur enim nouis sermonibus ac disciplinis, et importantur non merces solum aduenticiae sed etiam mores, ut nihil possit in patriis institutis manere integrum. iam qui incolunt eas urbes non haerent in suis sedibus, sed uolucri semper spe

Sobre a República

[III] 5. Com tal glória, conta-se que primeiro pensou em fundar uma urbe e, depois de tomados os auspícios,[196] estabelecer uma república.[197]

Porém, para a urbe, escolheu um lugar incrivelmente oportuno, o que muito diligentemente deve ser providenciado por quem intenta criar uma república duradoura. De fato, não a situou junto ao mar, apesar de que teria sido muito mais fácil com aqueles homens[198] e recursos adentrar no campo dos rútulos e aborígenes[199] ou na foz do Tibre, para onde, muitos anos depois, o rei Anco levou uma colônia e [onde] construiu uma urbe.[200] Mas Rômulo, varão de excelente providência, compreendeu e observou: a posição junto ao mar não é a mais oportuna para as urbes que são fundadas com a esperança de longevidade e comando, sobretudo porque as urbes marítimas estão expostas não apenas a muitos, mas também a imprevisíveis perigos.

6. De fato, o solo continental — por meio de muitos indícios, e, por assim dizer, com certo estrondo e alarde — anuncia antes as chegadas dos inimigos, não apenas as esperadas, mas também as repentinas. Na verdade, nenhum inimigo pode aproximar-se por terra sem que possamos saber não só quem está ali, mas também quem é e de onde é. Mas o [inimigo] marítimo, ou seja, o inimigo naval pode chegar antes que alguém possa estar em uma posição em que consiga suspeitar que alguém virá, e, na verdade, quando chega, não se mostra quem é, ou de onde vem, nem o que deseja; por fim, nem sequer mediante alguma marca se pode discernir e julgar se é pacífico ou hostil.

[IV] 7. Porém, as urbes marítimas têm também uma certa corrupção e mutabilidade dos costumes. Elas são confusas em função dos novos discursos[201] e disciplinas e importam não apenas as mercadorias, mas também os costumes externos, de modo que nada pode permanecer íntegro[202] nas instituições pátrias. Além disso, os que habitam nessas urbes não se arraigam em seus lugares, mas são sempre conduzidos para

129

et cogitatione rapiuntur a domo longius, atque etiam cum manent corpore, animo tamen exulant et uagantur. nec uero ulla res magis labefactatam diu et Carthaginem et Corinthum peruertit aliquando, quam hic error ac dissipatio ciuium, quod mercandi cupiditate et nauigandi et agrorum et armorum cultum reliquerant.

8. multa etiam ad luxuriam inuitamenta perniciosa ciuitatibus suppeditantur mari, quae uel capiuntur uel importantur; atque habet etiam amoenitas ipsa uel sumptuosas uel desidiosas illecebras multas cupiditatum. et quod de Corintho dixi, id haud scio an liceat de cuncta Graecia uerissime dicere; nam et ipsa Peloponnesus fere tota in mari est, nec praeter Phliasios ulli sunt quorum agri non contingant mare, et extra Peloponnesum Aenianes et Doris et Dolopes soli absunt a mari. quid dicam insulas Graeciae? quae fluctibus cinctae natant paene ipsae simul cum ciuitatum institutis et moribus.

9. atque haec quidem ut supra dixi ueteris sunt Graeciae. coloniarum uero quae est deducta a Graiis in Asiam Thracam Italiam Siciliam Africam praeter unam Magnesiam, quam unda non alluat? ita barbarorum agris quasi attexta quaedam uidetur ora esse Graeciae; nam e barbaris quidem ipsis nulli erant antea maritimi praeter Etruscos et Poenos, alteri mercandi causa, latrocinandi alteri. quae causa perspicua est malorum commutationumque Graeciae propter ea uitia maritimarum urbium quae ante paulo perbreuiter attigi. sed tamen in his uitiis inest illa magna commoditas, et quod ubique genitum est ut ad eam urbem quam incolas possit adnare, et rursus ut id quod agri efferant sui, quascumque uelint in terras portare possint ac mittere.

Sobre a República

muito longe de sua casa por uma esperança e uma imaginação alada. E ainda quando [ali] permanecem fisicamente, entretanto, com seus ânimos se exilam e vagam. Na verdade, nada arruinou mais Cartago e Corinto,[203] debilitadas por muito tempo, do que este erro e dispersão dos concidadãos que, pelo desejo de negociar e navegar, abandonaram o cuidado dos campos e das armas.

8. Também pelo mar chegam, nestas *ciuitates*, muitos e perniciosos incitamentos ao luxo, que ou são espólios de guerra ou são importados. Também sua própria amenidade traz muitas incitações – suntuosas ou indolentes – aos desejos. E o que disse de Corinto não sei se é permitido tomá-lo como verdade para toda a Grécia. De fato, o próprio Peloponeso está quase todo no mar e, com exceção [do povo] de Fliunte, não há nenhum [outro] cujos campos não cheguem ao mar. E, fora do Peloponeso, apenas os enianos, os dórios e os dólopes[204] estão afastados do mar. E o que falar das ilhas da Grécia? Elas, cingidas pelas ondas, nadam quase junto com as instituições e os costumes das *ciuitates*.[205]

9. E isto, por exemplo, como afirmei antes, diz respeito à[s cidades da] antiga Grécia. Na verdade, quais das colônias estabelecidas pelos gregos na Ásia, na Trácia, na Itália, na Sicília, na África, com exceção da Magnésia, que não são banhadas pelas ondas? O litoral da Grécia parece ser como que encaixado na terra dos bárbaros; pois, entre os próprios bárbaros, certamente, nenhum [deles] dedicou-se à navegação, salvo os etruscos e os cartagineses, uns com o objetivo mercante, outros com o da pirataria.[206] Esta é a causa manifesta dos males e mudanças da Grécia pelos vícios das urbes marítimas, a que pouco antes, brevemente, dediquei-me. Todavia, nestes vícios reside uma grande comodidade: aquilo que é produzido em qualquer lugar pode chegar por via marítima na urbe que habitas e, inversamente, podem transportar e enviar a quaisquer terras que queiram o que produzem em seus campos.

[V] 10. Qui potuit igitur diuinius et utilitates complecti maritimas Romulus et uitia uitare, quam quod urbem perennis amnis et aequabilis et in mare late influentis posuit in ripa? quo posset urbs et accipere a mari quo egeret et reddere quo redundaret, eodemque ut flumine res ad uictum cultumque maxime necessarias non solum <a> mari absorberet, sed etiam inuectas acciperet ex terra, ut mihi iam tum diuinasse ille uideatur hanc urbem sedem aliquando et domum summo esse imperio praebituram; nam hanc rerum tantam potentiam non ferme facilius alia ulla in parte Italiae posita urbs tenere potuisset.

[VI] 11. 'Vrbis autem ipsius natiua praesidia quis est tam neglegens qui non habeat animo notata planeque cognita? cuius is est tractus ductusque muri cum Romuli tum etiam reliquorum regum sapientia definitus ex omni parte arduis praeruptisque montibus, ut unus aditus, qui esset inter Esquilinum Quirinalemque montem, maximo aggere obiecto fossa cingeretur uastissima, atque ut ita munita arx circuitu arduo et quasi circumciso saxo niteretur, ut etiam in illa tempestate horribili Gallici aduentus incolumis atque intacta permanserit. locumque delegit et fontibus abundantem et in regione pestilenti salubrem; colles enim sunt, qui cum perflantur ipsi tum afferunt umbram uallibus.

[VII] 12. 'Atque haec quidem perceleriter confecit; nam et urbem constituit, quam e suo nomine Romam iussit nominari, et ad firmandam nouam ciuitatem nouum quoddam et subagreste consilium, sed ad muniendas opes regni ac populi sui magni hominis et iam tum longe prouidentis secutus est, cum Sabinas honesto ortas loco

Sobre a República

[V] 10. Como pôde, então, Rômulo, tão divinamente, cultivar as utilidades marítimas, assim como evitar seus vícios, de forma que situou a urbe na margem de um rio ameno e uniforme, que desemboca abundantemente no mar?[207] [Rio] pelo qual a urbe poderia tanto receber por mar o que necessitava quanto enviar aquilo que transbordara, para que recebesse pelo mesmo rio as coisas mais necessárias para o sustento e o cultivo, não apenas as vindas do mar, como também as da terra. Desse modo, já me parece que então ele adivinhou que esta urbe daria sede e morada a um sumo comando; pois, situada em qualquer outra parte da Itália, uma urbe não poderia facilmente ter mantido esta potência tão grande sobre as coisas.

[VI] 11. Porém, quem é tão negligente que não tenha em mente as defesas naturais da própria urbe plenamente conhecidas e notadas? A extensão e o traçado de seus muros, delimitados em todas as partes por altos e abruptos montes, de acordo com a sabedoria de Rômulo assim como dos demais reis, são tais que o único acesso, que estava entre o monte Esquilino e o Quirinal, era cingido pela construção de um enorme objeto[208] e um fosso vastíssimo; assim, a cidadela[209] resplandecia de tal modo protegida por uma cerca alta, por assim dizer, escarpada na rocha, que, até naquela horrível tempestade, quando invadida pelos gauleses, permaneceu incólume e intacta. [Rômulo] escolheu um lugar abundante em fontes e salubre – embora em uma região pestilenta – pois as colinas não apenas têm boa circulação de ar como também lançam suas sombras sobre os vales.

[VII] 12. E isto foi realizado muito rapidamente, pois se constituiu uma urbe, que ele ordenou que fosse nomeada Roma, com base em seu nome; e, para firmar a nova *ciuitas*, uma deliberação nova e um tanto rústica foi tomada por um grande homem, que prudentemente tomava providências para aumentar os recursos[210] do reino de seu grande povo: ordenou que as virgens sabinas – nascidas em um lugar

133

uirgines, quae Romam ludorum gratia uenissent quos tum primum anniuersarios in circo facere instituisset Consualibus, rapi iussit easque in familiarum amplissimarum matrimoniis collocauit.

13. qua ex causa cum bellum Romanis Sabini intulissent, proeliique certamen uarium atque anceps fuisset, cum T. Tatio rege Sabinorum foedus icit, matronis ipsis quae raptae erant orantibus; quo foedere et Sabinos in ciuitatem asciuit sacris communicatis, et regnum suum cum illorum rege sociauit. [VIII] 14. 'Post interitum autem Tatii cum ad eum dominatus omnis reccidisset, quamquam cum Tatio in regium consilium delegerat principes (qui appellati sunt propter caritatem patres) populumque et suo et Tati nomine et Lucumonis, qui Romuli socius in Sabino proelio occiderat, in tribus tres curiasque triginta discripserat (quas curias earum nominibus nuncupauit quae ex Sabinis uirgines raptae postea fuerant oratrices pacis et foederis) — sed quamquam ea Tatio sic erant discripta uiuo, tamen eo interfecto multo etiam magis Romulus patrum auctoritate consilioque regnauit. [IX] 15. 'Quo facto primum uidit iudicauitque idem quod Spartae Lycurgus paulo ante uiderat, singulari imperio et potestate regia tum melius gubernari et regi ciuitates, si esset optimi cuiusque ad illam uim dominationis adiuncta auctoritas. itaque hoc consilio et quasi senatu fultus et munitus, et bella cum finitimis felicissime multa gessit et, cum ipse nihil ex praeda domum suam reportaret, locupletare ciuis non destitit. 16. tum, id quod retinemus hodie magna cum salute rei publicae, auspiciis plurimum obsecutus est Romulus. nam et ipse,

Sobre a República

honesto, que tinham vindo a Roma por causa dos jogos, os primeiros aniversários,[211] os quais então instituíra fazer no circo (por ocasião da Consuália[212]) — fossem raptadas e unidas por meio do matrimônio às melhores famílias.

13. Por esse motivo os sabinos declararam guerra contra os romanos e, uma vez que a sorte do combate era incerta e duvidosa, firmou-se um tratado com Tito Tácio, rei dos sabinos, diante das súplicas das próprias matronas[213] que tinham sido raptadas; com base no tratado admitiram--se[214] os sabinos na *ciuitas* por meio dos ritos sagrados e associou-se o reino [de Rômulo] com o rei deles. **[VIII] 14.** Porém, depois da morte de Tácio, uma vez que recaía [sobre Rômulo] todo o domínio, ainda que Tácio houvesse delegado o conselho régio aos principais [concidadãos] (que, por afeto, foram chamados de pais [*patres*][215]) e dividido o povo em três tribos — às quais [Rômulo] deu o seu nome,[216] o de Tácio e o de Lucumão, companheiro de Rômulo, que morrera no combate contra os sabinos — e em trinta cúrias,[217] as quais nomeou com os nomes daquelas virgens sabinas raptadas que, posteriormente, foram suplicantes da paz e do tratado. Essa distribuição tinha sido feita quando Tácio ainda vivia; entretanto, depois de sua morte, Rômulo reinou muito mais de acordo com a autoridade e a deliberação dos pais [*patres*]. **[IX] 15.** Rômulo, primeiramente, observou e julgou o mesmo que, pouco antes, Licurgo havia observado em Esparta: que as *ciuitates* seriam mais bem governadas e regidas sob o comando de um só e da potestade régia, se a essa dominação se unir a autoridade dos optimates. Assim, sustentado e apoiado por este conselho e, por assim dizer, pelo senado, não apenas fez muitas guerras bem-sucedidas contra seus vizinhos, como também ele próprio, mesmo nada levando dos despojos para sua casa, não deixou de enriquecer os seus concidadãos.[218] **16.** Além disso, Rômulo obedeceu [reconhecendo] o valor dos auspícios para a grande salvação da república, assim como hoje [fazemos]. Já que a urbe fora o princípio da

Cicero

quod principium rei publicae fuit, urbem condidit auspicato, et omnibus publicis rebus instituendis, qui sibi <ad>essent in auspiciis ex singulis tribubus singulos cooptauit augures, et habuit plebem in clientelas patrum discriptam (quod quantae fuerit utilitati post uidero), multaeque dictione ouium et boum (quod tunc erat res in pecore et locorum possessionibus, ex quo pecuniosi et locupletes uocabantur), non ui et suppliciis coercebat.

[X] 17. 'Ac Romulus, cum septem et triginta regnauisset annos, et haec egregia duo firmamenta rei publicae peperisset, auspicia et senatum, tantum est consecutus, ut cum subito sole obscurato non comparuisset, deorum in numero collocatus putaretur; quam opinionem nemo umquam mortalis assequi potuit sine eximia uirtutis gloria.

18. atque hoc eo magis est in Romulo admirandum, quod ceteri qui dii ex hominibus facti esse dicuntur, minus eruditis hominum saeculis fuerunt, ut fingendi procliuis esset ratio, cum imperiti facile ad credendum impellerentur, Romuli autem aetatem minus his sescentis annis iam inueteratis litteris atque doctrinis omnique illo antiquo ex inculta hominum uita errore sublato fuisse cernimus. nam si, id quod Graecorum inuestigatur annalibus, Roma condita est secundo anno olympiadis septimae, in id saeculum Romuli cecidit aetas, cum iam plena Graecia poetarum et musicorum esset, minorque fabulis nisi de ueteribus rebus haberetur fides. nam centum et octo annis postquam Lycurgus leges scribere instituit, prima posita est olympias, quam quidam nominis errore ab eodem Lycurgo constitutam putant; Homerum autem qui minimum dicunt Lycurgi aetati triginta

Sobre a República

república, [Rômulo] fundou-a consultando os auspícios, e para instituir todos os atos públicos escolheu áugures, apenas um único de cada tribo, que o acompanharam nos auspícios.[219] E teve a plebe distribuída entre as clientelas dos pais [*patres*] (de quanta utilidade foi [esta distribuição], depois observarei); e a punição era [cobrada] por meio de uma multa de ovelhas e bois (pois, então, o patrimônio consistia na posse de gado e de terras, os quais eram chamados de *pecuniosi*[220] e *locupletes*[221]) e não [se baseava] na força e nos suplícios.

[**X**] **17.** E como Rômulo havia reinado durante trinta e sete anos e havia criado estes dois egrégios firmamentos da república, os auspícios e o senado, conseguiu tanto que, tendo desaparecido depois que o sol se escureceu subitamente, pensou-se que havia sido colocado entre o número dos deuses e estima-se que nenhum mortal possa jamais alcançá-lo sem a exímia glória da virtude.[222]

18. E isto é mais admirável no caso de Rômulo do que no dos demais, de quem conta-se que de homens fizeram-se deuses, que existiram em épocas de homens menos instruídos, de modo que a razão era propensa a forjar, uma vez que os ignorantes[223] eram impelidos facilmente a acreditar. Porém, vemos que no tempo de Rômulo, há menos de seiscentos anos, já estavam arraigadas as letras e as doutrinas e já se havia decidido eliminar todo aquele antigo erro da vida inculta dos homens. Pois se Roma foi fundada no segundo ano da sétima olimpíada,[224] como foi encontrado nos anais dos gregos, [então,] a era de Rômulo coincidiu com a época em que a Grécia já estava repleta de poetas e músicos e se tinha menos crença nas fábulas, a não ser naquelas que eram relacionadas às coisas antigas.[225] Pois, cento e oito anos depois que Licurgo começou a escrever as leis, foi instituída a primeira olimpíada, que alguns, por um erro de nome, julgam que foi estabelecida pelo mesmo Licurgo.[226] Mas aqueles que consideram minimamente [a questão] antepõem Homero quase trinta anos à época de Licurgo.

annis anteponunt fere. **19.** ex quo intellegi potest permultis annis ante Homerum fuisse quam Romulum, ut iam doctis hominibus ac temporibus ipsis eruditis ad fingendum uix quicquam esset loci. antiquitas enim recepit fabulas fictas etiam non numquam incondite, haec aetas autem iam exculta praesertim eludens omne quod fieri non potest respuit*

20. * '<Stesichor>us nepos eius, ut dixerunt quidam, ex filia. quo uero ille mortuus, eodem est anno natus Simonides olympiade sexta et quinquagesima, quo facilius intellegi possit tum de Romuli [iam] immortalitate creditum, cum iam inueterata uita hominum ac tractata esset et cognita. sed profecto tanta fuit in eo uis ingenii atque uirtutis, ut id de Romulo Proculo Iulio homini agresti crederetur, quod multis iam ante saeclis nullo alio de mortali homines credidissent; qui impulsu patrum, quo illi a se inuidiam interitus Romuli pellerent, in contione dixisse fertur, a se uisum esse in eo colle Romulum qui nunc Quirinalis uocatur; eum sibi mandasse ut populum rogaret, ut sibi eo in colle delubrum fieret; se deum esse et Quirinum uocari.

[**XI**] **21.** 'Videtisne igitur unius uiri consilio non solum ortum nouum populum, neque ut in cunabulis uagientem relictum, sed adultum iam et paene puberem?'

Tum Laelius: 'nos uero uidemus, et te quidem ingressum ratione ad disputandum noua, quae nusquam est in Graecorum libris. nam princeps ille, quo nemo in scribendo praestantior fuit, aream sibi sumpsit, in qua ciuitatem exstrueret arbitratu suo, praeclaram ille quidem fortasse, sed a uita hominum abhorrentem et a moribus;

Sobre a República

19. Com isso, pode-se entender que Homero viveu muitos anos antes de Rômulo, de modo que, sendo já doutos os homens e eruditos os próprios tempos, dificilmente havia ocasião para que se forjasse. De fato, a antiguidade acolheu as fábulas, por vezes as inventadas de modo desordenado, porém, esta era, já culta, as rechaçou evitando especialmente tudo o que era impossível de ocorrer*.

20. * <Estesícor>, o seu[227] neto, como alguns disseram, por parte de sua filha. Na verdade, Estesícor morreu no mesmo ano em que nasceu Simônides, na quinquagésima sexta olimpíada;[228] de modo que, mais facilmente, pode-se entender que se acreditava então na imortalidade de Rômulo, quando a vida dos homens já estava estabelecida, administrada e conhecida. Mas, indubitavelmente, houve em Rômulo tanta força de engenho e de virtude que, em relação a ele, dava-se crédito a Próculo Júlio, um homem do campo, [com respeito a um acontecimento] que muitos séculos antes os homens não teriam acreditado acerca de nenhum outro mortal. Conta-se que, por incentivo dos pais [*patres*], para rechaçar a repulsa[229] a eles após a morte de Rômulo, [Próculo] teria dito em uma assembleia que Rômulo tinha sido visto por ele na colina que agora se chama Quirinal; ele [Rômulo] teria mandado [Próculo] pedir ao povo que construísse um templo para si nesta colina, e [disse] que era um deus e se chamava Quirino.

[XI] 21.[230] Vede, portanto, que pela deliberação de um só varão não apenas nasceu um povo novo, mas já vigoroso e quase púbere, e que não foi deixado chorando no berço?

Então, Lélio [disse]:

— Nós realmente vemos que até mesmo tu começaste a discutir com um método novo,[231] que [não se encontra] em nenhuma parte nos livros dos gregos. Pois aquele príncipe,[232] com seus escritos, foi mais insigne que todos, e ele próprio escolheu uma área na qual construir, de acordo com seu arbítrio, uma *ciuitas*[233] — talvez excelente, mas incompatível com a vida e os costumes dos homens.

Cícero

22. reliqui disseruerunt sine ullo certo exemplari formaque rei publicae de generibus et de rationibus ciuitatum. tu mihi uideris utrumque facturus: es enim ita ingressus ut quae ipse reperias tribuere aliis malis quam, ut facit apud Platonem Socrates, ipse fingere, et illa de urbis situ reuoces ad rationem quae a Romulo casu aut necessitate facta sunt, et disputes non uaganti oratione sed defixa in una re publica. quare perge ut instituisti; prospicere enim iam uideor te reliquos reges persequente quasi perfectam rem publicam.'

[**XII**] **23.** 'Ergo' inquit Scipio 'cum ille Romuli senatus, qui constabat ex optimatibus, quibus ipse rex tantum tribuisset ut eos patres uellet nominari patriciosque eorum liberos, temptaret post Romuli excessum ut ipse regeret sine rege rem publicam, populus id non tulit, desiderioque Romuli postea regem flagitare non destitit; cum prudenter illi principes nouam et inauditam ceteris gentibus interregni ineundi rationem excogitauerunt, ut quoad certus rex declaratus esset, nec sine rege ciuitas nec diuturno rege esset uno, nec committeretur ut quisquam inueterata potestate aut ad deponendum imperium tardior esset aut ad obtinendum munitior.

24. quo quidem tempore nouus ille populus uidit tamen id quod fugit Lacedaemonium Lycurgum, qui regem non deligendum duxit, si modo hoc in Lycurgi potestate potuit esse, sed habendum, qualiscumque is foret, qui modo esset Herculi stirpe generatus; nostri illi etiam tum agrestes uiderunt uirtutem et sapientiam regalem, non progeniem, quaeri oportere.

Sobre a República

22. Os outros[234] dissertaram sobre os gêneros e razões das *ciuitates* sem nenhum exemplo e forma definida de república, a mim parece que farás as duas coisas: de fato, começaste de tal forma que preferes atribuir a outros as coisas que tu mesmo encontras do que forjar, como faz Sócrates em Platão.[235] E sobre a localização da urbe, atribui à razão aquelas coisas que foram feitas por Rômulo por acaso ou por necessidade. E disputas não com um discurso vago, mas com um definido sobre a república; assim, continua como começaste, pois já pareço perceber, na medida em que descreves os demais reis, uma república, por assim dizer, perfeita.

[XII] 23. Respondeu Cipião:

— Então, como o senado de Rômulo — que constava de optimates pelos quais o próprio rei tinha uma consideração tão grande, motivo pelo qual queria que fossem chamados de pais [*patres*] e seus filhos de patrícios — tentasse, depois de seu desaparecimento, ele próprio reger a república sem um rei; o povo não tolerou isso e, em seguida, ansiando por Rômulo, não deixou de exigir um rei. Então, com prudência, estes principais [concidadãos] idealizaram algo novo e desconhecido das demais gentes: iniciar um interregno para que, enquanto não fosse nomeado um rei certo, a *ciuitas* não ficasse sem rei, nem apenas com um rei único por muito tempo, nem expor-se-ia a um perigo de haver alguém que, pela arraigada potestade, fosse muito lento em abandonar o comando, ou muito esforçado para conservá-lo.

24. Certamente, neste tempo, aquele povo ainda novo viu aquilo que escapou ao lacedemônio Licurgo, que estabeleceu que um rei não deveria ser eleito — se é que isso poderia estar na potestade de Licurgo —, mas acolhido, quem quer que ele fosse, desde que houvesse nascido da estirpe de Hércules. Os nossos [romanos], então ainda rudes,[236] observaram que era oportuno buscar a virtude e a sapiência régia, não a progênie.

141

Cícero

[**XIII**] **25.** 'Quibus cum esse praestantem Numam Pompilium fama ferret, praetermissis suis ciuibus regem alienigenam patribus auctoribus sibi ipse populus asciuit, eumque ad regnandum Sabinum hominem Romam Curibus acciuit. qui ut huc uenit, quamquam populus curiatis eum comitiis regem esse iusserat, tamen ipse de suo imperio curiatam legem tulit, hominesque Romanos instituto Romuli bellicis studiis ut uidit incensos, existimauit eos paulum ab illa consuetudine esse reuocandos.

[**XIV**] **26.** 'Ac primum agros quos bello Romulus ceperat diuisit uiritim ciuibus, docuitque sine depopulatione atque praeda posse eos colendis agris abundare commodis omnibus, amoremque eis otii et pacis iniecit, quibus facillime iustitia et fides conualescit, et quorum patrocinio maxime cultus agrorum perceptioque frugum defenditur. idemque Pompilius et auspiciis maioribus inuentis ad pristinum numerum duo augures addidit, et sacris e principum numero pontifices quinque praefecit, et animos propositis legibus his quas in monumentis habemus ardentes consuetudine et cupiditate bellandi religionum caerimoniis mitigauit, adiunxitque praeterea flamines Salios uirginesque Vestales, omnesque partes religionis statuit sanctissime.

27. sacrorum autem ipsorum diligentiam difficilem, apparatum perfacilem esse uoluit; nam quae perdiscenda quaeque obseruanda essent, multa constituit, sed ea sine impensa. sic religionibus colendis operam addidit, sumptum remouit, idemque mercatus ludos omnesque conueniundi causas et celebritates inuenit. quibus rebus institutis ad humanitatem atque mansuetudinem reuocauit animos

Sobre a República

[XIII] 25.[237] Como corria a fama de que [na sapiência régia e na virtude] Numa Pompílio era eminente, seus concidadãos foram preteridos, e por autoridade dos pais [*patres*] o próprio povo admitiu como rei para si um estrangeiro e fez vir este homem sabino de Cures a Roma para reinar. Tão logo aqui chegou, ainda que o povo o houvesse nomeado rei nos comícios curiados, todavia, ele apresentou uma lei curiada[238] acerca de seu comando; e [Numa Pompílio] ao ver os homens romanos estimulados pelos esforços bélicos, a partir do que Rômulo havia instituído, ponderou que eles deveriam ser afastados um pouco daquele costume [de guerrear].

[XIV] 26. E, primeiramente, repartiu entre cada um dos concidadãos os campos que Rômulo tomara na guerra, os ensinou que sem o ataque e a pilhagem eles poderiam abundar em todas as comodidades cultivando os campos,[239] neles incutiu o amor ao ócio e à paz,[240] aos quais muito facilmente se acrescentaram a justiça e a confiança, e com as quais se defende maximamente o cultivo dos campos e a colheita dos frutos. Do mesmo modo, instituídos os auspícios maiores, Pompílio não apenas aumentou dois áugures ao número anterior, como também acrescentou cinco pontífices ao número dos principais [concidadãos] que estavam à frente dos ritos sagrados; e, propostas estas leis, que temos em nossos monumentos,[241] abrandou, por meio das cerimônias religiosas,[242] os ânimos inflamados pelo costume e pelo desejo de guerrear. E, ainda, acrescentou-lhes os flâmines,[243] os Sálios[244] e as Virgens Vestais,[245] estabelecendo as partes da religião [de modo que fossem] invioláveis.

27. Porém, quis que a realização dos próprios ritos fosse difícil e a preparação muito fácil, pois estabeleceu muitas [práticas] – umas para serem bem aprendidas e outras bem observadas –, mas todas sem despesa. Assim, tornou as práticas religiosas mais trabalhosas, reduziu os gastos, instituiu lugares para o mercado, para os jogos e para todas as ocasiões de celebração e solenidades. Com estas instituições,

143

hominum studiis bellandi iam immanes ac feros. sic ille cum undequadraginta annos summa in pace concordiaque regnauisset (sequamur enim potissimum Polybium nostrum, quo nemo fuit in exquirendis temporibus diligentior), excessit e uita, duabus praeclarissimis ad diuturnitatem rei publicae rebus confirmatis, religione atque clementia.'

[XV] 28. Quae cum Scipio dixisset, 'uerene' inquit Manilius 'hoc memoriae proditum est, Africane, regem istum Numam Pythagorae ipsius discipulum aut certe Pythagoreum fuisse? saepe enim hoc de maioribus natu audiuimus, et ita intellegimus uulgo existimari; neque uero satis id annalium publicorum auctoritate declaratum uidemus.'

Tum Scipio: 'falsum est enim, Manili,' inquit 'id totum, neque solum fictum sed etiam imperite absurdeque fictum. ea sunt enim demum non ferenda mendacia, quae non solum ficta esse sed ne fieri quidem potuisse cernimus. nam quartum iam annum regnante Lucio Tarquinio Superbo Sybarim et Crotonem et in eas Italiae partes Pythagoras uenisse reperitur: olympias enim secunda et sexagesima eadem Superbi regni initium et Pythagorae declarat aduentum.

29. ex quo intellegi regiis annis dinumeratis potest anno fere centesimo et quadragesimo post mortem Numae primum Italiam Pythagoram attigisse; neque hoc inter eos qui diligentissime persecuti sunt temporum annales ulla est umquam in dubitatione uersatum.'

'Di immortales' inquit Manilius 'quantus iste est hominum et quam inueteratus error! ac tamen facile patior non

reencaminhou à humanidade e à brandura os ânimos dos homens já desumanos e ferozes pelo esforço de guerrear. Assim, tendo reinado durante trinta e nove anos em suma paz e concórdia (acompanhemos, então, especialmente nosso Políbio,[246] cuja diligência na investigação dos tempos ninguém superou), [Numa] retirou-se da vida depois que foram consolidadas duas ilustríssimas coisas para a longevidade da república: a religião e a clemência.[247]

[**XV**] **28.**[248] [Depois de] Cipião afirmar isso, Manílio disse:

— É verdade, Africano, que esse rei Numa foi discípulo do próprio Pitágoras, ou, certamente, um pitagórico, conforme ficou guardado na memória e foi transmitido? Pois muitas vezes ouvimos isto dos predecessores e, assim, entendemos como o vulgo pensa; na verdade, não observamos que isso foi suficientemente aprovado com base na autoridade dos Anais Públicos.

Então, Cipião disse:

— Pois tudo isso é falso, Manílio, não só inventado, mas também inventado [de modo] desastroso e absurdo; de fato, não devem ser toleradas as mentiras que não só são inventadas, mas também nem sequer poderiam ocorrer. Pois, já no quarto ano que reinava Lúcio Tarquínio, o Soberbo,[249] Pitágoras foi visto[250] chegando a Síbaris, a Crotona e a essas partes da Itália.[251] Assim, a sexagésima segunda Olimpíada marca o início do reinado de Soberbo e a chegada de Pitágoras.

29. Com isso, pode-se entender que, contados os anos de [governo] régio, Pitágoras chegou à Itália pela primeira vez aproximadamente cento e quarenta anos depois da morte de Numa; e isso jamais foi posto em dúvida por aqueles que muito diligentemente elaboraram os anais dos tempos.

Manílio disse:

— Deuses imortais! Quão grande e quão inveterado é o erro dos homens![252] Porém, aceito com facilidade que nós não fomos instruídos nas

esse nos transmarinis nec importatis artibus eruditos, sed genuinis domesticisque uirtutibus.'

[XVI] 30. 'Atqui multo id facilius cognosces,' inquit Africanus 'si progredientem rem publicam atque in optimum statum naturali quodam itinere et cursu uenientem uideris; quin hoc ipso sapientiam maiorum statues esse laudandam, quod multa intelleges etiam aliunde sumpta meliora apud nos multo esse facta quam ibi fuissent unde huc translata essent atque ubi primum exstitissent, intellegesque non fortuito populum Romanum sed consilio et disciplina confirmatum esse, nec tamen aduersante fortuna.

[XVII] 31. 'Mortuo rege Pompilio Tullum Hostilium populus regem interrege rogante comitiis curiatis creauit, isque de imperio suo exemplo Pompili populum consuluit curiatim. cuius excellens in re militari gloria magnaeque exstiterunt res bellicae, fecitque idem et saepsit de manubiis comitium et curiam, constituitque ius quo bella indicerentur, quod per se iustissime inuentum sanxit fetiali religione, ut omne bellum quod denuntiatum indictumque non esset, id iniustum esse atque impium iudicaretur. et ut aduertatis animum quam sapienter iam reges hoc nostri uiderint, tribuenda quaedam esse populo — multa enim de eo genere dicenda sunt —, ne insignibus quidem regiis Tullus nisi iussu populi est ausus uti. nam ut sibi duodecim lictores cum fascibus anteire liceret'*

Deest folium unum

[XVIII] 33. *'<neque> enim serpit sed uolat in optimum statum instituto tuo sermone res publica.'

Sobre a República

artes transmarinas,[253] nem importadas, mas nas virtudes genuínas e domésticas.

[XVI] 30. Africano disse:

— Pois muito facilmente reconhecerás isto se observares nossa república progredir[254] e chegar a um ótimo estado por um caminho e um curso naturais. Mais ainda, concluirás que a sapiência de nossos ancestrais deve ser louvada, porque entenderás, inclusive, que muitas coisas acolhidas de outros por nós tornaram-se muito melhores do que haviam sido lá, de onde foram trazidas até aqui e onde surgiram pela primeira vez; e entenderás que o povo romano se consolidou, não por acaso, mas mediante o discernimento e a disciplina, todavia nem a fortuna foi adversa.

[XVII] 31. Com a morte do rei Pompílio, tendo o inter-rei convocado [eleições], o povo elegeu nos comícios curiados Tulo Hostílio como rei, e este, a exemplo de Pompílio, consultou o povo acerca de seu comando por meio das cúrias. Sobressaindo-se em glória militar, nesse campo foram realizados grandes feitos bélicos. Ele também construiu e cercou, com suas mãos, o Comício e a Cúria e estabeleceu um direito no qual as guerras seriam declaradas, o qual sancionou com um rito fecial.[255] Essa criação, bastante justa em si mesma, [estabelecia] que toda guerra que não fosse declarada e notificada era considerada injusta e ímpia. E para que percebais a disposição que os nossos reis já sabiamente observaram — que certas coisas devem ser atribuídas ao povo[256] (pois muitas coisas devem ser ditas acerca desse assunto) —, [vedes que] Tulo nem sequer ousou usar as insígnias régias se não fosse por ordem do povo. Quando permitia que doze lictores[257] com fasces fossem à frente dele*[258]

Falta um fólio

[XVIII] 33. *e, de fato, de acordo com o início de tua exposição, a república não serpenteia, mas voa para um ótimo estado.

Cicero

'Post eum Numae Pompili nepos ex filia rex a populo est Ancus Marcius constitutus, itemque de imperio suo legem curiatam tulit. qui cum Latinos bello deuicisset, asciuit eos in ciuitatem, atque idem Auentinum et Caelium montem adiunxit urbi, quosque agros ceperat diuisit, et siluas maritimas omnes publicauit quas ceperat, et ad ostium Tiberis urbem condidit colonisque firmauit. atque ita cum tres et uiginti regnauisset annos est mortuus.'

Tum Laelius: 'laudandus etiam iste rex; sed obscura est historia Romana, siquidem istius regis matrem habemus, ignoramus patrem.'

'Ita est' inquit; 'sed temporum illorum tantum fere regum illustrata sunt nomina.

[**XIX**] **34.** 'Sed hoc loco primum uidetur insitiua quadam disciplina doctior facta esse ciuitas. influxit enim non tenuis quidam e Graecia riuulus in hanc urbem, sed abundantissimus amnis illarum disciplinarum et artium. fuisse enim quendam ferunt Demaratum Corinthium, et honore et auctoritate et fortunis facile ciuitatis suae principem; qui cum Corinthiorum tyrannum Cypselum ferre non potuisset, fugisse cum magna pecunia dicitur ac se contulisse Tarquinios, in urbem Etruriae florentissimam. cumque audiret dominationem Cypseli confirmari, defugit patriam uir liber ac fortis, et ascitus est ciuis a Tarquiniensibus atque in ea ciuitate domicilium et sedes collocauit. ubi cum de matre familias Tarquiniensi duo filios procreauisset, omnibus eos artibus ad Graecorum disciplinam eru*

Deest folium unum

Sobre a República

— Depois[259] dele,[260] Anco Márcio, neto de Numa Pompílio por parte de uma filha, tornou-se rei pelo povo e, do mesmo modo, apresentou uma lei curiada sobre seu comando. E quando venceu os latinos na guerra, os aceitou na *ciuitas*; além disso, anexou à urbe o monte Aventino e o Célio, repartiu os campos que tinha conquistado, declarou como propriedade pública todos os bosques litorâneos que tinha conquistado, e, junto à foz do rio Tibre, fundou uma urbe e a tornou segura com colonos. E, depois de ter reinado vinte e três anos, morreu.

Então, Lélio [disse]:

— Também esse rei deve ser louvado. Mas é obscura a narrativa histórica[261] romana, pois, embora conheçamos [o nome] da mãe desse rei, desconhecemos [o de] seu pai.

— Assim é, [Cipião] disse. Mas, de modo geral, somente os nomes dos reis (daqueles tempos) foram conhecidos.

[**XIX**] **34.**[262] Mas parece que nessa época, pela primeira vez, a *ciuitas* tornou-se mais douta, por assim dizer, pelo enxerto de disciplinas. Pois, da Grécia até esta urbe não afluiu um tênue riacho, mas um abundantíssimo rio daquelas disciplinas e artes. De fato, contam que um certo Demarato de Corinto, sem dúvida, o primeiro de sua *ciuitas* em honra, em autoridade e em fortunas, não podendo suportar Cípselo, tirano dos coríntios, teria fugido com sua grande riqueza e partido em direção a Tarquínias, a urbe mais florescente da Etrúria. Ao ouvir que a dominação de Cípselo se consolidava, aquele varão livre e forte abandonou a sua pátria e foi aceito como concidadão pelos tarquinienses, e nessa *ciuitas* estabeleceu seu domicílio e sua sede. Então teve dois filhos,[263] com uma esposa tarquiniense, os quais foram instruídos em todas as artes de acordo com a disciplina dos gregos.*

Falta um fólio

Cicero

[XX] 35. *'facile in ciuitatem receptus esset, propter humanitatem atque doctrinam Anco regi familiaris est factus usque eo ut consiliorum omnium particeps et socius paene regni putaretur. erat in eo praeterea summa comitas, summa in omnes ciues opis, auxilii, defensionis, largiendi etiam benignitas. itaque mortuo Marcio cunctis populi suffragiis rex est creatus L. Tarquinius; sic enim suum nomen ex Graeco nomine inflexerat, ut in omni genere huius populi consuetudinem uideretur imitatus. isque ut de suo imperio legem tulit, principio duplicauit illum pristinum patrum numerum, et antiquos patres maiorum gentium appellauit, quos priores sententiam rogabat, a se ascitos minorum.

36. deinde equitatum ad hunc morem constituit qui usque adhuc est retentus, nec potuit Titiensium et Rhamnensium et Lucerum mutare cum cuperet nomina, quod auctor ei summa augur gloria Attus Nauius non erat. atque etiam Corinthios uideo publicis equis assignandis et alendis orborum et uiduarum tributis fuisse quondam diligentis. sed tamen prioribus equitum partibus secundis additis M ac CC fecit equites numerumque duplicauit. postea bello subegit Aequorum magnam gentem et ferocem et rebus populi Romani imminentem, idemque Sabinos cum a moenibus urbis reppulisset, equitatu fudit belloque deuicit. atque eundem primum ludos maximos, qui Romani dicti sunt, fecisse accepimus, aedemque in Capitolio Ioui optimo maximo bello Sabino in ipsa pugna uouisse faciendam, mortuumque esse cum duodequadraginta regnauisset annos.'

[XXI] 37. Tum Laelius: 'nunc fit illud Catonis certius, nec temporis unius nec hominis esse constitutionem

150

Sobre a República

[XX] 35. [Tarquínio,] *facilmente recebido na *ciuitas*, por sua humanidade e doutrina, tornou-se familiar do rei Anco que o tinha como partícipe em todas as deliberações e, por assim dizer, como um sócio régio. Além disso, havia nele suma afabilidade, assim como suma benignidade para com todos os concidadãos, apoiando, auxiliando, defendendo e sendo generoso. Assim, com a morte de Márcio, Lúcio Tarquínio foi eleito rei com todos os sufrágios do povo. De fato, ele havia afastado seu nome do nome grego para que parecesse imitar, em todo o gênero, o costume desse povo.[264] E ele logo propôs uma lei sobre seu comando: a princípio duplicou aquele número primitivo de pais [*patres*] e aos mais antigos denominou-os de pais [*patres*] de estirpes maiores – os primeiros aos quais pedia opinião – e aos admitidos por ele de [pais de estirpes] menores.[265]

36. Depois estabeleceu o costume da cavalaria, de acordo com o que temos até agora; ainda que desejasse, não pôde mudar nem os nomes de ticienses, ramnenses e lúceres,[266] porque o áugure de suma glória, Ato Návio, não autorizou. E observo que os coríntios foram diligentes na distribuição e na alimentação da cavalaria feitas com os tributos cobrados dos órfãos e das viúvas. Todavia, [Tarquínio] adicionou aos primeiros grupos de cavaleiros[267] os segundos, criando mil e duzentos cavaleiros, duplicando seu número. Depois submeteu, por meio da guerra, a grande e feroz estirpe dos équos,[268] uma ameaça às coisas do povo romano; e quando repeliu os sabinos das muralhas da urbe, dispersou-os com a cavalaria e os venceu na guerra. E escutamos[269] que foi ele o primeiro a instituir os jogos máximos, que foram chamados romanos,[270] e, durante a guerra contra os sabinos, em meio ao próprio combate, fez o voto de edificar um templo a Júpiter Ótimo Máximo no Capitólio, e morreu depois de ter reinado trinta e oito anos.

[XXI] 37.[271] Então, Lélio disse:

151

<nostrae> rei publicae; perspicuum est enim, quanta in singulos reges rerum bonarum et utilium fiat accessio. sed sequitur is qui mihi uidetur ex omnibus in re publica uidisse plurimum.'

'Ita est' inquit Scipio. 'nam post eum Seruius Tullius primus iniussu populi regnauisse traditur, quem ferunt ex serua Tarquiniensi natum, cum esset ex quodam regis cliente conceptus. qui cum famulorum <in> numero educatus ad epulas regis assisteret, non latuit scintilla ingenii quae iam tum elucebat in puero: sic erat in omni uel officio uel sermone sollers. itaque Tarquinius, qui admodum paruos tum haberet liberos, sic Seruium diligebat, ut is eius uulgo haberetur filius, atque eum summo studio omnibus iis artibus quas ipse didicerat ad exquisitissimam consuetudinem Graecorum erudiit.

38. sed cum Tarquinius insidiis Anci filiorum interisset, Seruiusque ut ante dixi regnare coepisset, non iussu sed uoluntate atque concessu ciuium, quod cum Tarquinius ex uulnere aeger fuisse et uiuere falso diceretur, ille regio ornatu ius dixisset obaeratosque pecunia sua liberauisset, multaque comitate usus iussu Tarquinii se ius dicere probauisset, non commisit se patribus, sed Tarquinio sepulto populum de se ipse consuluit, iussusque regnare legem de imperio suo curiatam tulit. et primum Etruscorum iniurias bello est ultus; ex quo cum ma*

Deest folium unum

Sobre a República

— Agora se torna mais certo aquele [dito] de Catão: a constituição de nossa república não é de um só tempo nem de um só homem. Pois é evidente o quão grande se torna o acréscimo de coisas boas e úteis por meio de cada rei.[272] Mas parece-me que o próximo é aquele que dentre todos teve maior visão na república.

Cipião disse:

— Assim é, pois conta-se que depois de Tarquínio reinou Sérvio Túlio, o primeiro a reinar sem a ordem do povo. Contam que nasceu de uma escrava tarquiniense e que foi concebido por um protegido do rei. Educado em meio aos escravos familiares, assistindo os banquetes do rei, não se ocultou a centelha de engenho que nele já brilhava quando criança:[273] era hábil tanto em todas as tarefas como nas conversas. Assim, Tarquínio, que tinha filhos muito pequenos, apreciava Sérvio de tal forma que este era tido como seu filho pelo vulgo; deste modo, com sumo esforço o educou em todas as artes que havia aprendido, de acordo com o maravilhoso costume dos gregos.

38. Mas, como Tarquínio pereceu por traição dos filhos de Anco, Sérvio, como disse antes, começou a reinar não com uma ordem, mas pela vontade e consentimento dos concidadãos; pois mentira quando dissera que Tarquínio estava incapacitado por uma ferida, mas que [ainda] estava vivo. Assim, [Sérvio,] ornado com o aparato régio, ditou sentenças judiciais, liberou os inadimplentes com seu dinheiro, e demonstrou com muita afabilidade que ele ditava as sentenças judiciais por ordem de Tarquínio, e não se uniu aos pais [*patres*]; mas, sepultado Tarquínio, [Sérvio] consultou o povo acerca de si mesmo, e, tendo o povo ordenando que reinasse, apresentou uma lei curiada acerca de seu comando.[274] E, primeiramente, puniu com a guerra as injúrias dos etruscos; como*

Falta um fólio

Cicero

[**XXII**] **39.** *'duodeuiginti censu maximo. deinde equitum magno numero ex omni populi summa separato, reliquum populum distribuit in quinque classes, senioresque a iunioribus diuisit, easque ita disparauit ut suffragia non in multitudinis sed in locupletium potestate essent, curauitque, quod semper in re publica tenendum est, ne plurimum ualeant plurimi. quae discriptio si esset ignota uobis, explicaretur a me; nunc rationem uidetis esse talem, ut equitum centuriae cum sex suffragiis et prima classis, addita centuria quae ad summum usum urbis fabris tignariis est data, LXXXVIIII centurias habeat; quibus e centum quattuor centuriis — tot enim reliquae sunt — octo solae si accesserunt, confecta est uis populi uniuersa, reliquaque multo maior multitudo sex et nonaginta centuriarum <ut> neque excluderetur suffragiis, ne superbum esset, nec ualeret nimis, ne esset periculosum. **40.** in quo etiam uerbis ac nominibus ipsis fuit diligens: qui cum locupletes assiduos appellasset ab aere dando, eos qui aut non plus mille quingentos aeris aut omnino nihil in suum censum praeter caput attulissent, proletarios nominauit, ut ex iis quasi proles, id est quasi progenies ciuitatis, expectari uideretur. illarum autem sex et nonaginta centuriarum in una centuria tum quidem plures censebantur quam paene in prima classe tota. ita nec prohibebatur quisquam iure suffragii, et is ualebat in suffragio plurimum cuius plurimum intererat esse in optimo statu ciuitatem. quin etiam accensis uelatis liticinibus cornicinibus proletariis*

Desunt folia duo

Sobre a República

[**XXII**] **39.**[275] * [alistou] dezoito [centúrias] de cavaleiros de censo máximo. Em seguida, extraído um grande número de cavaleiros do conjunto de todo o povo, distribuiu o restante do povo em cinco classes e separou os mais velhos dos mais jovens; e separou-as [as cinco classes] de tal modo que os sufrágios estivessem não na potestade da multidão, mas na dos ricos, e cuidou daquilo que deve ser mantido sempre na república: que a maioria não tenha muito mais [potestade]. Se essa distribuição vos fosse desconhecida, seria explicada por mim; observais, então, a organização que há nas centúrias dos cavaleiros com seus seis sufrágios e a primeira classe; soma-se a essas a centúria que, para suma utilidade da urbe, foi dada aos construtores:[276] chegando-se a oitenta e nove centúrias. A essas se somam apenas oito das cento e quatro centúrias (pois todas essas são as restantes), e fica consolidada toda a força do povo; e o restante do grande contingente [do povo] nas noventa e seis centúrias não era excluído dos sufrágios, o que seria uma [medida] soberba, nem teria muita influência, para que não fosse perigoso. **40.** Nisso, nas próprias palavras e denominações, [Sérvio Túlio] também foi diligente, uma vez que chamou os ricos de *assiduus*, porque tinham que pagar em asses, e aos que não tinham mais de mil e quinhentos asses ou não traziam absolutamente nada para o censo além de sua pessoa, denominou-os proletários para que se observasse que deles se esperava, por assim dizer, a prole, ou seja, como que a progênie da *ciuitas*. Porém, em uma centúria daquelas noventa e seis centúrias, havia, naquele tempo, mais recenseados do que quase em toda a primeira classe. Assim, ninguém era impedido do direito de sufrágio e tinha mais valor no sufrágio aquele que tivesse mais interesse na melhor situação da *ciuitas*. E também aos soldados sem armas,[277] aos que tocam clarins, cornetas, aos proletários*

Faltam dois fólios

Cícero

[**XXIII**] **42.** *'<quinque et> sexaginta annis antiquior, quod erat XXXVIIII ante primam olympiadem condita, et antiquissimus ille Lycurgus eadem uidit fere. itaque ista aequabilitas atque hoc triplex rerum publicarum genus uidetur mihi commune nobis cum illis populis fuisse. sed quod proprium est in nostra re publica, quo nihil possit esse praeclarius, id persequar si potero subtilius; quod erit eius modi, nihil ut tale ulla in re publica reperiatur. haec enim quae adhuc exposui ita mixta fuerunt et in hac ciuitate et in Lacedaemoniorum et in Carthaginiensium ut temperata nullo fuerint modo.

43. nam in qua re publica est unus aliquis perpetua potestate, praesertim regia, quamuis in ea sit et senatus, ut tum fuit Romae cum erant reges, ut Spartae Lycurgi legibus, et ut sit aliquod etiam populi ius, ut fuit apud nostros reges, tamen illud excellit regium nomen, neque potest eius modi res publica non regnum et esse et uocari. ea autem forma ciuitatis mutabilis maxime est hanc ob causam, quod unius uitio praecipitata in perniciosissimam partem facillime decidit. nam ipsum regale genus ciuitatis non modo non est reprehendendum, sed haud scio an reliquis simplicibus longe anteponendum (si ullum probarem simplex rei publicae genus), sed ita quoad statum suum retineat. is est autem status, ut unius perpetua potestate et iustitia uniusque sapientia regatur salus et aequabilitas et otium ciuium. desunt omnino ei populo multa qui sub rege est, in primisque libertas, quae non in eo est ut iusto utamur domino, sed ut nul<lo>*

Sobre a República

[XXIII] 42. [Cipião disse:]

— * [Cartago] havia sido fundada trinta e nove anos antes da primeira olimpíada, portanto era sessenta e cinco anos mais antiga [do que Roma]. E aquele antiquíssimo Licurgo observou quase o mesmo [em Esparta].[278] Então, parece-me que esta igualdade e este tríplice tipo de república tiveram algo em comum com esses povos. Mas, o que foi particular em nossa república, e mais ilustre que esta nenhuma pode ser, investigarei a fundo e, se puder, mais sutilmente, pois nada igual ao nosso modo poderia ser encontrado em nenhuma outra república. De fato, essas [constituições] que até agora expus existiram nesta *ciuitas*, na dos lacedemônios e na dos cartagineses, por um lado mescladas, mas, por outro, não eram temperadas.[279]

43. Pois em uma república que tenha apenas um [homem] com potestade perpétua, sobretudo régia, ainda que nela haja um senado, como houve, então, em Roma quando existiam reis, ou em Esparta com as leis de Licurgo, ou ainda quando havia algum direito do povo, como houve [no tempo] de nossos reis, entretanto, ainda que prevalecesse o nome régio, uma república [como essa] não poderia ser e se chamar reino. E a forma [régia] de *ciuitas* é a mais mutável por esse motivo: pois, muito facilmente, decaindo no vício de um só, cai em um lado mais pernicioso. De fato, o gênero régio da *ciuitas* não apenas não deve ser repreendido, como não sei se não deve ser preferível amplamente aos outros [gêneros] simples (se eu aprovasse algum gênero simples de república) — mas isso apenas enquanto conservar seu estado. Porém, a situação é a seguinte: a segurança, a igualdade e o ócio[280] dos concidadãos são regidos pela potestade perpétua de um e pela justiça e sabedoria de um. A um povo que está sob o comando de um rei faltam-lhe absolutamente muitas coisas e, primeiramente, a liberdade,[281] que não significa termos um senhor justo, mas que não tenhamos nenhum*

Cícero

Deest folium unum

[**XXIV**] **44.** *'ferebant. etenim illi iniusto domino atque acerbo aliquamdiu in rebus gerundis prospere fortuna comitata est. nam et omne Latium bello deuicit, et Suessam Pometiam urbem opulentam refertamque cepit, et maxima auri argentique praeda locupletatus uotum patris Capitolii aedificatione persoluit, et colonias deduxit, et institutis eorum a quibus ortus erat dona magnifica quasi libamenta praedarum Delphos ad Apollinem misit*.

[**XXV**] **45.** 'Hic ille iam uertetur orbis, cuius naturalem motum atque circuitum a primo discite agnoscere. id enim est caput ciuilis prudentiae, in qua omnis haec nostra uersatur oratio, uidere itinera flexusque rerum publicarum, ut cum sciatis quo quaeque res inclinet, retinere aut ante possitis occurrere. nam rex ille de quo loquor, primum optimi regis caede maculatus integra mente non erat, et cum metueret ipse poenam sceleris sui summam, metui se uolebat; deinde uictoriis diuitiisque subnixus exultabat insolentia, neque suos mores regere poterat neque suorum libidines. **46.** itaque cum maior eius filius Lucretiae Tricipitini filiae Collatini uxori uim attulisset, mulierque pudens et nobilis ob illam iniuriam sese ipsa morte multauisset, tum uir ingenio et uirtute praestans L. Brutus depulit a ciuibus suis iniustum illud durae seruitutis iugum. qui cum priuatus esset, totam rem publicam sustinuit, primusque in hac ciuitate docuit in conseruanda ciuium libertate esse priuatum neminem. quo auctore et principe concitata ciuitas et hac recenti querela Lucretiae patris ac propinquorum, et recordatione superbiae

Sobre a República

Falta um fólio

[XXIV] 44.[282] *suportavam. De fato, a fortuna, favoravelmente, acompanhou este senhor injusto e acerbo[283] durante algum tempo na realização de suas empresas. Pois não apenas submeteu todo o Lácio à guerra como também tomou Suessa Pomécia, urbe opulenta e farta, e, enriquecido com uma pilhagem muito grande de ouro e prata, pagou o voto[284] de seu pai com a edificação do Capitólio, fundou colônias e, de acordo com as práticas daqueles de quem era descendente, enviou a Apolo, em Delfos, oferendas magníficas, por assim dizer, as primícias das pilhagens.

[XXV] 45. Aqui já orbitará aquele ciclo,[285] cujo movimento natural e em círculos deveis aprender a reconhecer desde o princípio. De fato, o essencial da prudência civil, sobre a qual versa todo este nosso discurso, [consiste] em observar os caminhos e os desvios das repúblicas, quando soubéreis para onde a coisa se inclinará podereis detê-la ou socorrê-la com antecedência.[286] Pois o rei de quem falo [Tarquínio], inicialmente, manchado pelo assassinato de um ótimo rei [Sérvio Túlio], não estava com sua mente tranquila e, como ele mesmo temia um grande castigo pelo seu crime, queria ser temido; depois, baseando-se em suas vitórias e riquezas, exultava insolentemente e não podia reger seus costumes nem os desejos dos seus.[287] 46. E assim, como seu filho mais velho violentou Lucrécia, filha de Tricipitino e esposa de Colatino, esta pudica e nobre mulher castigou a si mesma com a morte, por causa dessa injúria; então, um varão ilustre em engenho e virtude, Lúcio Bruto, repeliu de seus concidadãos aquela sujeição injusta a uma árdua servidão. E, ainda que fosse um concidadão privado, sustentou toda a república e ensinou, que, antes de tudo, nessa *ciuitas* ninguém é um [concidadão] privado quando se trata de preservar a liberdade dos concidadãos.[288] Sendo Lúcio Bruto autoridade e [concidadão] principal, estando a

Cícero

Tarquinii multarumque iniuriarum et ipsius et filiorum, exulem et regem ipsum et liberos eius et gentem Tarquiniorum esse iussit.

[**XXVI**] **47.** 'Videtisne igitur ut de rege dominus exstiterit, uniusque uitio genus rei publicae ex bono in deterrimum conuersum sit? hic est enim dominus populi quem Graeci tyrannum uocant; nam regem illum uolunt esse qui consulit ut parens populo, conseruatque eos quibus est praepositus quam optima in condicione uiuendi, sane bonum ut dixi rei publicae genus, sed tamen inclinatum et quasi pronum ad perniciosissimum statum. **48.** simul atque enim se inflexit hic rex in dominatum iniustiorem, fit continuo tyrannus, quo neque taetrius neque foedius nec dis hominibusque inuisius animal ullum cogitari potest; qui quamquam figura est hominis, morum tamen immanitate uastissimas uincit beluas. quis enim hunc hominem rite dixerit, qui sibi cum suis ciuibus, qui denique cum omni hominum genere nullam iuris communionem, nullam humanitatis societatem uelit? sed erit hoc de genere nobis alius aptior dicendi locus, cum res ipsa admonuerit ut in eos dicamus qui etiam liberata iam ciuitate dominationes appetiuerunt.

[**XXVII**] **49.** 'Habetis igitur primum ortum tyranni; nam hoc nomen Graeci regis iniusti esse uoluerunt; nostri quidem omnes reges uocitauerunt qui soli in populos perpetuam potestatem haberent. itaque et Spurius Cassius et M. Manlius et Spurius Maelius regnum occupare uoluisse dicti sunt, et modo*

Deest folium unum

ciuitas agitada e com uma nova queixa do pai e dos parentes de Lucrécia, pela recordação da soberba de Tarquínio e das suas muitas injúrias como as de seus filhos, ordenou exilar tanto o próprio rei como seus filhos e a estirpe dos Tarquínios.

[**XXVI**] **47.**[289] Vedes, então, como de um rei surgiu um senhor e, pelo vício de apenas um, um gênero de república de bom se tornou o pior? Este é, pois, o senhor do povo que os gregos chamam tirano, pois querem que seja rei aquele que cuida do povo como um pai[290] e que conserva na melhor condição de vida aqueles dos quais está à frente – esse é, realmente, um bom gênero de república, como disse, todavia, inclinado e, por assim dizer, tendente ao estado mais pernicioso. **48.** Pois, tão logo este rei se desviou para uma dominação injusta, imediatamente tornou-se tirano; e não se pode cogitar um animal mais terrível, nem mais horrível, nem mais odioso aos deuses e aos homens do que ele; ele, no entanto, se passa por homem, mas vence as maiores bestas pela selvageria dos costumes. Quem, de fato, chamaria, com razão, homem a quem com seus concidadãos, e, portanto, com todo o gênero humano não quer nenhuma associação de direito, nenhuma associação[291] de humanidade[292] para si? Mas teremos outro lugar mais apropriado para falar deste gênero [de república], quando a própria coisa nos pedir que falemos contra aqueles que, mesmo com a *ciuitas* já liberta, desejaram a dominação.

[**XXVII**] **49.** Eis, portanto, a primeira origem do tirano, pois os gregos quiseram que este fosse o nome de um rei injusto; os nossos, por outro lado, denominaram reis a todos os que sozinhos tinham potestade perpétua sobre os povos.[293] E assim, diz-se que Espúrio Cássio, Marco Mânlio e Espúrio Mélio[294] quiseram ocupar o reino e modo*

Falta um fólio

161

Cicero

[**XXVIII**] 50. *'<La>cedaemone appellauit, nimis is quidem paucos, XXVIII, quos penes summam consilii uoluit esse, cum imperii summam rex teneret. ex quo nostri idem illud secuti atque interpretati, quos senes ille appellauit, nominauerunt senatum, ut iam Romulum patribus lectis fecisse diximus; tamen excellit atque eminet uis potestas nomenque regium. imperti etiam populo potestatis aliquid, ut et Lycurgus et Romulus: non satiaris eum libertate, sed incenderis cupiditate libertatis, cum tantum modo potestatem gustandi feceris. ille quidem semper impendebit timor, ne rex — quod plerumque euenit — exsistat iniustus. est igitur fragilis ea fortuna populi, quae posita est in unius ut dixi antea uoluntate uel moribus.

[**XXIX**] 51. 'Quare prima sit haec forma et species et origo tyranni inuenta nobis in ea re publica quam auspicato Romulus condiderit, non in illa quam ut perscripsit Plato, sibi ipse Socrates †peripeateto† illo in sermone depinxerit, ut quem ad modum Tarquinius, non nouam potestatem nactus, sed quam habebat usus iniuste, totum genus hoc regiae ciuitatis euerterit; sit huic oppositus alter, bonus et sapiens et peritus utilitatis dignitatisque ciuilis, quasi tutor et procurator rei publicae: sic enim appelletur quicumque erit rector et gubernator ciuitatis. quem uirum facite ut agnoscatis; iste est enim qui consilio et opera ciuitatem tueri potest. quod quoniam nomen minus est adhuc tritum sermone nostro, saepiusque genus eius hominis erit in reliqua nobis oratione trac<tandum>*

Desunt folia sex

Sobre a República

[**XXVIII**] **50.** *na <La>cedemônia, [Licurgo] denominou-os [*gerontes*] a alguns poucos,[295] vinte e oito, e quis que em suas mãos estivesse todo o discernimento, enquanto o rei tivesse todo o comando. A partir dele, os nossos, seguindo e interpretando-o, chamou-os de *senes* e os denominou de senado,[296] assim também como Rômulo já tinha feito escolhendo os *patres*, como dissemos. Porém, prevalecem e ressaltam a força, a potestade e o nome de um rei. Também o povo tem o comando com alguma potestade, como fizeram Licurgo e Rômulo: não o saciarás de liberdade, mas acenderás um desejo de liberdade, já que tinhas dado somente um gosto da potestade. E sempre será iminente aquele temor de que haja um rei injusto – o que acontece muito. É, portanto, como disse anteriormente, frágil a fortuna do povo que está posta na vontade ou no costume de apenas um.

[**XXIX**] **51.** Assim, para nós é nessa república que Rômulo fundou, depois de consultados os auspícios, que é encontrada a primeira forma, espécie e origem de tirano e não como naquela que, como escreveu Platão,[297] o próprio Sócrates desenvolveu para si naquela conversa †peripatética†;[298] pois vimos de que modo Tarquínio, não por ter adquirido uma nova potestade, mas por ter usado injustamente a que tinha, arruinou todo este gênero de *ciuitas* régia. A este[299] se opõe um outro, bom, sábio e perito na utilidade e dignidade civil, por assim dizer, um tutor e um procurador da república; assim [deve ser] aquele que quer ser chamado de regente[300] e governador da *ciuitas*. Reconhecei esse varão que, de fato, com seu discernimento e trabalho pode proteger a *ciuitas*. Posto que esta nomenclatura foi, até agora, pouco usada em nossa conversa, e falaremos sobre este gênero de homem, por mais vezes, no resto do discurso*

Faltam seis fólios

163

Cicero

[**XXX**] 52. *'<cau>sas requisiuit, ciuitatemque optandam magis quam sperandam, quam minimam potuit, non quae posset esse, sed in qua ratio rerum ciuilium perspici posset, effecit. ego autem, si modo consequi potuero, rationibus eisdem quas ille uidit non in umbra et imagine ciuitatis sed in amplissima re publica enitar, ut cuiusque et boni publici et mali causam tamquam uirgula uidear attingere. iis enim regiis quadraginta annis et ducentis paulo cum interregnis fere amplius praeteritis, pulsoque Tarquinio, tantum odium populum Romanum regalis nominis tenuit, quantum tenuerat post obitum uel potius excessum Romuli desiderium. itaque ut tum carere rege, sic pulso Tarquinio nomen regis audire non poterat. hic facultatem cum*

Desunt folia octo

[**XXXI**] 53. *'lex illa tota sublata est. hac mente tum nostri maiores et Collatinum innocentem suspicione cognationis expulerunt, et reliquos Tarquinios offensione nominis, eademque mente P. Valerius et fasces primus demitti iussit, cum dicere in contione coepisset, et aedis suas detulit sub Veliam posteaquam, quod in excelsiore loco Veliae coepisset aedificare eo ipso ubi ac rex Tullus habitauerat, suspicionem populi sensit moueri; idemque, in quo fuit Publicola maxime, legem ad populum tulit eam quae centuriatis comitiis prima lata est, ne quis magistratus ciuem Romanum aduersus prouocationem necaret neue uerberaret. 54. prouocationem autem etiam a regibus

Sobre a República

[XXX] 52. *buscou as <cau>sas e construiu uma *ciuitas*, mais para ser desejada do que esperada, a menor possível,[301] não uma que pudesse existir, mas para que nela se pudesse perceber a razão das coisas civis. Eu, porém, se pudesse consegui-la com as teorias que ele observou, apresentá-la-ia não na sombra e na imagem de uma *ciuitas*, mas em uma amplíssima república, apontando com uma varinha as causas de todo bem e todo mal público. Pois passados esses duzentos e quarenta anos de reinados e um pouco mais com os interregnos, e expulso Tarquínio, o povo romano imbuiu-se de tanto ódio pelo nome real quanto se imbuíra de um desejo por Rômulo depois de sua morte, ou melhor, de sua partida. Portanto, da mesma maneira que não podia ficar sem rei, ainda assim, após o exílio de Tarquínio, não podia ouvir o nome de rei.[302] Este, com a faculdade*

Faltam oito fólios

[XXXI] 53.[303] *aquela lei inteira foi revogada. Com esta intenção nossos predecessores expulsaram, então, tanto Colatino — suspeito de parentesco — quanto os demais Tarquínios, pela repulsa ao nome.[304] E, do mesmo modo, Públio Valério não apenas ordenou, primeiramente, que baixassem os fasces — quando tinha começado a falar em uma assembleia[305] — como também levou sua casa para a [parte mais] baixa da [colina] Vélia — após ter notado que se levantaram suspeitas entre o povo porque havia começado a edificá-la no lugar mais elevado de Vélia, no mesmo lugar onde o rei Tulo Hostílio habitara. E com isso Valério foi maximamente *publicola*[306] e apresentou ao povo aquela lei, a primeira que foi proposta nos comícios das centúrias,[307] [segundo a qual] nenhum magistrado [poderia] matar nem açoitar um concidadão romano sem seu direito à apelação.[308] 54.[309] Entretanto, os livros dos pontífices

165

fuisse declarant pontificii libri, significant nostri etiam augurales; itemque ab omni iudicio poenaque prouocari licere indicant XII tabulae compluribus legibus; et quod proditum memoriae est, decemuiros qui leges scripserint sine prouocatione creatos, satis ostendit reliquos sine prouocatione magistratus non fuisse; Lucique Valeri Potiti et M. Horati Barbati, hominum concordiae causa sapienter popularium, consularis lex sanxit ne qui magistratus sine prouocatione crearetur. neque uero leges Porciae, quae tres sunt trium Porciorum ut scitis, quicquam praeter sanctionem attulerunt noui.

55. itaque Publicola lege illa de prouocatione perlata statim securis de fascibus demi iussit, postridieque sibi collegam Sp. Lucretium surrogauit, suosque ad eum quod erat maior natu lictores transire iussit, instituitque primus ut singulis consulibus alternis mensibus lictores praeirent, ne plura insignia essent imperii in libero populo quam in regno fuissent. haud mediocris hic ut ego quidem intellego uir fuit, qui modica libertate populo data facilius tenuit auctoritatem principum. neque ego haec nunc sine causa tam uetera uobis et tam obsoleta decanto, sed illustribus in personis temporibusque exempla hominum rerumque definio, ad quae reliqua oratio derigatur mea.

[**XXXII**] **56.** 'Tenuit igitur hoc in statu senatus rem publicam temporibus illis, ut in populo libero pauca per populum, pleraque senatus auctoritate et instituto ac more gererentur, atque uti consules potestatem haberent tempore dumtaxat annuam, genere ipso ac iure regiam, quodque erat ad obtinendam potentiam nobilium uel

Sobre a República

declaram que a apelação existiu também contra condenações feitas pelos reis e nossos livros dos áugures[310] também o afirmam; e, igualmente, as Doze Tábuas indicam que em muitas leis se pode apelar de toda sentença e condenação; e foi transmitido à memória que os decênviros eleitos que escreveram as leis tinham o direito de apelação, o que evidencia que os demais magistrados também tinham o direito de apelação. A lei consular de Lúcio Valério Potito e de Marco Horácio Barbato, homens judiciosamente populares pela atenção com a concórdia, sancionou que nenhum magistrado fosse eleito sem o direito de apelação. E, na verdade, as leis Pórcias[311] que, como sabeis, são três, não incluíram nada de novo além da sanção.

55. Desse modo, promulgada a lei acerca do direito de apelação, de imediato, *publicola* ordenou que retirassem as machadinhas[312] dos fasces e, no dia seguinte, elegeu seu colega Espúrio Lucrécio como substituto e ordenou que seus lictores fossem transferidos a este, pois era mais velho; assim, foi o primeiro a instituir que os lictores deveriam preceder a cada um dos cônsules, em meses alternados,[313] a fim de que as insígnias do comando não fossem mais numerosas na época do povo livre do que tinha sido na época do reino. Ele não foi um varão medíocre — eu entendo —, pois ao dar ao povo uma módica liberdade mantinha a autoridade dos [concidadãos] principais com maior facilidade. Eu, não sem causa, vos conto agora essas velharias e antiquarias, pois explico os exemplos de homens e de feitos no que diz respeito a pessoas e a tempos ilustres, para os quais se direcionará o resto de meu discurso.

[XXXII] 56. Portanto, naqueles tempos o senado manteve a república[314] na seguinte situação: um povo livre em que poucos [assuntos] eram geridos por ele, enquanto a maioria era gerida pela autoridade, instituição e costumes do senado, de modo que os cônsules tinham potestade que em tempo durava apenas um ano, mas em gênero e direito era régia. O que era mais importante para manter a potência dos nobres[315]

Cicero

maximum, uehementer id retinebatur, populi comitia ne essent rata nisi ea patrum approbauisset auctoritas. atque his ipsis temporibus dictator etiam est institutus decem fere annis post primos consules T. Larcius, nouumque id genus imperii uisum est et proximum similitudini regiae. sed tamen omnia summa cum auctoritate a principibus cedente populo tenebantur, magnaeque res temporibus illis a fortissimis uiris summo imperio praeditis, dictatoribus atque consulibus, belli gerebantur.

[**XXXIII**] **57.** 'Sed id quod fieri natura rerum ipsa cogebat, ut plusculum sibi iuris populus asciceret liberatus a regibus, non longo interuallo, sexto decimo fere anno, Postumo Cominio Sp. Cassio consulibus consecutum est; in quo defuit fortasse ratio, sed tamen uincit ipsa rerum publicarum natura saepe rationem. id enim tenetote quod initio dixi, nisi aequabilis haec in ciuitate compensatio sit et iuris et officii et muneris, ut et potestatis satis in magistratibus et auctoritatis in principum consilio et libertatis in populo sit, non posse hunc incommutabilem rei publicae conseruari statum.

58. nam cum esset ex aere alieno commota ciuitas, plebs montem sacrum prius, deinde Auentinum occupauit. ac ne Lycurgi quidem disciplina tenuit illos in hominibus Graecis frenos: nam etiam Spartae regnante Theopompo sunt item quinque quos illi ephoros appellant, in Creta autem decem qui cosmoe uocantur, ut contra consulare imperium tribuni plebis, sic illi contra uim regiam constituti.

[**XXXIV**] **59.** 'Fuerat fortasse aliqua ratio maioribus nostris in illo aere alieno medendi, quae neque Solonem

Sobre a República

era vigorosamente conservado, isto é, que as decisões dos comícios do povo não seriam válidas a menos que a autoridade dos pais [*patres*] as tivesse aprovado. Nestes mesmos tempos, aproximadamente dez anos após os primeiros cônsules, também foi instituído um ditador,[316] Tito Lárcio, e esta forma de comando foi vista como nova e muito próxima da forma régia. Entretanto, tudo era controlado com suma autoridade pelos [homens] principais, com consentimento do povo, e os grandes feitos de guerra eram realizados, naqueles tempos, pelos varões mais fortes, [aqueles] que tinham grande comando, os ditadores e cônsules.

[**XXXIII**] **57.** Mas, pela própria natureza das coisas, isso tinha que acontecer: o povo, uma vez livre dos reis, solicitava para si um pouco mais de direitos, e conseguiu-os não muito [depois], aproximadamente no décimo sexto ano,[317] quando Postúmio Comínio e Espúrio Cássio eram cônsules. Nisso talvez faltasse razão, mas a própria natureza da república, muitas vezes, supera a razão. Desse modo, vós haveis de prestar atenção naquilo que disse no início: se em uma *ciuitas* não há uma equilibrada compensação de direitos, deveres e funções – de tal forma que haja potestade suficiente nos magistrados, autoridade no conselho dos principais[318] e liberdade no povo – não se pode conservar imutável esse estado da república.

58. Portanto, ficando a *ciuitas* tumultuada por causa das dívidas, a plebe ocupou, primeiro, o Monte Sacro, depois, o Aventino.[319] A disciplina de Licurgo pode colocar freios nos homens gregos, pois até em Esparta, no reino de Teopompo, há cinco magistrados chamados éforos, e, em Creta, dez chamados *kosmoi*,[320] que foram constituídos como os tribunos da plebe contra o comando consular, assim como os éforos contra a força régia.

[**XXXIV**] **59.** Talvez nossos predecessores tivessem encontrado alguma solução para remediar aquelas dívidas, solução que Sólon, o ateniense, encontrara, não muito tempo antes, e o nosso senado, um

169

Atheniensem non longis temporibus ante fugerat, neque post aliquanto nostrum senatum, cum sunt propter unius libidinem omnia nexa ciuium liberata nectierque postea desitum, semperque huic oneri, cum plebes publica calamitate impendiis debilitata deficeret, salutis omnium causa aliqua subleuatio et medicina quaesita est. quo tum consilio praetermisso causa populo nata est, duobus tribunis plebis per seditionem creatis, ut potentia senatus atque auctoritas minueretur; quae tamen grauis et magna remanebat, sapientissimis et fortissimis et armis et consilio ciuitatem tuentibus, quorum auctoritas maxime florebat, quod cum honore longe antecellerent ceteris, uoluptatibus erant inferiores nec pecuniis ferme superiores; eoque erat cuiusque gratior in re publica uirtus, quod in rebus priuatis diligentissime singulos ciues opera consilio re tuebantur.

[**XXXV**] **60.** 'Quo in statu rei publicae Sp. Cassium de occupando regno molientem, summa apud populum gratia florentem, quaestor accusauit, eumque ut audistis cum pater in ea culpa esse comperisse se dixisset, cedente populo morte mactauit. gratamque etiam illam legem quarto circiter et quinquagesimo anno post primos consules de multa et sacramento Sp. Tarpeius et A. Aternius consules comitiis centuriatis tulerunt. annis postea XX ex eo quod L. Papirius P. Pinarius censores multis dicendis uim armentorum a priuatis in publicum auerterant, leuis aestumatio pecudum in multa lege C. Iuli P. Papiri consulum constituta est.

[**XXXVI**] **61.** 'Sed aliquot ante annis, cum summa esset auctoritas in senatu populo patiente atque parente, inita ratio est ut et consules et tribuni plebis magistratu

Sobre a República

pouco depois, quando, por causa do capricho de apenas um, todas as dívidas dos concidadãos foram suprimidas e, depois, foi proibido encarcerar por dívidas. Sempre quando a plebe, debilitada por uma calamidade pública, não podia pagar os seus encargos, buscava-se algum alívio e remédio para o bem-estar de todos. Recusado este conselho, nasceu do povo a causa da criação de dois tribunos da plebe, pela sedição, para que diminuíssem a potência e a autoridade do senado. Entretanto, permanecia o peso e a grandeza desta [autoridade], sendo que os mais sábios e fortes, cuja autoridade florescia ao máximo,[321] protegiam a *ciuitas* com suas armas e seu discernimento, pois ainda que antecedessem largamente aos demais em honra, eram inferiores em prazeres e não eram superiores em riquezas. E a virtude de cada um era muito reconhecida na república, pois nos assuntos privados protegiam com grande diligência os concidadãos com o seu trabalho, com o seu discernimento e com sua riqueza.

[XXXV] 60. Neste estado da república, um questor acusou Espúrio Cássio, que florescia pela grande estima junto ao povo, de tramar para ocupar o reino, e, como ouvistes, quando seu pai disse ter descoberto que o filho era culpado, condenou-o à morte com o consentimento do povo. E cerca de cinquenta e quatro anos depois dos primeiros cônsules, os cônsules Espúrio Tarpeio e Aulo Atérnio apresentaram, nos comícios centuriados, a benéfica lei[322] sobre a multa e sobre a garantia.[323] Vinte anos depois, já que os censores Lúcio Papírio e Públio Pinário haviam confiscado por meio de multas uma quantidade de rebanhos dos [concidadãos] privados em favor do público, pela lei dos cônsules Caio Júlio e Públio Papírio se estimou uma leve valorização do gado em caso de multa.[324]

[XXXVI] 61. Mas, alguns anos antes, como a autoridade do senado foi máxima e o povo estava resignado e obediente, concretizou-se a medida de que tanto os cônsules como os tribunos da plebe abdicariam

se abdicarent, atque ut decemuiri maxima potestate sine prouocatione crearentur, qui et summum imperium haberent et leges scriberent. qui cum X tabulas legum summa aequitate prudentiaque conscripsissent, in annum posterum decemuiros alios surrogauerunt, quorum non similiter fides nec iustitia laudata. quo tamen e collegio laus est illa eximia C. Iuli, qui hominem nobilem L. Sestium, cuius in cubiculo effossum esse se praesente corpus mortuum diceret, cum ipse potestatem summam haberet quod decemuirum unus sine prouocatione esset, uades tamen poposcit, quod se legem illam praeclaram neglecturum negaret, quae de capite ciuis Romani nisi comitiis centuriatis statui uetaret.

[**XXXVII**] **62.** 'Tertius est annus decemuiralis consecutus, cum idem essent nec alios subrogare uoluissent. in hoc statu rei publicae, quem dixi iam saepe non posse esse diuturnum, quod non esset in omnis ordines ciuitatis aequabilis, erat penes principes tota res publica, praepositis decemuiris nobilissimis, non oppositis tribunis plebis, nullis aliis adiunctis magistratibus, non prouocatione ad populum contra necem et uerbera relicta.

63. ergo horum ex iniustitia subito exorta est maxima perturbatio et totius commutatio rei publicae; qui duabus tabulis iniquarum legum additis, quibus etiam quae diiunctis populis tribui solent conubia, haec illi ut ne plebei cum patribus essent, inhumanissima lege sanxerunt, quae postea plebi scito Canuleio abrogata est, libidinose[que] omni imperio et acerbe et auare populo praefuerunt. nota scilicet illa res et celebrata monumentis plurimis litterarum, cum Decimus quidam Verginius uirginem filiam propter

Sobre a República

de sua magistratura e que seriam criados decênviros que teriam máxima potestade e que redigiriam as leis, sem o direito de apelação. Esses escreveram dez tábuas de leis de suma equidade e prudência, e nomearam, para o ano seguinte, outros decênviros, que não foram igualmente louváveis por sua confiabilidade e justiça. Neste colegiado, todavia, há um exímio louvor a Caio Júlio, que declarou ter sido desenterrado um corpo em sua presença, em um quarto de Lúcio Séstio – um homem nobre –, e ainda que tivesse suma potestade, por ser um dos decênviros, [cuja decisão não cabia] direito à apelação, todavia, exigiu-lhe fiadores, pois afirmava que ele não haveria de negligenciar aquela ilustre lei que vetava que se decidisse sobre a vida de um concidadão romano sem ser nos comícios das centúrias.

[**XXXVII**] **62.** Seguiu-se um terceiro ano de decenvirato quando os próprios decênviros permaneceram e não quiseram nomear outros. Este estado da república, de que já falei muitas vezes, não pode ser duradouro, porque não é igualitária para com todas as ordens da *ciuitas*. Nele, toda a república estava nas mãos dos [concidadãos] principais, tendo dez varões nobilíssimos à frente dela, sem que se lhes opusessem os tribunos da plebe, sem que os advertisse nenhum outro magistrado, sem que se permitisse [o direito à] apelação ao povo contra a condenação à morte e aos açoites. **63.** Então, por causa da injustiça destes, surgiu subitamente uma grande perturbação e a mudança de toda república. [Esses decênviros] acrescentaram duas tábuas de leis iníquas, que eles sancionaram mediante uma lei muito desumana; proibiram até que a plebe tivesse o direito de matrimônio com os patrícios, que costumava ser concedido até a outros povos – esta lei foi, depois, revogada pelo plebiscito Canuleio.[325] Assim, governaram o povo com todo o comando, de modo acerbo, arbitrário e caprichoso. Há um episódio conhecido e celebrado por muitíssimos documentos literários: quando, por causa da intemperança de um daqueles decênviros, no Fórum, um certo Décimo

Cicero

unius ex illis decemuiris intemperiem in foro sua manu interemisset, ac maerens ad exercitum qui tum erat in Algido confugisset, milites bellum illud quod erat in manibus reliquisse, et primum montem sacrum, sicut erat in simili causa antea factum, deinde Auentinum ar*

Desunt folia quattuor

*‘<maio>res nostros et probauisse maxime et retinuisse sapientissime iudico.’

Sobre a República

Virgínio tirou, com suas próprias mãos, a vida de sua filha virgem[326] e, aflito, refugiou-se no exército que naquela ocasião estava no Monte Algido; os soldados teriam abandonado a guerra que tinham nas mãos e, armados, ocuparam primeiro o Monte Sagrado (como haviam feito antes em ocasião semelhante) e, depois, o Aventino*

Faltam quatro fólios

*julgo que nossos <maiores> aprovaram maximamente e retiveram isso muito sabiamente.

Liber III

ARGVMENTVM AVGVSTINI (Ciu. II, 21)

Cuius quaestionis explicatio cum in diem consequentem dilata esset, in tertio libro magna conflictione res acta est. suscepit enim Philus ipse disputationem eorum qui sentirent sine iniustitia geri non posse rem publicam, purgans praecipue ne hoc ipse sentire crederetur, egitque sedulo pro iniustitia contra iustitiam, ut hanc esse utilem rei publicae, illam uero inutilem, ueri similibus rationibus et exemplis uelut conaretur ostendere. tum Laelius rogantibus omnibus iustitiam defendere adgressus est, adseruitque quantum potuit nihil tam inimicum quam iniustitiam ciuitati, nec omnino nisi magna iustitia geri aut stare posse rem publicam. qua quaestione quantum satis uisum est pertractata, Scipio ad intermissa revertitur recolitque suam atque commendat breuem rei publicae definitionem, qua dixerat eam esse rem populi; populum autem nom omnem coetus multitudinis, sed coetum iuris consensu et utilitatis communione sociatum esse determinat. docet deinde quanta sit in disputando definitionis utilitas, atque ex illis suis definitionibus colligit tunc esse rem publicam, id est rem populi, cum bene ac iuste geritur siue ab uno rege siue a paucis optimatibus siue ab uniuerso populo. cum

Livro Terceiro[327]

Argumento de Agostinho
(*A Cidade de Deus*, II, 21)

Como a explicação desta questão foi transferida para o dia seguinte, o assunto foi discutido no livro terceiro em um grande debate. Filo argumentou a favor daqueles que pensavam que uma república não poderia ser gerida sem injustiça, [mas] deixando muito claro que não era nisso que ele acreditava. Ele defendeu veementemente a causa da injustiça contra a justiça, demonstrando com razões e exemplos que uma é útil à república e a outra, seguramente, inútil. Então, a pedido de todos, Lélio avançou defendendo a justiça e afirmou, o quanto pôde, que nada era tão funesto a uma ciuitas do que a injustiça, e não seria possível gerir ou manter a república, a não ser com grande justiça. Examinada atentamente e suficientemente esta questão, Cipião recolocou, reafirmou e elogiou sua breve definição de república, que quer dizer coisa do povo, que determina que povo não é um agrupamento de toda a multidão, mas um agrupamento associado por um consenso quanto ao que é justo e uma utilidade comum.[328] Depois, ensina o quão grande é a utilidade de uma definição em uma discussão, e conclui que, a partir daquelas definições há república, ou seja, coisa do povo, quando ela é bem e justamente gerida, seja por um único rei, seja por poucos optimates, seja pela totalidade do povo. De fato, quando o rei é injusto, chamam-lhe

uero iniustus est rex, quem tyrannum more Graeco appellauit, aut iniusti optimates, quorum consensum dixit esse factionem, aut iniustus ipse populus, cui nomem usitatum nom repperit nisi ut etiam ipsum tyrannum uocaret: non iam uitiosam, sicut pridies fuerat disputatum, sed, sicut ratio ex illis definitionibus conexa docuisset, omnino nullam esse rem publicam, quoniam no esset res populi, cum tyrannus eam factioue capesseret, nec ipse populus iam populus esset, si esset iniustus, quoniam non esset multitudo iuris consensu et utilitas communione sociata, sicut populus fuerat definitus.

[I] 1. In libro tertio de re publica idem Tullius hominem dicit non ut a matre sed ut a nouerca natura editum in uitam, corpore nudo fragili et infirmo, animo autem anxio ad molestias, humili ad timores, molli ad labores, prono ad libidines, in quo tamen inesset tamquam obrutus quidam divinus ignis ingenii et mentis. (Augustinus C. Iul. IV, 12, 60 t. X p.612 Bem.)

Quid enim nobis miserius, qui tamquam spoliati et nudi proicimur in hanc uitam, corpore fragili, corde lubrico, imbecillo animo, anxii ad sollicitudines, desidiosi ad labores, proni ad uoluptates? (Ambros. De excessu Satyri 2, 27).

2. (Homo) cum fragilis inbecillusque nascatur, tamen et a mutis omnibus tutus est, et ea omnia quae firmiora nascuntur, etiamsi uim caeli fortiter patiuntur, ab homine tamen tuta esse non possunt. ita fit ut plus homini conferat ratio quam natura mutis, quoniam in illis neque magnitudo uirium neque firmitas corporis efficere potest quominus aut opprimantur a nobis, aut nostrae subiecta sint potestati. (19) Plato ut hos credo ingratos refelleret, naturae gratias egit quod homo natus esset (Lact. Opif. 3, 16. 17. 19).

[Exciderunt quaternionis XXVI. folia interiora quattuor.]

Sobre a República

de tirano — do modo grego —, ou quando os optimates são injustos, o consenso é uma facção, ou quando um povo é injusto, não se encontra nenhum nome, a não ser chamá-lo também de tirano;[329] *[nesse caso] não há coisa pública viciosa, como fora discutido nos dias anteriores, mas — conforme instruía a argumentação inferida daquelas definições — não existe absolutamente nenhuma república, quando um tirano ou uma facção a dominam, uma vez que não há coisa do povo. Se o povo for injusto, já nem ele próprio é povo, uma vez que não é uma multidão associada pelo consenso quanto ao que é justo e por uma utilidade comum, de acordo com a definição dada para povo.*

[I] 1. No livro III de Sobre a República, *o mesmo Túlio diz que o homem foi trazido à vida pela natureza — não sendo esta como uma mãe, mas como uma madrasta*[330] *— com o corpo nu, frágil e enfermo, o ânimo angustiado pelas enfermidades, humilde frente aos temores, fraco perante os trabalhos, propenso aos prazeres; porém, nele está ínsita, por assim dizer, recôndita, uma centelha divina de engenho e de razão (Agostinho,* Contra Juliano, *IV, 12, 60).*

Pois o que existe de mais miserável do que nós, que somos lançados nesta vida, desta forma despidos e nus, de corpo frágil, coração incerto, ânimo fraco, ansiosos perante as preocupações, negligentes perante os trabalhos, propensos à volúpia? (Ambrósio, Sobre a Morte de Sátiro, *2, 27).*

2. (O homem) — por nascer frágil e sem força — está, contudo, preservado de todos os seres mudos;[331] *e tudo aquilo que nasce mais firme, embora suporte com força a intemperança do céu,*[332] *não consegue ficar protegido do homem. Pois a razão é mais favorável ao homem do que a natureza aos mudos,*[333] *pois nestes nem a grandeza de suas forças nem a firmeza de seu corpo podem impedir que sejam oprimidos por nós ou submetidos à nossa potestade. (19) Acredito que Platão, para refutar os ingratos, agradeceu a natureza pelos homens terem nascido. (Lactâncio,* Sobre a Obra de Deus, *3, 16. 17. 19).*

[Faltam quatro fólios interiores do caderno XXVIII]

Cicero

[II] 3. *et uehiculis tarditati, eademque cum accepisset homines inconditis uocibus inchoatum quiddam et confusum sonantes, incidit has et distinxit in partis et ut signa quaedam sic uerba rebus inpressit hominesque antea dissociatos iucundissimo inter se sermonis uinculo conligauit. A simili etiam mente uocis, qui uidebantur infiniti, soni paucis notis inuentis sunt omnes signati et expressi, quibus et conloquia cum absentibus et indicia uoluntatum et monumenta rerum praeteritarum tenerentur. Accessit eo numerus, res cum ad uitam necessaria, tum una inmutabilis et aeterna; quae prima inpulit etiam, ut suspiceremus in caelum nec frustra siderum motus intueremur dinumerationibusque noctium ac die<rum>*

[Exciderunt 4 folia, idest quaternionis XXVI. ultimum et quaternionis XXVII. prima 3.]

[III] 4. *quorum animi altius se extulerunt et aliquid dignum dono, ut ante dixi, deorum aut efficere aut excogitare potuerunt. Quare sint nobis isti, qui de ratione uiuendi disserunt, magni homines, ut sunt, sint eruditi, sint ueritatis et uirtutis magistri, dum modo sit haec quaedam, siue a uiris in rerum publicarum uarietate uersatis inuenta siue etiam in istorum otio ac litteris tractata res, sicut est, minime quidem contemnenda, ratio ciuilis et disciplina populorum, quae perficit in bonis ingeniis, id quod iam persaepe perfecit, ut incredibilis quaedam et diuina uirtus exsisteret. 5. Quod si quis ad ea instrumenta animi, quae natura quaeque ciuilibus institutis habuit, adiungendam sibi etiam doctrinam et

Sobre a República

[II] 3. *e com veículos para sua lentidão; como tivesse encontrado os homens proferindo algo incompleto e confuso mediante vozes disformes, as separou e as distinguiu em partes e imprimiu palavras às coisas, como uma espécie de signos; e aos homens, dissociados antes, congregou-os entre si com o vínculo de linguagem.[334] Os sons da voz, que pareciam infinitos, também foram todos, pela mesma mente, identificados e expressos com alguns poucos caracteres inventados,[335] com os quais tiveram tanto colóquios com os ausentes como indicações das vontades e documentos dos feitos passados. Para isso os números contribuíram [por serem] tão necessários à vida, por serem a única coisa imutável e eterna. Essa foi a primeira coisa que impulsionou para que olhássemos para o céu e contemplássemos sem ser em vão os movimentos dos astros e para a enumeração das noites e dos dias[336]*

[Faltam quatro fólios: o último do caderno XXVI e os primeiros três do caderno XXVII]

[III] 4. *cujas almas elevaram-se e puderam refletir ou fazer algo digno com o dom dos deuses, como disse anteriormente. Por que esses que dissertam acerca da razão de viver são para nós grandes homens, como de fato o são, sejam eruditos, sejam mestres da verdade e da virtude. De modo que a verdade e a virtude – descobertas por varões versados na variedade de assuntos da república, ou tratadas também no ócio e nas letras desses [varões] – de nenhuma maneira devem ser desdenhadas como tem ocorrido; a razão civil e a disciplina dos povos fazem com que surja nos homens de bom engenho uma virtude incrível e divina, como já aconteceu com frequência.[337] 5. Pois se alguém que recebeu aquelas coisas para os usos da alma, seja da natureza, seja das instituições civis, julgou que se deve acrescentar uma doutrina e

Cicero

uberiorem rerum cognitionem putauit, ut ii ipsi, qui in horum librorum disputatione uersantur, nemo est, quin eos anteferre omnibus debeat. Quid enim potest esse praeclarius, quam cum rerum magnarum tractatio atque usus cum illarum artium studiis et cognitione coniungitur? aut quid P. Scipione, quid C. Laelio, quid L. Philo perfectius cogitari potest? qui, ne quid praetermitterent, quod ad summam laudem clarorum uirorum pertineret, ad domesticum maiorumque morem etiam hanc a Socrate aduenticiam doctrinam adhibuerunt? **6.** quare qui utrumque uoluit et potuit, id est ut cum maiorum institutis tum doctrina se instrueret, ad laudem hunc omnia consecutum puto. Sin altera sit utra uia prudentiae deligenda, tamen, etiamsi cui uidebitur illa in optimis studiis et artibus quieta uitae ratio beatior, haec ciuilis laudabilior est certe et inlustrior, ex qua uita sic summi uiri ornantur, ut uel M'. Curius,

quem nemo ferro potuit superare nec auro, uel*

[Exciderunt quaternionis XXVII. folia 3 ultima]

cui Nemo ciuis neque hostis
Quibit pro factis reddere opis pretium.
(Sen. Ep. 108, 33: deinde [scil. Grammaticus ex Ciceronis libro de rep.] Ennianos colligit uersus et in primis illos de Africano scriptos).

[IV] 7. *fuisse sapientiam, tamen hoc in ratione utriusque generis interfuit, quod illi uerbis et artibus aluerunt naturae principia, hi autem institutis et legibus. Pluris uero haec

Sobre a República

um conhecimento mais profundo das coisas, como os que participam das discussões desses livros, assim, não existe ninguém que não deve antepô-los a todos os demais. Pois o que pode ser mais notável do que a união da prática e da experiência dos grandes feitos com o conhecimento e os esforços naquelas artes? Ou quem pode se imaginar mais realizado que Públio Cipião, que Caio Lélio, que Lúcio Filo?[338] Esses, para que não omitissem nada do que concerne ao sumo mérito dos varões esclarecidos, acrescentaram ainda ao costume doméstico e de seus antepassados esta doutrina estrangeira, vinda de Sócrates?[339]

6. Por isso, aquele que quis ambas [doutrinas estrangeiras e costumes domésticos] e [delas] foi capaz, isto é, quem se instruiu tanto nas instituições dos antepassados quanto na doutrina, julgo que conseguiu tudo para seu louvor.[340] Se se devesse eleger uma outra via de prudência, aquela vida, a civil, certamente, é a mais louvável e ilustre, entretanto pode parecer a alguém que se é mais feliz naquele modo de vida sossegada, [imersa] em grandes estudos e artes. Por causa dessa vida os sumos varões são glorificados assim como Manio Cúrio,

A quem ninguém pode superar nem o ferro nem o ouro, ou*

[Faltam os três últimos fólios do caderno XXVII]

Ao qual nenhum concidadão, nem inimigo pagará seus feitos com bens
(*Sêneca*, Cartas a Lucílio, *108, 33; Então, ele [o gramático] reúne versos de Ênio e particularmente aqueles escritos por Africano.*)

[IV] 7. *houve sabedoria, porém, houve diferenças na razão de ambos os tipos [de homens], pois uns nutriram os princípios da natureza com as palavras e as artes, outros, porém, com as instituições e as leis. Na verdade, uma única *ciuitas* produziu diferentes tipos [de homens], se menos sábios[341] (uma vez que entendem este nome [sábio]

tulit una ciuitas, si minus sapientis, quoniam id nomen illi tam restricte tenent, at certe summa laude dignos, quoniam sapientium praecepta et inuenta coluerunt. Atque etiam, quot et sunt laudandae ciuitates et fuerunt, quoniam id est in rerum natura longe maximi consili, constituere eam rem publicam, quae possit esse diuturna, si singulos numeremus in singulas, quanta iam reperiatur uirorum excellentium multitudo! Quodsi aut Italiae Latium aut eiusdem Sabinam aut Volscam gentem, si Samnium, si Etruriam, si magnam illam Graeciam conlustrare animo uoluerimus, si deinde Assyrios, si Persas, si Poenos, ei haec*...

[Exciderunt quaternionis XXVIII. folia sex interiora.]

[V] **8.** *cati. Et Philus: praeclaram uero causam ad me defertis, cum me improbitatis patrocinium suscipere uoltis. Atqui id tibi, inquit Laelius, uerendum est, si ea dixeris, quae contra iustitiam dici solent, ne sic etiam sentire uideare, cum et ipse sis quasi unicum exemplum antiquae probitatis et fidei neque sit ignota consuetudo tua contrarias in partis disserendi, quod ita facillume uerum inueniri putes. Et Philus: heia uero, inquit, geram morem uobis et me oblinam sciens; quod quoniam, qui aurum quaerunt, non putant sibi recusandum, nos, cum iustitiam quaeramus, rem multo omni auro cariorem, nullam profecto molestiam fugere debemus. atque utinam, quem ad modum oratione sum usurus aliena, sic mihi ore uti liceret alieno! nunc ea dicenda sunt L. Furio Philo, quae Carneades, Graecus homo et consuetus quod commodum esset, uerbis'*

Sobre a República

de uma forma tão restrita), mas certamente dignos de sumo louvor, já que puseram em prática os preceitos e as descobertas dos sábios. Ademais, quantas *ciuitates* louváveis existem e existiram! Dado que, na natureza das coisas, é de grande discernimento constituir uma república que possa ser duradoura, se enumerarmos um só [homem] para cada uma delas, quão grande multidão de homens excelentes iríamos encontrar! E se nos dispuséssemos a percorrer com o olhar o Lácio ou a Sabina, na Itália, ou os Volscos, ou o Sâmnio, ou a Etrúria, ou a Magna Grécia, e também ou os assírios, ou os persas, ou os púnicos, ou estas[342]*

[Faltam seis fólios interiores do caderno XXVIII]

[V] 8.[343] E Filo [disse]:

— Atribuíeis [a mim], na verdade, uma causa notável quando quisestes que eu assumisse a defesa da improbidade.

Lélio disse:

— Pois bem, deves tomar cuidado ao dizeres o que costumam dizer contra a justiça, para até não parecer que assim pensas, e uma vez que tu mesmo és, por assim dizer, o único exemplo da antiga probidade e da confiança, e não nos é desconhecido teu hábito de dissertar nos sentidos contrários[344] porque julgas que dessa maneira se encontra mais facilmente a verdade.

E Filo [disse]:

— Na verdade, farei vossa vontade e manchar-me-ei conscientemente. Assim como aqueles que buscam o ouro não pensam que deva ser negado a eles, nós, ao buscarmos a justiça, coisa muito mais apreciada do que todo o ouro, não devemos evitar nenhum inconveniente.[345] E tomara que, assim como vou usar um discurso alheio, do mesmo modo me deveria ser permitido [usar] uma boca alheia! Pois, agora, será dito por Lúcio Fúrio Filo aquilo que Carnéades,[346] homem grego e acostumado ao que era cômodo às suas palavras*

Cicero

[Exciderunt quaternionis XXIX. folia duo prima.]

9. ut Carneadi respondeatis, qui saepe optimas causas ingenii calumnia ludificari solet. (*Non. p.263, 8: M. Tullius de re publica lib.II [sed huc pertinere fragmentum uidit Mai]*).

Carneades Academicae sectae Philosophus, cuius in disserendo quae uis fuerit, quae eloquentia, quod acumen, qui nescit, ipsum ex praedicatione Ciceronis intelleget aut Lucilii, apud quem disserens Neptunus de re difficillima ostendit non posse id explicari, 'non Carneaden si ipsum Orcus remittat' — is cum legatus ab Atheniensibus Romam missus esset, disputauit de iustitia copiose audiente Galba et Catone Censorio, maximis tunc oratoribus. sed idem disputationem suam postridie contraria disputatione subuertit, et iustitiam quam pridie laudauerat sustulit, non quidem Philosophi grauitate, cuius firma et stabilis debet esse sententia, sed quasi oratorio exercitii genere in utramque partem disserendi; quod ille facere solebat ut alios quidlibet adserentes posset refutare. eam disputationem qua iustitia euertitur apud Ciceronem Lucius Furius recordatur, credo quoniam de re publica disserebat, ut defensionem laudationemque eius induceret, sine qua putabat regi non posse rem publicam. Carneades autem ut Aristotelen refelleret ac Platonem iustitiae patronos, prima illa disputatione collegit ea omnia quae pro iustitia dicebantur, ut posset illa, sicut fecit, euertere. (Lact. inst. 15, 14, 3-5).

[VII] 10. Plurimi quidem Philosophorum, sed maxime Plato et Aristoteles, de iustitia multa dixerunt, adserentes et extollentes eam summa laude uirtutem, quod suum cuique tribuat, quod aequitatem in ominibus seruet; et cum ceterae uirtutes quasi tacitae sint et intus inclusae, solam esse iustitiam, quae nec sibi tantum conciliata sit nec occulta, sed foras tota promineat, et ad bene faciendum prona sit, ut quam plurimis prosit. quasi uero in iudicibus solis atque in potestate aliqua constitutis iustitia esse debeat et non in omnibus! 11. Atquin nullus est

Sobre a República

[Faltam os dois primeiros fólios do caderno XXIX]

9. Para que respondais a Carnéades, que costuma frequentemente ridicularizar as melhores causas com a ardilosidade de seu engenho. (*Nônio, p.263, 8*).

Carnéades, filósofo da escola Acadêmica — para quem desconhece sua força ao discorrer, a sua eloquência, a sua agudeza, o conhecerá por meio do elogio de Cícero ou de Lucílio, em que Netuno, ao dissertar acerca de um assunto extremamente difícil, afirmou que não poderia explicá-lo "mesmo que o Orco[347] devolvesse o próprio Carnéades" — uma vez este Carnéades enviado a Roma pelos atenienses, como embaixador, defendeu a justiça abundantemente, e tinha como ouvintes Galba e Catão, o Censor, até então [tidos como] os maiores oradores. Mas, no dia seguinte, [Carnéades,] com uma argumentação contrária, destruiu aquela sua [primeira] argumentação e derrubou aquela sobre a justiça que enaltecera no dia anterior (não com a gravidade de um filósofo, cuja opinião deve ser firme e estável, mas, por assim dizer, com um tipo de exercício oratório — a capacidade oratória de discorrer sobre ambos os assuntos). Era isso que ele costumava fazer, para refutar quem defendesse qualquer afirmação que fosse. Na obra de Cícero, Lúcio Fúrio rememora essa discussão na qual a justiça é derrubada; uma vez que se dissertava sobre a república, julgava-se [que se tinha o propósito] de induzir à defesa e ao louvor da justiça, pois sem ela não era possível reger uma república. Carnéades, porém, para refutar Platão e Aristóteles — pais da justiça — na primeira argumentação, reuniu todos os argumentos a favor da justiça para poder destruí-los, como veio a fazer. (Lactâncio, Instituições Divinas, *15, 14, 3-5).*

[VII] 10. Na verdade, inúmeros filósofos, mas sobretudo Platão e Aristóteles, disseram muitas coisas acerca da justiça, defendendo e exaltando essa virtude com muitos elogios, porque ela atribui a cada um o que é seu, porque em tudo serve à equidade. E ainda que as outras virtudes estejam, por assim dizer, guardadas e fechadas no âmbito íntimo, apenas a justiça não está tão fechada em si mesma e nem oculta, mas toda ela se projeta para fora e é propensa ao bem-fazer, para ser útil ao maior número possível. Na verdade, é como se ela devesse estar apenas, por assim dizer, nos

hominum ne infimorum quidem ac mendicorum, in quem iustitia cadere
non possit. sed quia ignorabant quid esset, unde proflueret, quid operis
haberet, summam illam uirtutem, id est commune omnium bonum,
paucis tribuerunt, eamque nullas utilitates proprias aucupari, sed alienis
tantum commodis studere dixerunt. nec inmerito extitit Carneades, homo
summo ingenio et acumine, qui refelleret istorum orationem, et iustitiam
quae fundamentum stabile non habeat euerteret, non quia uituperandam
esse iustitiam sentiebat, sed ut illos defensores eius ostenderet nihil certi,
nihil firmi de iustitia disputare. (Lact. epit. 50 [55], 5 - 8.)

iustitia foras spectat et proiecta tota est atque eminet.
(Non. p.373, 30: proiectum ... M. Tullius de Republica lib, II [huc
rettulit Mai, cf. p.86, 24]).

quae uirtus praeter ceteras totam se ad alienas utilitatis
porrigit atque explicat. *(Non. p.299, 30: explicare ... M. Tullius*
de Republica lib. II [huc rettulit Mai]).

[**VIII**] 12. (Phil.) *et reperiret et tueretur, alter autem
de ipsa iustitia quattuor impleuit sane grandis libros. Nam
ab Chrysippo nihil magnum nec magnificum desideraui, qui
suo quodam more loquitur, ut omnia uerborum momentis,
non rerum ponderibus examinet. Illorum fuit heroum eam
uirtutem, quae est una, si modo est, maxime munifica et
liberalis, et quae omnis magis quam sepse diligit, aliis nata
potius quam sibi, excitare iacentem et in illo diuino solio
non longe a sapientia conlocare.

13. Nec uero illis aut uoluntas defuit (quae enim iis
scribendi alia causa aut quod omnino consilium fuit?) aut
ingenium, quo omnibus praeestiterunt; sed eorum et uoluntatem et copiam causa uicit. Ius enim, de quo quaerimus, ciuile
est aliquod, naturale nullum; nam si esset, ut calida et frigida,
ut amara et dulcia, seic essentiusta et iniusta eadem omnibus.

Sobre a República

juízes e naqueles investidos de alguma potestade, mas não em todos! **11.** *Porém, não há ninguém entre os homens, nem sequer os enfermos ou os mendigos, que não possa possuir a virtude da justiça. Mas como não sabiam o que era, de onde vinha, qual era sua função, atribuíram a poucos essa virtude suprema, isto é, o bem comum de todos, e afirmavam que ela não visava nenhuma utilidade própria, mas somente os esforços alheios. E não foi sem mérito que Carnéades, homem de grande engenho e vivacidade, refutou o discurso destes e derrubou [o argumento sobre] a justiça, que não tinha fundamento estável, não por julgar que a justiça deveria ser vituperada, mas para mostrar que seus defensores discutiam sobre a justiça sem nenhuma certeza e sem nenhuma firmeza (Lactâncio, Carta 50, 5-8).*

A justiça olha para fora, projeta-se e se sobressai toda *(Nônio, p.373, 30).*

Esta virtude, como exceção de todas as outras, desenvolve-se e estende-se para a utilidade de outros *(Nônio, p.299, 30).*

[VIII] 12. [Filo disse:]

— *e descobrira e defendera; porém, sobre a justiça escreveu quatro livros muito extensos; pois não esperei nada grande nem magnífico de Crisipo,[348] que fala segundo seu próprio costume em examiná-la toda de acordo com a importância das palavras, não de acordo com o peso das coisas. Foi próprio daqueles heróis [Platão e Aristóteles] despertar a virtude latente, que é a única maximamente generosa e liberal — se é que existe —, que ama a todos mais do que a si própria, que é nascida mais para os outros do que para si mesma, e que está acomodada em trono divino, não longe da sabedoria.[349]

13. Na verdade, não lhes faltou nem vontade (pois, que outro motivo tiveram para escrever ou, simplesmente, que desígnio tiveram?) nem engenho, no qual superaram a todos. Mas a causa venceu tanto sua vontade quanto sua copiosidade. Pois o direito que investigamos é um, o civil, não o natural; pois se este existe do mesmo modo que as coisas quentes e frias, igual as amargas e as doces, assim, todos teríamos [a mesma noção de] justo e injusto.

Cícero

[IX] 14. Nunc autem, si quis illo Pacuuiano 'inuehens alitum anguium curru' multas et uarias gentis et urbes despicere et oculis conlustrare possit, uideat primum in illa incorrupta maxume gente Aegyptiorum, quae plurimorum saeculorum et euentorum memoriam litteris continet, bouem quendam putari deum, quem Apim Aegyptii nominant, multaque alia portenta apud eosdem et cuiusque generis beluas numero consecratas deorum; deinde Graeciae, sicut apud nos, delubra magnifica humanis consecrata simulacris, quae Persae nefaria putauerunt; eamque unam ob causam Xerses inflammari Atheniensium fana iussisse dicitur, quod deos, quorum domus esset omnis hic mundus, inclusos parietibus contineri nefas esse duceret. 15. Post autem cum Persis et Philippus, qui cogitauit, et Alexander, qui gessit, hanc bellandi causam inferebat, quod uellet Graeciae fana poenire; quae ne reficienda quidem Grai putauerunt, ut esset posteris ante os documentum Persarum sceleris sempiternum. Quam multi, ut Tauri in Axino, ut rex Aegypti Busiris, ut Galli, ut Poeni, homines immolare et pium et dis immortalibus gratissumum esse duxerunt! Vitae uero instituta sic distant, ut Cretes et Aetoli latrocinari honestum putent, Lacedaemonii suos omnes agros esse dictitarint, quos spiculo possent attingere. Athenienses iurare etiam publice solebant omnem suam esse terram, quae oleam frugesue ferret; Galli turpe esse ducunt frumentum manu quaerere, itaque armati alienos agros demetunt; 16. nos uero iustissimi homines, qui Transalpinas gentis oleam et uitem serere non sinimus, quo pluris sint nostra oliueta nostraeque uineae; quod cum faciamus, prudenter

Sobre a República

[IX] I4. Agora, porém, se alguém "viajando na carruagem das serpentes aladas", [como no verso] de Pacúvio, pudesse observar desde o alto e correr com os olhos muitas e diversas gentes e urbes. Veria, primeiramente, que naquela muito incorrupta gente dos egípcios, que preservaram em suas letras a memória de muitíssimos séculos e eventos, o que os egípcios chamaram Apis, o boi, é considerado um deus, e entre eles muitos outros homens miraculosos e bestas de todos os gêneros foram consagrados no número dos deuses; depois, na Grécia, assim como entre nós, magníficos santuários foram consagrados às imagens humanas, coisas que os persas consideravam ímpias. E, por causa disso, diz-se que Xerxes[350] ordenou que fossem incendiados os templos dos atenienses, pois considerava que era uma impiedade manter os deuses, cuja casa é todo o mundo, fechados entre paredes. I5. Porém, depois, Felipe pensou em uma razão para guerrear com os persas e Alexandre o fez, assim quis se vingar pelos templos da Grécia. Os gregos pensaram que esses nem sequer deveriam ser reedificados para que a posteridade tivesse diante de seus olhos uma prova sempiterna do crime dos persas. Assim como os tauros no Áxeno,[351] como o rei Busíris do Egito, como os gauleses, como os púnicos, quantos acreditavam que imolar [vítimas] humanas era tanto pio quanto muito agradável aos deuses imortais! Na verdade, os princípios da vida são tão distintos que os cretenses e os etólios julgavam honesto piratear, os lacedemônios afirmavam repetidamente que eram seus todos os campos que pudessem tocar com sua lança, os atenienses costumavam jurar inclusive publicamente que era sua toda terra que produzia olivas ou cereais, os gauleses consideravam que é vergonhoso cultivar o trigo com as suas próprias mãos e, assim, armados, colhiam os campos alheios. I6. Na verdade, nós que somos homens justíssimos não deixamos as gentes transalpinas cultivarem a oliva e a videira, para que tenham mais valor nossos olivais e nossas vinhas; quando fazemos isto, dizemos que o fazemos prudentemente,

facere dicimur, iuste non dicimur, ut intellegatis discrepare ab aequitate sapientiam. Lycurgus autem, ille legum optumarum et aequissumi iuris inuentor, agros locupletium plebi ut seruitio colendos dedit.

[X] 17. Genera uero si uelim iuris, institutorum, morum consuetudinumque describere, non modo in tot gentibus uaria, sed in una urbe, uel in hac ipsa, milliens mutata demonstrem, ut hic iuris noster interpres alia nunc Manilius iura dicat esse de mulierum legatis et hereditatibus, alia solitus sit adulescens dicere nondum Voconia lege lata; quae quidem ipsa lex utilitatis uirorum gratia rogata in mulieres plena est iniuriae. Cur enim pecuniam non habeat mulier? cur uirgini Vestali sit heres, non sit matri suae? cur autem, si pecuniae modus statuendus fuit feminis, P. Crassi, filia posset habere, si unica patri esset, aeris milliens salua lege, mea triciens non posset'*

[Excidit quaternionis XXIX. folium septimum.]

[XI] 18. (Phil.) '*sanxisset iura nobis, et omnes isdem et idem non alias aliis uterentur. Quaero autem, si iusti hominis et si boni est uiri parere legibus, quibus? an quaecumque erunt? At nec inconstantiam uirtus recipit, nec uarietatem natura patitur, legesque poena, non iustitia nostra comprobantur; nihil habet igitur naturale ius; ex quo illud efficitur, ne iustos quidem esse natura. An uero in legibus uarietatem esse dicunt, natura autem uiros bonos eam iustitiam sequi, quae sit, non eam, quae putetur? esse enim hoc boni uiri et iusti, tribuere id cuique, quod sit

Sobre a República

mas não justamente, de modo que entendeis que a sabedoria diverge da equidade. Porém, Licurgo, aquele inventor de ótimas leis e de um direito muito equitativo, deu os campos dos ricos à plebe para que os cultivassem [na condição de] escravos. **[X] 17.** Na verdade, se eu quisesse descrever os gêneros do direito, das instituições, dos costumes e dos hábitos, demonstraria não apenas que são diversos, mas mil vezes alterados em apenas uma urbe, inclusive nesta [Roma], de modo que até nosso intérprete do direito, Manílio, diria que agora os direitos acerca dos legados e heranças das mulheres são uns, [mas,] quando adolescente, eram outros, quando ainda não havia sido promulgada a Lei Vocônia.[352] Por certo, esta própria lei, proposta para utilidade dos varões, está repleta de injustiça para com as mulheres. Por que, de fato, uma mulher não pode ter bens? Por que uma Virgem Vestal pode ter herdeiro, mas [uma filha] não pode herdar [os bens de] sua mãe? Por que deve-se estabelecer um limite aos bens das mulheres? Por que a filha de Públio Crasso, se fosse filha única de seu pai, poderia ter cem milhões de asses, sem infringir a lei, e a minha não poderia ter nem três milhões?*

[Falta o fólio sétimo do caderno XXIX]

[XI] 18.[353] [Filo disse]:

— * [se a natureza] nos tivesse sancionado as leis, todos teriam as mesmas, e não haveria diferentes leis em diferentes tempos. Porém, pergunto: se é próprio do homem justo e se é próprio do varão bom obedecer às leis, [então,] a quais? Acaso a todas que existem? Mas nem a virtude admite inconstância, nem a natureza tolera a variação; e reconhecemos as leis por causa do castigo, não por nossa justiça; portanto, o direito nada tem de natural, a partir disso demonstra-se que nem sequer há justos por natureza. Dizem que há variedade nas leis, mas que, por natureza, os varões bons seguem aquilo que é a justiça e não aquilo

quoque dignum. **19.** Ecquid ergo primum mutis tribuemus beluis? non enim mediocres uiri, sed maxumi et docti, Pythagoras et Empedocles, unam omnium animantium condicionem iuris esse denuntiant clamantque inexpiabilis poenas impendere iis, a quibus uiolatum sit animal. Scelus est igitur nocere bestiae, quod scelus qui uelit'*

[*Quaternionum XXX- XXXIX.* (= *80 folia*)]

[**XII**] 20. *Vel si iustitiam sequi uolet, diuini tamen iuris ignarus, gentis suae leges tamquam uerum ius amplectetur, quas non utique iustitia sed utilitas repperit. cur enim per omnes populos diuersa et uaria iura sunt condita, nisi quod una quaeque gens id sibi sanxit quod putauit rebus suis utile? quantum autem ab iustitia recedat utilitas, populus ipse Romanus docet, qui per fetiales bella indicendo et legitime iniuras faciendo semperque aliena cupiendo atque rapiendo possessionem sibi totius orbis comparauit. (Lact. Inst. 6, 9, 2-4.)*

Ni fallor enim, omne regnum uel imperium bellis quaeritur et uictoriis propagatur. porro bella et uictoriae captis et euersis plurimum urbibus constant. id negotium sine deorum iniuria non est; eaedem strages moenium et templorum, pares caedes ciuium et sacerdotum, nec dissimiles rapinae sacrarum diuitiarum et profanarum. tot igitur sacrilegia Romanorum quot tropaea, tot de deis quot de gentibus triumphi, tot manubiae quot manent adhuc simulacra captiuorum deorum. (Tertull. apol. 25, 14-15).

21. Carneades ergo, quoniam erant infirma quae a Philosophis adserebantur, sumpsit audaciam refellendi, quia refelli posse intellexit. eius disputationis summa haec fuit: iura sibi homines pro utilitate

Sobre a República

que se considera como justiça? De fato, é próprio do varão bom e justo conceder a cada qual exatamente o que é digno de cada um.[354]
19. Então, primeiramente, o que concederemos aos animais mudos?[355] Pois, varões não medíocres, mas notáveis e doutos, como Pitágoras e Empédocles, declararam que é única a condição de direitos de todos os seres animados e proclamaram que penas inexpiáveis recaem sobre aqueles que tenham feito violência a um ser animado. É, portanto, um crime machucar um animal, e quem ordenou tal crime*

[Dos cadernos XXX-XXXIX (= 80 fólios) só restam quatro fólios]

[XII] 20. Ou, se quiser seguir a justiça, ainda que ignorante do direito divino, abrace como direito verdadeiro as leis de sua gente, que não foram encontradas pela justiça, mas pela utilidade. Pois, por que foram fundadas leis tão diversas e variadas em todos os povos, a não ser pelo fato de que cada gente sancionou para si o que julgava útil para suas coisas? Porém, o caminho da utilidade à justiça é ensinado pelo próprio povo romano, que teve para si a posse de toda a região declarando guerra por meio dos feciais,[356] cometendo injustiças com base na legitimidade e sempre cobiçando e rapinando o que era do outro (Lactâncio, Instituições Divinas, *6, 9, 2-4).*

Pois, se não me engano, todo o reino ou o comando se alcança pela guerra e se aumenta pelas vitórias. Guerras e vitórias consistem, principalmente, em urbes conquistadas e devastadas. Tal negócio não ocorre sem injustiças contra os deuses, as destruições de muralhas são equivalentes à de templos, o massacre de concidadãos igual ao de sacerdotes, e não diferem as pilhagens de bens sagrados da pilhagem de bens profanos. Assim, são tantos os sacrilégios romanos quanto os seus triunfos, tantos os triunfos sobre os deuses quanto aqueles sobre as gentes, tantos os espólios quanto as estátuas de deuses capturados, que perduram até hoje (Tertuliano, Apologético, *25, 14-15).*

21. Então, uma vez que eram inconsistentes os argumentos sustentados pelos filósofos, Carnéades pretendeu audaciosamente refutá-los, pois entendia que podia fazê-lo. Em suma, houve a seguinte discussão: os homens sancionaram as leis de acordo com a sua utilidade, é claro que variavam de acordo com o costume e, frequentemente,

sanxisse, scilicet uaria pro moribus, et apud eosdem pro temporibus saepe mutata, ius autem naturale esse nullum; omnes et homines et alias animantes ad utilitates suas natura ducente ferri; proinde aut nullam esse iustitiam, aut si sit aliqua, summam esse stultitiam, quoniam sibi noceret alienis commodis consulens. et inferebat haec argumenta: omnibus populis qui florerent imperio, et Romanis quoque ipsis qui totius orbis potirentur, si iusti uelint esse, hoc est si aliena restituant, ad casas esse redeundum et in egestate ac miseriis iacendum. (Lact. Inst. 5, 16. 2-4.).

22. Commoda praeterea patriai prima putare sublata hominum discordia nihil est omnino. Quae sunt enim patriae commoda nisi alterius ciuitatis aut gentis incommoda? id est fines propagare aliis uiolenter ereptos, augere imperium, uectigalia facere maiora. * haec itaque ut ipsi appellant bona quisquis patriae adquisiuerti, hoc est qui euersis ciuitatibus gentibusque deletis aerarium pecunia referserit, agros ceperit, ciues suos locupletiores fecerit, hic laudibus fertur in caelum, in hoc putatur summa et perfecta esse uirtus; qui error non modo populi et imperitorum, sed etiam Philosophorum est, qui praecepta quoque dant ad iniustitiam, ne stultitiae ac malitiae disciplina et auctoritas desit. (Lact. Inst. 6, 6, 19 et 23.)

[XIII] 23. (Phil.) *'sunt enim omnes, qui in populum uitae necisque potestatem habent, tyranni, sed se Iouis optimi nomine malunt reges uocari. Cum autem certi propter diuitias aut genus aut aliquas opes rem publicam tenent, est factio, sed uocantur illi optimates. Si uero populus plurimum potest omniaque eius arbitrio geruntur, dicitur illa libertas, est uero licentia. Sed cum alius alium timet et homo hominem et ordo ordinem, tum quia sibi nemo confidit, quasi pactio fit inter populum et potentis; ex quo existit id, quod Scipio laudabat, coniunctum

Sobre a República

mudavam de acordo com o tempo, no mesmo lugar, e não havia nenhum direito na-
tural. Todos — homens e outros seres animados — são conduzidos ao que é útil pela
sua natureza; assim, ou não há nenhuma justiça, ou, se houver, ela é de grande tolice,
porque seria prejudicial a si mesma ao preocupar-se com as comodidades alheias. E
inferiam-se os seguintes argumentos: todos os povos que floresceram pelo seu comando,
[contando com] os romanos, que tinham tomado toda a região, se quisessem ser justos,
quer dizer, se restituíssem o que fora do outro, retornariam às suas casas e prostrar-
-se-iam na pobreza e na miséria (Lactâncio, Instituições Divinas, *5, 16. 2-4).*

22. *De modo geral, não [se deve] julgar que as primeiras comodidades foram sub-*
traídas da pátria pela discórdia dos homens. Pois, quais são as comodidades de uma pá-
tria que não [representam] incômodo a outra ciuitas ou a outra gente? Isto é: propagar
as fronteiras diminuindo as de outros de modo violento, aumentar o comando, tornar
*maiores os impostos. * então, quem adquirir para a sua pátria aquilo que eles chamam*
bens — isto é, quem abarrotar o erário de dinheiro [por meio do] aniquilamento de
ciuitates e da destruição de gentes, conquistando terras, deixando seus concidadãos mais
ricos —, esse será conduzido ao céu com louvores, [pois] nele se supõe que haja a virtude
suma e perfeita. Esse não é um erro apenas do povo e dos inexperientes, mas também
dos filósofos que dão preceitos de injustiça, [assim] não falta à estupidez e à malícia
uma disciplina e uma autoridade (Lactâncio, Instituições Divinas, *6, 6, 19 e 23).*

[XIII] 23. [Filo disse]:

— *pois todos os que têm potestade de vida e de morte sobre o povo
são tiranos, mas preferem ser chamados de reis, com o nome de Júpiter
Ótimo.[357] Porém, quando certos homens, por suas riquezas, ou por sua
estirpe, ou por alguns recursos, governam a república há uma facção,
mas eles se chamam de optimates.[358] Na verdade, se o povo tem a maior
[potestade] e tudo é regido pelo seu arbítrio, isto se chama liberdade, [mas,] na verdade, é licenciosidade. Mas, quando um homem teme
a outro homem e uma ordem [teme] a outra ordem, então, quando
ninguém tiver confiança por si só, estabelece-se, por assim dizer, um
pacto entre o povo e os que têm potestade; e então surge aquele gênero

197

ciuitatis genus; etenim iustitiae non natura nec uoluntas, sed inbecillitas mater est. Nam cum de tribus unum est optandum, aut facere iniuriam nec accipere aut et facere et accipere aut neutrum, optumum est facere, impune si possis, secundum nec facere nec pati, miserrimum digladiari semper tum faciendis, tum accipiendis iniuriis. Ita qui primum illud adsequi'*

[Exciderunt quaternionis 4 folia interiora]

[XIV] **24.** nam cum quaereretur ex eo, quo scelere inpulsus mare haberet infestum uno myoparone, 'eodem' inquit 'quo tu orbem terrae'. *(Non. p.125, 12 [infestum mare haberet pro mare latrocinando infestaret] et 318,18 [habere] et 534,15 [myoparo]).*

[XV] (Phil.)*'omni mementote. Sapientia iubet augere opes, amplificare diuitias, proferre fines (unde enim esset illa laus in summorum imperatorum incisa monumentis: 'finis imperii propagauit', nisi aliquid de alieno accessisset?), imperare quam plurimis, frui uoluptatibus, pollere, regnare, dominari; iustitia autem praecipit parcere omnibus, consulere generi hominum, suum cuique reddere, sacra, publica, aliena non tangere. Quid igitur efficitur, si sapientiae pareas? diuitiae, potestates, opes, honores, imperia, regna uel priuatis uel populis. Sed quoniam de re publica loquimur, sunt inlustriora, quae publice fiunt, quoniamque eadem est ratio iuris in utroque, de populi sapientia dicendum puto. Ut iam omittam alios, noster hic populus, quem Africanus hesterno sermone a stirpe repetiuit, cuius imperio iam orbis terrae

Sobre a República

reunido de *ciuitas*[359] que Cipião louvava. Pois nem a natureza nem a vontade são mães da justiça, mas sim a fraqueza. Pois dado que se deve optar por uma destas três, [a saber:] ou fazer injustiça e não sofrê-la, ou fazê-la e sofrê-la, ou nenhuma das duas coisas; [então,] o melhor seria fazê-la, se possível impunemente; em seguida disso, não fazê-la nem padecer dela; assim, o mais mísero é sempre se digladiar tanto para fazer como para sofrer injustiças.[360] Então, quem conseguir primeiro*

[Faltam quatro fólios interiores do caderno]

[XIV] 24. Pois, quando interrogado por que criminosos eram impelidos a devastar o mar com um navio estreito e comprido de que se serviam os piratas, respondeu: pelo mesmo [motivo] que tu devastas a região da terra *(Nônio, p.125, 12 e 318, 18 e 534, 15)*.

[XV] [Filo disse]:

— *lembre-se de tudo. A sabedoria ordena que se aumentem os recursos, ampliem-se as divisas, estendam-se as fronteiras (de onde, de fato, viria o louvor aos grandes comandantes gravado nos monumentos que dizem o seguinte, "estendeu as fronteiras do império[361]", só porque tomaram algo do [território] alheio?), estabeleçam-se leis para o maior número [de homens] possível, desfrute dos prazeres, seja eficaz, reine e domine; porém, a justiça preceitua respeitar a todos, cuidar do gênero humano, dar a cada qual o que é seu, não tocar nas propriedades sagradas, públicas e alheias. Portanto, qual é o resultado se obedeceres à sabedoria? Divisas, potestade, recursos, honras, comandos, reinos[362] dos [concidadãos] privados ou dos povos. Mas, já que falamos da república – é mais elucidativo [falar] das coisas que são feitas publicamente – e, posto que o critério do direito é o mesmo em ambos os casos [do direito público e do privado], penso que devemos discorrer sobre a sabedoria do povo. E já omitindo os outros [povos], este nosso povo – cuja origem Africano retomou na conversa de ontem e

Cícero

tenetur, iustitia an sapientia est e minimo omnium <maximus factus?> *

[Excidisse duo folia uerisimilius quam decem.]

25. *praeter Arcadas et Atheniensis, qui, credo timentes hoc interdictum iustitiae ne quando existeret, commenti sunt se de terra tamquam hos ex aruis musculos extitisse.

[XVI] 26. Ad haec illa dici solent primum ab iis, qui minime sunt in disserendo mali, qui in hac causa eo plus auctoritatis habent, quia, cum de uiro bono quaeritur, quem apertum et simplicem uolumus esse, non sunt in disputando uafri, non ueteratores, non malitiosi; negant enim sapientem idcirco uirum bonum esse, quod eum sua sponte ac per se bonitas et iustitia delectet, sed quod uacua metu, cura, sollicitudine, periculo uita bonorum uirorum sit, contra autem improbis semper aliqui scrupus in animis haereat, semper iis ante oculos iudicia et supplicia uersentur; nullum autem emolumentum esse, nullum iniustitia partum praemium tantum, semper ut timeas, semper ut adesse, semper ut impendere aliquam poenam putes, damna*

[Exciderunt 4 folia, sed uma fere pagina locoa Lactantio adlato suppletur.]

[XVII] 27. (Phil.) 'Quaero: si duo sint, quorum alter optimus uir, aequissimus, summa iustitia, singulari fide, alter insigni scelere et audacia, et si in eo sit errore ciuitas, ut bonum illum uirum sceleratum, facinerosum, nefarium putet, contra autem, qui sit improbissimus, existimet esse

Sobre a República

cujo comando já possui toda a extensão da terra — do menor tornou-se o maior pela justiça ou pela sabedoria?*

[É mais verossímil que faltem dois fólios do que dez]

25. *creio que, com exceção dos árcades e dos atenienses que temiam que alguma vez surgisse este interdito da justiça, imaginaram que eles haviam surgido da terra, como os ratos que saem dos campos.

[XVI] 26. Quanto a estas [objeções], costumam dizer o seguinte: primeiramente, aqueles que são hábeis ao dissertar e que têm mais autoridade sobre esses argumentos, ao investigar acerca do bom varão, queremos que sejam francos e simples, e não astutos, nem teimosos, nem maliciosos na discussão; dizem, de fato, que o sábio não é um varão bom porque se inclina à bondade e à justiça espontaneamente, mas porque a sua [vida] é livre do temor, da preocupação, da dúvida, do perigo; e, ao contrário, dizem que os ímprobos sempre têm alguma inquietação no ânimo, sempre têm ante seus olhos julgamentos e suplícios; ademais, nenhuma vantagem, nenhum prêmio proporcionado pela injustiça compensa tanto que valha sempre temer, sempre estar próximo de uma ameaça, ou de alguma pena, ou de uma condenação*

[Faltam quatro fólios, mas quase uma página é suprida por uma citação de Lactâncio]

[XVII] 27. [Filo] Pergunta: se houvesse dois [varões], dos quais um fosse um varão ótimo, muito equânime, de suma justiça, de singular confiança, e o outro de notável perversidade e audácia, e se a *ciuitas* cometesse um erro e o varão bom fosse considerado perverso, facínora e execrável; ao contrário, e se considerasse o muito ímprobo de suma

summa probitate ac fide, proque hac opinione omnium ciuium bonus ille uir uexetur, rapiatur, manus ei denique auferantur, effodiantur oculi, damnetur, uinciatur, uratur, exterminetur, egeat, postremo iure etiam optimo omnibus miserrimus esse uideatur, contra autem ille improbus laudetur, colatur, ab omnibus diligatur, omnes ad eum honores, omnia imperia, omnes opes, omnes undique copiae conferantur, uir denique optimus omnium existimatione et dignissimus omni fortuna optima iudicetur, quis tandem erit tam demens, qui dubitet, utrum se esse malit?

[XVIII] 28. Quod in singulis, id est in populis: nulla est tam stulta ciuitas, quae non iniuste imperare malit quam seruire iuste. Nec uero longius abibo. Consul ego quaesiui, quom uos mihi essetis in consilio, de Numantino foedere. Quis ignorabat Q. Pompeium fecisse foedus, eadem in causa esse Mancinum? alter, uir optimus, etiam suasit rogationem me ex senatus consulto ferente, alter acerrime se defendit. Si pudor quaeritur, si probitas, si fides, Mancinus haec attulit, si ratio, consilium, prudentia, Pompeius antistat. Utrum*

[XIX] 29. *Tum omissis communibus ad propria ueniebat (Carneades). bonus uir, inquit, si habeat seruum fugitiuum uel domum insalubrem ac pestilentem, quae uitia solus sciat, et ideo proscribat ut uendat, utrumne profitebitur fugitiuum se seruum uel pestilentem domum uendere, an celabit emptorem? si profitebitur, bonus quidem, quia non fallet, sed tamen stultus iudicabitur, quia uel paruo uendet uel omnino non uendet; si celabit, erit quidem sapiens, quia rei consulet, sed idem malus, quia fallet. rursus si reperiat aliquem qui orichalcum se putet uendere, cum sit illud aurum, aut plumbum, cum sit argentum, tacebitne ut id paruo emat, an indicabit ut magno? stultum plane uidetur malle magno. unde intellegi uolebat et eum quis it iustus ac bonus*

probidade e confiança, e se por esta opinião de todos os concidadãos o varão bom fosse maltratado, arrastado, e, enfim, tivesse suas mãos cortadas, os olhos arrancados, seria condenado, acorrentado, queimado, desterrado, reduzido à indigência, e, finalmente, a todos parecesse ser o mais miserável, até com pleno direito; e, ao contrário, se o ímprobo fosse louvado, venerado, apreciado por todos, e todas as honras lhe fossem absolutamente acumuladas, todos os comandos, todos os recursos, todas as riquezas de todas as partes, finalmente, se fosse julgado, com a estima de todos, um varão ótimo e muito digno de toda ótima fortuna, então, quem seria tão insensato que duvidaria sobre qual dos dois preferiria ser?[363]

[**XVIII**] **28.** O mesmo que [ocorre] com cada um, [ocorre] com os povos: nenhuma *ciuitas* é tão insensata que não prefira mandar injustamente a servir justamente. Na verdade, nem irei muito longe: quando fui cônsul,[364] consultei [o senado] acerca do tratado de Numância, quando estivéreis junto a mim no conselho. Quem ignorava que Quinto Pompeu havia feito este tratado e que Mancino estava na mesma situação? Um ótimo varão, inclusive, apoiou o projeto que apresentei sob a forma de um decreto do Senado e outro se defendeu veementemente. Se se busca a honra, a probidade, a confiança, [então] Mancino apresentou essas qualidades; se [se busca] a razão, o discernimento, a prudência, [então] Pompeu está à frente. Acaso*

[**XIX**] **29.** *Então, omitidos os [assuntos] comuns, Carnéades vinha aos particulares. Perguntava: se um bom varão tiver um escravo fugitivo ou uma casa insalubre e pestilenta, cujos vícios apenas ele conhece e por isso disser que está à venda, falará ou esconderá que está vendendo um escravo fugitivo e uma casa pestilenta? Se declarar, certamente será julgado bom por não mentir, mas também será considerado tolo por vender por pouco ou nem mesmo vender; se ocultar, certamente será sábio por cuidar das suas coisas, mas também mau por mentir.[365] Se observar alguém que pensa que está vendendo latão quando se trata de ouro, ou chumbo quando se trata de prata,*

*stultum esse, et eum qui sapiens malum, et tamen sine pernicie fieri posse,
ut sint homines paupertate contenti.*

[XX] 30. *Transcendebat ergo ad maiora, in quibus nemo posset
sine periculo uitae iustus esse; dicebat enim: nempe iustitia est hominem
non occidere, alienum prorsus non attingere. quid ergo iustus faciet, si
forte naufragium fecerit, et aliquis inbecillior uiribus tabulam ceperit?
nonne illum tabula deturbabit, ut ipse conscendat, eaque nixus euadat,
máxime cum sit nullus medio mari testis? si sapiens est, faciet: ipsi enim
pereundum est nisi fecerit; si autem mori maluerit quam manus inferre
alteri, iam iustus ille, sed stultus est, qui uitae suae non parcat, dum
parcit alienae. Item si acie suorum fusa hostes insequi coeperint, et iustus
ille nanctus fuerit aliquem saucium equo insidentem, eine parcet ut ipse
occidatur, an deiciet ex equo ut ipse hostem possit effugere? Quod si fecerit,
sapiens, sed idem malus, si non fecerit, iustus, sed idem stultus sit necesse
est. 31. ita ergo iustitiam cum in duas partes diuisisset, alteram ciuilem esse
dicens, alteram naturalem, utramque subuertit, quod illa ciuilis sapientia
sit quidem, sed iustitia non sit, naturalis autem illa iustitia sit quidem, sed
non sit sapientia. arguta haec plane ac uenenata sunt, et quae M. Tullius
non potuerit refellere; nam cum faciat Laelium Furio respondentem pro
iustitiaque dicentem, inrefutata haec tamquam foueam praetergressus
est, ut uideatur idem Laelius non naturalem, quae in crimen stultitiae
uenerat, sed illam ciuilem defendisse iustitiam, quam Furius sapientiam
quidem esse concesserat, sed iniustam. (Lact. inst. 5, 16, 5-13.)*

[XXI] 32. (Phil.) '* Non grauarer Laeli, nisi et hos uelle
putarem et ipse cuperem te quoque aliquam partem huius
nostri sermonis attingere, praesertim cum heri ipse dixeris
te nobis etiam superfuturum. Uerum quidem id fieri non
potest: ne desis omnes te rogamus. (*Gell. 1, 22, 8 in libro
quoque de re publica tertio id ipsum uerbum [superesse] Cicero ponit
non temere transeundum. uerba ex eo libro haec sunt*).

Sobre a República

então não falará e comprará por pouco ou avisá-lo-á e comprará por muito? Parecerá, certamente, tolo se preferir comprar por muito. *Ele queria que se compreendesse com isso que o que é justo e bom também é tolo, e mau o que é sábio; mas também isso poderia acontecer sem que fosse um dano, se houvesse homens contentes com a pobreza.* **[XX]** *30. Ele passava, então, para assuntos maiores, nos quais ninguém poderia ser justo sem correr risco de vida. Pois dizia: não há dúvida de que a justiça consiste em não matar os homens, em não tocar, de forma alguma, no que é do outro. Então, o que o [homem] justo fará se naufragar e alguém, sem força física, pegar uma tábua? Não tirará a pessoa fraca dessa tábua para ele próprio subir e se salvar, ainda mais se não houver nenhuma testemunha no meio do mar? Se for sábio o fará, pois ele morrerá se não o fizer; porém, se preferir morrer a levantar a mão contra alguém, ele já é justo, mas tolo, pois não protege a sua vida, mas a do outro. Da mesma maneira, se seu exército for derrotado, se os inimigos começarem a segui-lo e o justo encontrar um ferido montado em um cavalo, protegê-lo-á para ele próprio ser morto ou retirá-lo-á do cavalo para poder fugir do inimigo? Se isso fizer, será sábio, mas também mau, e se não o fizer, certamente, será justo, mas também tolo. 31. Portanto, com a justiça dividida em duas partes, dizia-se que uma era civil e a outra natural, a ambas subverteu, porque a sabedoria civil, certamente, não é justiça; porém, a justiça natural, certamente, não é sabedoria. São argumentos ardilosos completos e envenenados que Marco Túlio não pôde refutar. Pois Lélio, respondendo a Fúrio e defendendo a justiça, deixou os [argumentos] por refutar, como se de um fosso se tratasse, parecendo que Lélio não havia defendido a justiça natural (caindo na acusação de tolo), mas a justiça civil, que Fúrio concedera ser de alguma maneira a sabedoria, porém injusta (Lactâncio,* Instituições Divinas, *5, 16, 5-13).*

[XXI] 32.[366] [Filo disse:]

— *Lélio, eu não insistiria a não ser se julgasse que é isso que também querem e se eu não desejasse que também tu tivesses uma parte ativa nesta nossa conversa. Ontem, disseste que [hoje] estaria ainda mais à nossa disposição. Pedimos-te que não [frustre] todas expectativas, certamente isso não pode ocorrer (Aulo Gélio,* Noites Áticas, *1, 22, 8):*

Cícero

Sed iuventuti nostrae minime audiendus; quippe si ita sensit ut loquitur, est homo inpurus; sin aliter, quod malo, oratio est tamen inmanis. (*Non. p.323, 18 [inmane] quippe ... inmanis est 324, 15 [inpurus] sed... inpurus*).

[**XXII**] 33. (Lael.) '*Est quidem vera lex recta ratio naturae congruens, diffusa in omnes, constans, sempiterna, quae vocet ad officium iubendo, vetando a fraude detterreat; quae tamen neque probos frustra iubet aut vetat, nec improbos iubendo aut vetando movet. Huic legi nec obrogari fas est neque derogari aliquid ex hac licet neque tota abrogari potest, nec vero aut per senatum aut per populum solvi hac lege possumus, neque est quaerendus explanator aut interpres eius alius, nec erit alia lex Romae, alia Athenis, alia nunc, alia posthac, sed et omnes gentes et omni tempore una lex et sempiterna et immutabilis continebit, unusque erit communis quase magister et imperator omnium deus, ille legis huius inventor, disceptator, lator; cui qui non parebit, ipse se fugiet ac naturam hominis aspernatus hoc ipso luet maximas poenas, etiamsi cetera supplicia, quae putantur, effugerit***. (*Lactantius Insl. Div. VI, 8. 6-9. Suspicienda igitur dei lex est, quae nos ad hoc iter dirigat, illa sancta, illa caelestis, quam Marcus Tullius in libro de re publica tertio paene divina uoce depinxit; cuius ego, ne plura dicerem, uerba subieci*).

[**XXIII**] *34. August. Ciu. 22, 6: scio in libro Ciceronis tertio, nisi fallos, de re publica disputari:* nullum bellum suspici a ciuitate optima nisi aut pro fide aut pro salute. *quid autem dicat pro salute, uel intellegi quam salutem uelit, alio loco demosntrans:* sed his poenis quas etiam stultissimi sentiunt, egestate, exsilio, uinculis, uerberibus, elabuntur saepe priuati oblata mortis celeritate, ciuitatibus autem mors ipsa poena est, quae uidetur a poena singulos uindicare; debet enim constituta

Sobre a República

também no terceiro livro de Sobre a República, *Cícero coloca a própria palavra* [*sobreviver*] *para não ser deixada ao acaso.* Essas são as palavras desse livro).

Mas [Carnéades] de modo algum deve ser ouvido pela nossa juventude, porque se se pensar no que foi dito ele seria [considerado] um homem impuro; se se pensar de outro modo, como gostaria, seria um discurso inumano *(Nônio, p.323, 18 e 324, 15).*

[**XXII**] **33.**[367] [Lélio]: *a lei verdadeira é a reta razão,[368] conforme à natureza – difusa entre todos, constante, eterna – que chama ao dever ordenando e afasta do mal vetando. Porém, nem ordena nem veta em vão os probos, nem move os ímprobos ordenando ou vetando. Esta lei não pode ser ob-rogada,[369] nem é lícito derrogar[370] alguma parte, nem sua totalidade pode ser ab-rogada.[371] Na verdade, não podemos ser isentos da obediência a essa lei nem pelo senado nem pelo povo, nem devemos procurar outro comentador ou intérprete dela; nem haverá uma lei em Roma, outra em Atenas, outra aqui, outra depois, mas em todas as gentes e em todos os tempos uma lei eterna e imutável. E deus[372] será o único, por assim dizer, mestre e comandante comum a todos – ele é o inventor desta lei, o juiz e quem a propõe. Quem não a cumprir afastar-se-á da sua própria natureza de homem e sofrerá enormes penas, mesmo se escapar do que chamam suplício*** *(Lactâncio,* Instituições Divinas, 6, 8, 6-9: *Portanto, é de se esperar a lei de deus, que nos dirige para este caminho, aquele santo, aquele celestial, que Marco Túlio, no terceiro livro de* Sobre a República, *descreveu com uma voz quase divina; cujas palavras apresentei, para não dizer mais nada).*

[*XXIII*] *34. Agostinho,* Cidade de Deus, *22, 6: se não me engano, sei que no livro III de* Sobre a República, *de Cícero, argumenta-se que nenhuma ciuitas declara guerra se não for ou por lealdade ou para a sua salvação. Porém, o que [Cícero] chamava de salvação ou o que queria fazer entender por salvação, demonstrava em um outro ponto.* [Quando diz que:] Os privados geralmente escapam a estas penas, com as quais até os mais tolos se sensibilizam – a pobreza, o exílio, a prisão e os açoites – [porque são] submetidos a uma morte célere.[373] Porém, para as *ciuitates* a própria morte é a pena, morte esta que

sic esse ciuitas ut aeterna sit. Itaque nullus interitus est rei publicae naturalis ut hominis, in quo mors non modo necessaria est, uerum etiam optanda persaepe. Ciuitas autem cum tollitur, deletur, extinguitur, símile est quodam modo, ut parua magnis conferamus, ac si omnis hic mundus intereat et concidat. **35.** *Isid. Etym. 18,12sq.: quattuor autem sunt genera bellorum, id est iustum, iniustum, ciuile et plus quam ciuile. Iustum bellum est quod ex praedicto geritur de rebus repetitis aut propulsandorum hostium causa. Iniustum bellum est quod de furore, non de legitima ratione initur; de quo in Republica Cicero dicit:* illa iniusta bella sunt quae sunt sine causa suscepta. nam extra <quam> ulciscendi aut propulsandorum hostium causa bellum geri iustum nullum potest. *Et hoc idem Tullius paruis interiectis subdidit:* nullum bellum iustum habetur nisi denuntiatum, nisi indictum, nisi de repetitis rebus. Noster autem populus sociis defendendis terrarum iam omnium potitus est. *(Non. p.498, 16 [genetiuus pro ablatiuo]).*

*[**XXIV**] 36. Disputatur certe acerrime atque fortissime in eisdem ipsis de re publica libris aduersus iniustitiam pro iustitia, et quoniam, cum prius ageretur pro iniustitiae partibus contra iustitiam, et diceretur nisi per iniustitiam rem publicam stare augerique non posse, hoc ueluti ualidissimum positum erat, inustum esse ut homines hominibus dominatibus seruiant; quam tamen iniustitiam nisi sequatur imperiosa ciuitas, ciuis est magna res publica, non eam posse prouinciis imperare: responsum est a parte iustitiae, id eo iustum esse, quod talibus hominibus sit utilis seruitus, et pro utilitate eorum fieri cum recte fit, id est cum inprobis aufertur iniuriarum licentia, et domiti melius se habebunt, quia indomiti deterius se habuerunt; subditumque est, ut ista ratio firmaretur, ueluti a natura sumptum nobile exemplum, atque dictum est:* <an non cernimus optimo cuique dominatum ab ipsa natura cum

Sobre a República

parece libertar os privados da própria pena, pois uma *ciuitas* deve ser constituída de tal forma que seja eterna. Além disso, não há morte natural para uma república como há para um homem, para quem a morte não é apenas necessária, mas, em um certo momento, desejável. Porém, quando uma *ciuitas* é devastada, destruída, extinta, se compararmos o que é pequeno ao que é grande, é como se todo o mundo findasse e desmoronasse. *35. Isidoro,* Etimologias, *18, 12 sq.: Porém, existem quatro tipos de guerras, isto é: a justa, a injusta, a civil e a mais do que civil. A guerra justa, como foi dito, é a que é feita para retomar as coisas ou para afastar os inimigos. A guerra injusta é a que vem do furor e não de uma razão legítima. Sobre essa, Cícero diz em* Sobre a República: são injustas as guerras que ocorrem sem uma causa. Pois se não for para vingar ou afastar o inimigo, não se pode fazer uma guerra justa. *Do mesmo modo, acresceu Túlio um pouco adiante:* não se tem uma guerra como justa se esta não for anunciada, se não for declarada, se não houver requisição dos bens. Porém, nosso povo, para defender os aliados, já tomou posse de todas as terras (Nônio, p.498, 16).

[XXIV] 36. Certamente, nos mesmos livros de Sobre a República, *discute- -se forte e veementemente contra a injustiça e a favor da justiça. Visto que se havia acompanhado, primeiramente, [a discussão] a favor da injustiça contra a justiça, e se havia dito que uma república não poderia ser estável, nem ser expandida se não fosse pela injustiça, foi exposto [então] como argumento mais forte o seguinte: é injusto que homens sirvam como escravos de outros homens dominadores; ainda em uma ciuitas imperiosa, cuja república é magna, não pode governar sobre suas províncias se não for injusta. Por parte da justiça foi respondido que isso seria justo, uma vez que para tais homens a servidão seria útil e serviria para a utilidade deles, pois se age com retidão quando se tira dos ímprobos a faculdade de injuriar, isto é, eles procedem melhor quando são dominados e procedem de modo pior quando não estão subjugados. E, para confirmar este raciocínio, foi trazido um notável exemplo tirado da natureza ao se dizer:* pois não confirmamos que, para grande utilidade dos mais fracos, a natureza deu aos ótimos o domínio de tudo? Portanto, por que é que deus [governa] o homem, a alma governa o corpo, a razão

209

summa utilitate infirmorum datum? > cur igitur deus homini, animus imperat corpori, ratio libidini <iracundiaeque et> ceteris uitiosis <eiusdem> animi partibus? *(Aug. Cui. 19, 21)*.

[**XXV**] 37. sed et imperandi et seruiendi sunt dissimilitudines cognoscendae. nam ut animus corpori dicitur imperare, dicitur etiam libidini, sed corpori ut rex ciuibus suis aut parens liberis, libidni autem ut seruis dominus, quod eam coercet et frangit, sic regum, sic imperatorum, sic magistratuum, sic patrum, sic populorum imperia ciuibus sociisque praesunt ut corporibus animus, domini autem seruos ita fatigant ut optima pars animi, id est sapientiae, eiusdem animi uitiosas imbecillasque partes, ut libidines, ut iracundias, ut perturbationes ceteras.

Est enim genus iniustae seruitutir, cum ii sunt alterius quis ui possunt esse; cum autem ii famulantur* *(Non. p. 109, 2)*.

[**XXVI**] 38. *Si scieris, inquit Carneades, aspidem occulte latere uspiam, te uelle aliquem inprudentem super eam assidere cuius mors tibi emolumentum futura sit, improbe feceris nisi monueris ne assidat, sed inpunite tamen; scisse enim te quis coarguere possit? sed nimis multa. Perspicuum est enim, nisi aequitas, fides, iustitia proficiscantur a natura, et si omnia haec ad utilitatem referantur, uirum bonum non posse reperiri; deque his rebus satis multa in nostris de re publica libris sunt dicta a Laelio. (Cic. Fin. 2, 18, 59)*.

Et si, ut nos a te admonemur, recte in illis libris diximus nihil esse bonum nisi quod honestum, nihil malum nisi quod turpe sit *(Cic. Att. 10, 4, 4)*.

[**XXVII**] 39. *Filiola tua te delectari laetor et probari tibi phusiken esse ten pros ta tekna. Etenim si hoc non est, nulla potest homini esse ad hominem naturae adiunctio; qua sublata uitae societas tollitur. 'bene eueniat', inquit Carneades, spurce, sed tamen prudentius quam Lucius noster Patron; qui cum omnia ad se referant, <numquam> quicquam*

210

os apetites, <a ira> e as demais partes viciosas da <mesma> alma? (*Agostinho,* A Cidade de Deus, *19, 21*).

[**XXV**] 37. Mas devem-se conhecer as diferentes formas de governar e servir. Pois assim como se diz que a alma governa o corpo, diz-se também que [governa] os apetites; mas [governa] um corpo como um rei [governa] os seus concidadãos, ou um pai os seus filhos; porém [governa] os apetites como um senhor [governa] os escravos, uma vez que os reprime e os subjuga. Os comandos dos reis, dos comandantes, dos magistrados, dos pais [*patres*] e dos povos se exercem sobre os concidadãos e aliados do mesmo modo que a alma sobre o corpo; porém, os senhores oprimem seus escravos da mesma maneira que a melhor parte da alma, isto é, a sabedoria, [oprime] as partes viciosas e débeis da mesma alma, os apetites, a ira e as demais perturbações.[374] De fato, há um tipo de servidão injusta quando aqueles que podem depender de si estão sob a dependência de outros, porém, quando aqueles servem* (*Nônio, p.109, 2*).

[**XXVI**] 38. *Se souberes — disse Carnéades — que uma cobra venenosa está escondida e que, imprudentemente, alguém cuja morte seria a ti conveniente está prestes a se sentar sobre ela, [então] agirás como um ímprobo, porém impunemente, se não o advertir para não se sentar. Pois quem pode acusar-te de saberes? Mas [chega] de tantos pormenores, pois se torna evidente que, se a equidade, a confiança, a justiça não provêm da natureza e se tudo isso conduz à utilidade, é impossível encontrar um varão bom; sobre estas coisas, muitos argumentos foram satisfatoriamente expostos por Lélio no nosso livro* Sobre a República (*Cícero,* Do sumo bem e do sumo mal, *2, 18, 29*).

E se, como nos recordamos, nesses livros dissemos retamente que nada é bom a não ser o honesto, logo, nada é mal a não ser o torpe* (*Cícero,* Cartas a Ático, *10, 4, 4*).

[**XXVII**] 39. *Alegro-me por te divertires com tua filhinha e por te parecer evidente que o afeto pelos filhos é natural. Pois, se este não existe, o homem não pode ter nenhum vínculo natural com outro homem. Tirado esse vínculo, é destruída a sociabilidade da vida. Bem pensado, disse Carnéades grosseiramente, mas, todavia, com mais*

alterius causa fieri putent, et cume a re bonum uirum oportere esse dicant, ne malum habeat, non quo id natura rectum sit, non intellegant se de callido homine loqui, non de bono uiro. sed haec opinor sunt in iis libris quos tu laudando animos mihi addidisti. (Cic. Att. 7, 2, 4).

In quibus assentior sollicitam et periculosam iustitiam non esse sapientis. *(Prisc. 8, 6, 23 p.399, 13 Hertz).*

*[**XXVIII**] 40. apud Ciceronem idem ille iustitiae defensor Laelius:* uult *inquit* paene uirtus honorem, nec est uirtutis ulla alia merces. *est plane, et quidem uirtute dignissima, quam tu Laeli numquam poteras suspicari; nihil enim diuinarum noueras litterarum.* Quam tamen illa, *inquit,* accipit facile, exigit non acerbe. *erras uehementer, si putas ab homine praemium solui posse uirtuti, cum ipse alio loco uerissime dixeris:* huic tu uiro quas diuitias obicies? quae imperia? Quae regna? Qui ista putat humana, sua bona diuina iudicat. *Quis ergo te sapientem Laeli putet, cum ipse tibi loquare contraria, et paulo post uirtuti adimas quae dedisti? sed uidelicet ignorantia ueri facit incertam labantemque sententiam. deinde quid adiungis?* sed si aut ingrati uniuersi aut inuidi multi aut inimici potentes suis uirtutem praemiis spoliant — *o quam fragilem, quam inanem uirtutem induxisti, si spoliari praemio suo potest! Quae si bona sua diuina iudicat, ut aiebas, qui possunt existere tam ingrati, tam inuidi, tam potentes, qui uirtutem spoliare ualeant iis bonis quae fuerint in eam conlata diuinitus? — ne illa se inquit* multis solaciis oblectat, maximeque suo decore se ipsa sustentat. *(Lact. Inst. 5, 18, 4-8).*

Sed uidelicet homines docti atque sapientes contra uim tantae auctoritatis... acute sibi argumentari uidentur aduersus corporum resurrectionem et dicere quod in tertio de re publica libro a Cicerone commemoratum est. nam cum Herculem et Romulum *ex hominibus*

Sobre a República

prudência do que nosso Lúcio e nosso Pátron:[375] *pois ao referirem tudo a si próprios, eles julgam que* < *nunca* > *se faz nada que seja do interesse de outrem, e ao dizerem que se é um bom varão por um motivo determinado, por não terem mal e não porque isso é por natureza correto, eles não entendem que falam de um homem experiente, e não de um varão bom. Todavia, penso que isto está naqueles livros que, ao aprovar, tu me deste ânimo (Cícero,* Cartas a Ático, *7, 2, 4).*

Neles percebo uma justiça perturbada e perigosa, que não é própria de um sábio (*Prisciliano, 8, 6, 32 p.399, 13 Hertz*).

[XXVIII] 40. *Em Cícero, o mesmo Lélio, defensor da justiça, disse:* a virtude apenas requer honra, não há outra recompensa para a virtude. *Há uma, Lélio, que tu nunca poderias suspeitar, certamente a mais digna de virtude, pois nada sabias dos escritos divinos. Ele dizia:* aceita-a com facilidade, mas não a exija acerbamente. *Erras muito se julgas que a recompensa da virtude pode ser alcançada pelo homem, quando, em outra situação, dissestes veementemente que:* a este varão, quais divisas oferecerás? Quais comandos? Quais reinos? Quem considera estas divisas humanas, julga as suas divinas. *Portanto, quem te julgará sábio, Lélio, quando tu mesmo dizes o contrário e pouco depois tiras da virtude o que lhe tinhas dado? Mas a ignorância da verdade torna o teu pensamento incerto e instável. Em seguida, o que acrescentas?* Mas todos os ingratos, ou os muito invejosos, ou os inimigos com potestade despojam da virtude suas recompensas – *ó, quão frágil, quão fraca é a virtude, se ela pode ser despojada de sua recompensa! Como dizias, se considera divinos os seus bens, quem pode ser tão ingrato, tão invejoso, com tanta potestade que consiga despojar da virtude dos bens que lhe foram dados pelos deuses? Então, ele disse:* [a virtude] não se regozija com muitas compensações, [mas] sustenta-se maximamente com o que é decoroso[376] (*Lactâncio,* Instituições Divinas, *5, 18, 4-8*).

Mas contra a força de tal autoridade, homens evidentemente doutos e sábios ... parecem argumentar sutilmente contra a ressurreição dos corpos e dizer o que foi rememorado por Cícero no livro III de Sobre a República. *Pois, tendo argumentado que de homens tinham sido transformados em deuses,* Hércules e Rômulo não

deos esse factos adseueraret, quorum non corpora *inquit* sunt in caelum elata; neque enim natura pateretur, ut id quod esset e terra nisi in terra maneret. *(Aug. Ciu. 22, 4).*

Numquam uiri fortissimi fortitudinis, inpigritatis, patientiae* *(Non. p.125, 18).*

Pyrrhi uidelicet largitas Fabricio aut Samnitium copiae Curio defuerunt *(Non. p.132, 17).*

Cuius etiam focum Cato ille noster, cum uenerat ad se in Sabinos, ut ex ipso audiebamus, uisere solebat, apud quem sedens ille Samnitium, quondam hostium [tum] iam clientium suorum, dona relegauerat. *(Non. p.522, 26).*

[Incipit quaternio XL.]

[XXIX] 41. (Lael.) *Asia Ti. Gracchus, perseuerauit in ciuibus, sociorum nominisque Latini iura neclexit ae foedera. Quae si consuetudo ac licentia manare coeperit latius imperiumque nostrum ad uim a iure traduxerit, ut, qui adhuc uoluntate nobis oboediunt, terrore teneantur, etsi nobis, qui id aetatis sumus, euigilatum fere est, tamen de posteris nostris et de illa immortalitate rei publicae sollicitor, quae poterat esse perpetua, si patriis uiueretur institutis et moribus.

[XXX] 42. Quae cum dixisset Laelius, etsi omnes, qui aderant significabant ab eo se esse admodum delectatos, tamen praeter ceteros Scipio quasi quodam gaudio elatus: multas tu quidem, inquit, Laeli, saepe causas ita defendisti, ut ego non modo tecum Seruium Galbam, collegam nos-

Sobre a República

tiveram os seus corpos trasladados para o céu, nem a natureza concordaria que aquilo que é da terra não permanecesse a não ser se fosse na terra – *disse (Agostinho, A Cidade de Deus, 22, 4).*

Nunca varões fortíssimos, em sua fortitude, diligência e paciência* *(Nônio, p.125, 18).*

Escapou a Fabrício a generosidade de Pirro e a Cúrio a copiosidade dos samnitas *(Nônio, p.132, 17).*

Até aquele nosso Catão costumava visitá-lo [a Cúrio] em seu lar, quando ia até sua casa na Sabina. Já instalado, ele não aceitava as ofertas dos samnitas, em outros tempos inimigos e [então] já seus clientes. *(Nônio, p.522, 26).*

[Começa o caderno XL]

[XXIX] 41. [Lélio disse:]

– *Ásia, Tibério Graco perseverou [no cuidado] de seus concidadãos, [mas] descuidou dos direitos e dos tratados dos aliados e do povo latino. Se este hábito e esta licenciosidade começam a estender-se mais e mudam nosso comando do direito para a força, de modo que os que ainda nos obedecem por vontade sejam sujeitados por meio do terror – apesar de ainda sermos dessa geração e nos dedicarmos [ao direito] – todavia, estou inquieto por nossos descendentes e pela imortalidade de nossa república, que poderia ser perpetuada se se vivesse de acordo com as instituições e os costumes dos pais [patres].

[XXX] 42. Tendo Lélio dito isso, apesar de todos terem manifestado que haviam se deleitado com seu discurso, todavia, Cipião, como que elevado mais do que os outros a certo contentamento, disse:

– Tu, Lélio, com frequência defendeu muitas causas de tal forma que eu te equipararia a Sérvio Galba,[377] colega nosso, que enquanto viveu estava à frente de todos, até de alguns dos oradores áticos, ou pela suavidade*

Cícero

trum! quem tu, quoad uixit, omnibus anteponebas, uerum ne
Atticorum quidem oratorum quemquam aut sua < uitate > *

[Exciderunt quaternionis XL. Folia sex interiora.]

Duas sibi res, quo minus in ulgus et in foro diceret, con-
fidentiam et uocem, defuisse. *(Non. p.262, 24).*

Inclusorum hominum gemitu mugiebat taurus. *(schol,
Iuuenal. Sat. 6, 468: de quo [tauro Phalaridis] Cicero dicit).*

[**XXXI**] **43.** (Scip.) '*reportare. Ergo illam rem populi,
id est rem publicam, quis diceret tum, cum crudelitate unius
oppressi essent uniuersi, neque esset unum uinculum iuris
nec consensus ac societas coetus, quod est populus? Atque
hoc idem Syracusis. Urbs illa praeclara, quam ait Timaeus
Graecarum maxumam, omnium autem esse pulcherrimam,
arx uisenda, portus usque in sinus oppidi et ad urbis
crepidines infusi, uiae latae, porticus, templa, muri nihilo
magis efficiebant, Dionysio tenente ut esset illa res publica;
nihil enim populi et unius erat populus ipse. Ergo ubi
tyrannus est, ibi non uitiosam, ut heri dicebam, sed, ut nunc
ratio cogit, dicendum est plane nullam esse rem publicam'.

[**XXXII**] **44.** 'Praeclare quidem dicis', Laelius; 'etenim
uideo iam, quo pergat oratio'. (Scip.) 'Vides igitur ne illam
quidem, quae tota sit in factionis potestate, posse uere
dici rem publicam'. (Lael.) 'Sic plane iudico'. (Scip.) 'Et
rectissime quidem iudicas; quae enim fuit tum Atheniensium
res, cum post magnum illud Peloponnesiacum bellum
triginta uiri illi urbi iniustissime praefuerunt? Num aut

Sobre a República

[Faltam seis fólios interiores do caderno XL]

Para discursar para o vulgo e no Fórum, duas coisas lhe faltavam: a confiança e a voz *(Nônio, p.262, 24)*.

O touro mugia [como se tivesse] o gemido dos homens *(Escólio a Juvenal, Sátiras, 6, 468)*.

[XXXI] 43. [Cipião disse:]

— *Levou de volta. Então, quem a chamaria coisa do povo, isto é, república, quando todos estavam oprimidos pela crueldade de um só e não havia um só vínculo de justiça, nem de consenso e de associação no agrupamento; isto seria um povo? E em Siracusa [ocorria] o mesmo. Naquela ilustre urbe, que Timeu disse ser a maior das [cidadelas] gregas e a mais bela de todas — a cidadela admirável — os portos se estendiam até o interior da fortaleza adentrando até as fundações das casas, das ruas largas, dos pórticos, dos templos, das muralhas; não se realizou nada grande enquanto o governo da república era de Dionísio,[378] pois nada era do povo e o próprio povo era de um só. Assim, onde há um tirano deve-se dizer que há ali não uma república viciosa, como se dizia antes, mas, como agora a razão estabelece, que não há absolutamente nenhuma república.

[XXXII] 44. [Lélio disse]:

— É belo o que dizes; e até vejo para até aonde avançará teu discurso.

[Cipião disse:]

— Observas, portanto, que nem sequer aquela que estava totalmente sob a potestade de uma facção pode ser chamada, verdadeiramente, de república.

[Lélio disse]:

— Julgo exatamente assim.

[Cipião perguntou]:

— E julgas muito retamente, pois qual foi, de fato, a república dos atenienses quando, depois daquela grande guerra do Peloponeso, os trinta varões governaram muito injustamente[379] aquela urbe? Por acaso

uetus gloria ciuitatis aut species praeclara oppidi aut thea-
trum, gymnasia, porticus aut propylaea nobilia aut arx
aut admiranda opera Phidiae aut Piraeus ille magnificus
rem publicam efficiebat?' 'Minime uero, Laelius, quoniam
quidem populi res non erat'. (Scip.) 'Quid? Cum decemuiri
Romae sine prouocatione fuerunt tertio illo anno, cum
uindicias amisisset ipsa libertas?' (Lael.) 'Populi nulla res
erat, immo uero id populus egit, ut rem suam recuperaret'.

[**XXXIII**] **45.** (Scip.) 'Venio nunc ad tertium genus
illud, in quo esse uidebuntur fortasse angustiae. Cum per
populum agi dicuntur et esse in populi potestate omnia,
cum, de quocumque uolt, supplicium sumit multitudo,
cum agunt, rapiunt, tenent, dissipant quae uolunt, potesne
tum, Laeli, negare rem esse illam publicam? cum populi
sint omnia, quoniam quidem populi esse rem uolumus
rem publicam'. Tum Laelius: 'Ac nullam quidem citius
negauerim esse rem publicam, quam istam, quae tota plane
sit in multitudinis potestate. Nam si nobis non placebat
Syracusis fuisse rem publicam neque Agrigenti neque
Athenis, cum essent tyranni, neque hic, cum decemuiri,
non uideo, qui magis in multitudinis dominatu rei publicae
nomen appareat, quia primum mihi populus non est, ut tu
optime definisti, Scipio, nisi qui consensu iuris continetur,
sed est tam tyrannus iste conuentus quam si esset unus,
hoc etiam taetrior, quia nihil ista, quae populi speciem et
nomen imitatur, immanius belua est. Nec uero conuenit,
cum furiosorum bona legibus in adgnatorum potestate sint,
quod eorum iam*'

Sobre a República

foi a antiga glória da *ciuitas* ou o aspecto notável das muralhas, ou o teatro, ou os ginásios, ou os pórticos, ou os nobres propileus, ou a cidadela, ou as admiráveis obras de Fídias, ou o magnífico Pireu que faziam dela uma república?

Lélio disse:

— De forma alguma, posto que não havia coisa do povo efetivamente.

[Cipião perguntou:]

— O quê? Como quando em Roma houve decênviros sem [sujeição] ao direito de apelo, naquele terceiro ano, quando a própria liberdade perdeu sua proteção legal?

[Lélio respondeu:]

— Não havia nenhuma coisa do povo; na verdade, o povo agiu para recuperar a sua coisa.

[**XXXIII**] **45.** [Cipião disse:]

— Trato, agora, do terceiro gênero [de governo da república], no qual, talvez, perceber-se-ão problemas. Quando se diz que tudo é feito pelo povo e que está na potestade do povo; quando a multidão pode suplicar a quem quer que seja; quando se levam, roubam, retêm, dissipam o que querem, então, podes, Lélio, dizer que essa não é uma república? Sendo tudo do povo, na verdade, queremos que a república seja a coisa do povo?

Então, Lélio [disse]:

— Sobre esta república que está completamente na potestade da multidão, certamente eu diria que nenhuma outra república é mais república do que esta, pois se não aceitamos que houve uma república em Siracusa, nem em Agrigento, nem em Atenas quando [lá] havia os tiranos, nem aqui quando havia os decênviros, não vejo como se manifesta mais o nome de república quando a multidão domina; porque, Cipião, como tu definiste muito bem, para mim, primeiramente, não é povo senão estiver unido por um consenso quanto ao que é justo;[380] mas esse agrupamento é tão tirânico como se houvesse apenas um, e

Cícero

[*Exciderunt quaternionis XLI. Folia 4 interiora.*]

[**XXXIV**] **46.** (Scip.) '*dici possint, cur illa sit res publica resque populi, quae sunt dicta de regno. Et multo etiam magis, inquit Mummius; nam in regem potius cadit domini similitudo, quod est unus; plures uero boni in qua re publica rerum potientur, nihil poterit esse illa beatius. Sed tamen uel regnum malo quam liberum populum; id enim tibi restat genus uitiosissumae rei publicae tertium'.

[**XXXV**] **47.** Ad hunc Scipio: 'Adgnosco', inquit, 'tuum morem istum, Spuri, auersum a ratione populari; et quamquam potest id lenius ferri, quam tu soles ferre, tamen adsentior nullum esse de tribus his generibus quod sit probandum minus. Illud tamen non adsentior tibi, praestare regi optimates; si enim sapientia est, quae gubernet rem publicam, quid tandem interest, haec in unone sit an in pluribus? sed errore quodam fallimur ita disputando; cum enim optumates appellantur, nihil potest uideri praestabilius; quid enim optumo melius cogitari potest? cum autem regis est facta mentio, occurrit animis rex etiam iniustus. nos autem de iniusto rege nihil loquimur nunc, cum de ipsa regali re publica quaerimus. Quare cogitato Romulum aut Pompilium aut Tullium regem: fortasse non tam illius te rei publicae paenitebit'.

48. (Mumm.) 'Quam igitur relinquis populari rei publicae laudem?' Tum ille: 'Quid? tibi tandem, Spuri, Rhodiorum, apud quos nuper fuimus una, nullane uidetur esse res publica?' (Mumm.) 'Mihi uero uidetur, et

Sobre a República

inclusive tanto mais repugnante, porque nada é mais inumano que esta besta que imita o nome e o aspecto do povo. Na verdade, de acordo com as leis, quando os bens dos loucos estão sob a potestade de parentes de linhagem masculina, não é conveniente que deles*

[Faltam quatro fólios interiores do caderno XLI]

[XXXIV] 46. *sobre o motivo pelo qual a república é a coisa do povo, podem dizer o mesmo que foi dito sobre o reino.

Múmio disse:

— E também muito mais, pois a comparação com um senhor convém mais a um rei, porque é um só; em contrapartida, nada poderá ser melhor do que naquela república na qual muitos [homens] bons tenham potestade. Todavia, prefiro um reino a um povo livre. Resta-te, então, este viciosíssimo terceiro gênero de república.

[XXXV] 47. E aqui Cipião disse:

— Reconheço, Espúrio, esse teu costume adverso ao regime popular; e ainda que este possa ser suportado de modo mais tranquilo do que tu costumas suportá-lo, contudo, concordo que desses três gêneros ele deva ser o menos aprovado. Todavia, não estou de acordo contigo [quando dizes] que os optimates são superiores a um rei, pois se é a sabedoria que governa a república, então, o que importa se ela está em apenas um ou em muitos?[381] Mas, ao discutirmos assim, somos conduzidos a um certo erro, pois quando são chamados optimates, nada pode parecer mais insigne, pois, o que de melhor se pode desejar senão o ótimo? Porém, quando se faz menção a um rei, ocorre ao ânimo também [a ideia] de um rei injusto. Mas nós não falamos de um rei injusto agora que estamos tratando da república propriamente régia. Mas, por essa razão, penso em um rei como Rômulo, ou Pompílio, ou Túlio, república essa que talvez não te descontentará tanto.

48. Múmio [disse]:

Cícero

minime quidem uituperanda'. (Scip.) 'Recte dicis; sed, si meministi, omnes erant idem tum de plebe, tum senatores uicissitudinesque habebant, quibus mensibus populari munere fungerentur, quibus senatorio; utrubique autem conuenticium accipiebant, et in theatro et in curia res capitalis et reliquas omnis iudicabant idem; tantum poterat tantique erat, quanti multitudo, <senatus>*'

LIBRI III DE RE PVBLICA FRAGMENTA INCERTAE SEDIS

1. Est igitur quiddam turbulentum in hominibus singulis, quod uel exultat uoluptatem, uel molestia frangitur. *(Non. p.301, 5).*

2. sed ut ipsi † seu animum periclitentur† sum uident quid se putent esse facturos. *(Non. p.364, 7).*

3. poeni primi mercaturis et mercibus suis auaritiam et magnificentiam et inexplebiles cupiditates omnium rerum inportauerunt in graeciam *(Non. p.431, 11).*

4. sardanapallus ille uitiis multo quam nomine ipso deformior.

5. nisi si quis Athonem pro monumento uult funditus effingere. Quis enim est Athos aut Olympus tantus?

(Prisc. 6, 13, 70 p.255, 9 Hertz: 'Athos Athonis' protulit Cicero in III de republica)

6. *Enitar enim suo loco ut ostendam secundum definitiones ipsius Ciceronis, quibus quid sit res publica et quid sit populus loquente Scipione breuiter <ex> posuit, adtestantibus etiam multis siue ipsius*

Sobre a República

— Enfim, qual louvor reservas para a república popular?

Então [Cipião disse]:

— O quê? Afinal, Espúrio, parece a ti que a [república] dos ródios, onde estivemos há pouco, é uma república ou não é república nenhuma?

— Na verdade, parece a mim que é uma [república], e certamente muito pouco vituperável.

— É correto o que dizes. Mas, se te recordas, todos eles eram iguais — ora da plebe, ora senadores — e mudavam de posição, pois em uns meses desempenhavam a função popular, em outro, a senatorial; em ambos [os cargos] recebiam honorários por sua assistência. E tanto no teatro quanto na cúria julgavam por igual as causas capitais e todas as demais;[382] e <o senado> tinha um poder tão grande e de tanto apreço quanto a multidão*

Fragmentos de localização incerta do livro III
de Sobre a República

1. Portanto, há algo de turbulento em cada homem, que ou exulta de desejo ou é fragilizado pela moléstia. (*Nônio, p.301, 5*)

2. Mas para os próprios †arriscarem a sua alma† parecem julgar o que farão. (*Nônio, p.364, 7*)

3. Com seus mercados e mercadorias, os púnicos foram os primeiros a introduzir na Grécia a avareza, a ganância e o inexplicável desejo por todas as coisas (*Nônio, p.431, 11*).

4. O Sardanapalo é mais deformado pelos vícios do que pelo seu próprio nome.

5. A não ser que alguém deseje apresentar o Monte Atos como monumento. Desse modo, qual Atos ou qual Olimpo seriam tão grandes? (*Prisciano, 6, 13, 70 p.255, 9 Hertz: "Athos Athonis" apresentado por Cícero em* Sobre a República, III).

6. *Pois me esforçarei [para mostrar], como se [estivesse] no lugar de Cícero, que suas definições, as quais explica brevemente, pela boca de Cipião, o que é uma*

siue eorum quos loqui fecit in eadem disputatione sententiis, numquam illam fuisse rem publicam, quia numquam in ea fuerit uera iustitia. Secundum probabiliores autem definitiones pro suo modo quidam res publica fuit, et melius ab antiquioribus Romanis quam a posterioribus administrata est. (Aug. Ciu. 2, 21).

Sobre a República

república e o que é um povo, tanto com afirmações confiáveis quer do próprio [Cícero], quer daqueles que debatem nessa discussão, para provar que aquela nunca foi uma república, pois nela jamais existiu a verdadeira justiça. Mas, segundo definições plausíveis, existiu uma república a seu modo e foi mais bem administrada pelos antigos romanos do que pelos que vieram posteriormente (Agostinho, Cidade de Deus, *2, 21).*

Liber Quartus

[I] 1. *Temptabo tamen, quoniam corporis et animi facta mentio est, utriusque rationem, quantum pusillitas intellegentiae meae peruidet, explicare. Quod officium hac de causa maxime suscipiendum puto, quod Marcus Tullius uir ingenii singularis in quarto de re publica libro, cum id facere temptasset, materiam late patentem angustis finibus terminauit, leuiter summa quaeque decerpens. ac ne ulla esset excusatio, cure eum locum non fuerit exsecutus, ipse testatus est* nec uoluntatem sibi defuisse nec curam. *In libro enim de legibus primo, cum hoc idem summatim stringeret, sic ait: hunc locum satis ut mihi uidetur in iis libris quos legistis expressit Scipio. (Lact. Opif. I, 11-13).*

Atque ipsa mens quae futura uidet, praeterita meminit. *(Non. p.500, 9).*

Etenim si nemo est quin emori malit quam conuerti in aliquam figuram bestiae, quamuis hominis mentem sit habiturus, quanto est miserius in homins figura animo esse efferato! mihi quidem tanto uidetur quanto praestabilior est animus corpore. *(Lact. Inst. V, 11, 2).*

Livro Quarto

[I] 1. *Já que se mencionou o corpo e a alma,*[383] *então, tentarei explicar a razão de ambos, se a insignificância de minha inteligência puder entendê-los. Pois considero que devo assumir tal dever por um motivo: porque Marco Túlio, varão de engenho singular, quando tentou fazê-lo no livro quarto de* Sobre a República, *restringiu esse grande assunto em fronteiras estreitas, tratando de modo breve assuntos de suma importância. E sem escusas por não ter dado lugar a esses assuntos, Cícero disse que não lhe faltou nem vontade nem cuidado. Pois, no primeiro livro de* Sobre as Leis,[384] *ao tratar desse assunto de forma sumária, diz o seguinte: parece que Cipião expressou de modo satisfatório sobre esse tema, naqueles livros que lestes* (Lactâncio, Sobre a Obra de Deus, *I, 11-13).*

E a mesma mente que percebe o futuro recorda do passado (Nônio, p.500, 9).

De fato, se ninguém prefere morrer a ser convertido na figura de uma besta, mesmo que mantenha a mente de um homem, ainda mais miserável é ter a alma de uma fera na figura de um homem! A mim, certamente, parece tanto quanto [pior], pois a alma é superior ao corpo (Lactâncio, Instituições Divinas, V, 11, 2).

Cicero

Se non putare idem esse arietis et Publii Africani bonum. *(Aug. C. Iul. IV, 12, 59 t. X p.612 Bem.: denique elegerunt [Stoici] in pecoribus potius quam in hominibus, quod tu facis, laudare libidines. eorum quippe opinioni conuenienter ait quodam loco Tullius).*

Ea denique obiectu mutuo aeque umbram noctemque efficiat, cum ad numerum dierum aptam tum ad laborum quietem. *(Non. p.234, 14).*

Cumque autumno terra se ad concipiendas fruges patefecerit, hieme ad † concipiendas relaxarit, aestiua maturitate alia mitigauerit alia torruerit. *(Non. p.343, 20).*

Cum adhibent in pecuda pastores. *(Non. p.159, 16).*

[II]. 2. Scip. '*gratiam, quam commode ordines discripti, aetates, classes, equitatus, in quo suffragia sunt etiam senatus, nimis multis iam stulte hanc utilitatem tolli cupientibus, qui nouam largitionem quaerunt aliquo plebiscito reddendorum equorum.

[III]. 3. Considerate nunc, cetera quam sint prouisa sapienter ad illam ciuium beate et honeste uiuendi societatem; ea est enim prima causa coeundi, et id hominibus effici ex re publica debet partim institutis, alia legibus. Principio disciplinam puerilem ingenuis, de qua Graeci multum frustra laborarunt, et in qua una Polybius noster hospes nostrorum institutorum neglegentiam accusat, nullam certam aut destinatam legibus aut publice expositam aut unam omnium esse uoluerunt. Nam*'

[Exciderunt quaternionis folia interiora aut 2 aut 4]

Sobre a República

Ele não considerava que para Públio Africano e para um carneiro o bem era idêntico (*Agostinho,* Contra Juliano, *IV, 12, 59: por fim, [os estoicos] elegeram louvar os desejos dos animais, preferencialmente, tornando-os dos homens, como tu fazes. Em certo momento, Túlio expressa congruência com a opinião deles*).

Por fim, por causa de um objeto mútuo, ela produz a escuridão e a noite, de modo que são aptas tanto à contagem dos dias quanto ao repouso dos trabalhos (*Nônio, p.234, 14*).

Depois da terra se abrir no outono para receber os cereais e de descansar no inverno para † os fazer brotar, a alguns amadurece e a outros interrompe com a maturação estival (*Nônio, p.343, 20*).

Quando chamam pastores para o gado (*Nônio, p.159, 16*).

[II] 2. [Cipião:]

– *graças, quando, convenientemente, estão distribuídas as ordens, as idades, as classes, os cavaleiros, entre os quais estão também os sufrágios do senado, sendo já muitos os que incessantemente desejam que esta utilidade seja eliminada, ao buscarem uma nova liberalidade mediante um plebiscito sobre a devolução dos cavalos.[385]

[III] 3. Agora considerai quando, sabiamente, as demais coisas foram providenciadas à reunião dos concidadãos de uma vida feliz e honesta. De fato, esta é a primeira causa para agruparem-se e, para os homens, isso deve ser uma república, uma parte formada por instituições e a outra por leis. Em princípio, não quiseram para os nascidos livres nenhuma educação pueril, seja fixa, seja determinada pelas leis, seja oferecida por parte pública, seja igual para todos – nessa [educação] os gregos trabalharam muito em vão, e é a única coisa a que nosso hóspede Políbio acusa a negligência de nossas instituições. De fato*

[Faltam dois ou quatro fólios interiores do caderno]

Cicero

Ad militiam euntibus dari solitos esse custodes, a quibus primo anno regantur. *(Serv. Aen. V, 546: secundum Tullium qui dicit).*

Non modo ut Spartae, rapere ubi pueri et clepere discunt. *(Non. p.20, 12).*

Obprobrio fuisse adulescentibus si amatores non haberent. *(Serv. Aen. X, 325: de Cretensibus accipimus quod in amores puerorum intemperantes fuerunt [fuerint cod. un. et editt.]: quod postea in Laconas [Lacones codd. duo] et in totam Graeciam translatum est, adeo ut et [et. om. Ha.] Cicero dicat in libris [libro cod. un.] de re publica).*

[IV]. 4. Scip. '*ri nudari puberem. Ita sunt alte repetita quasi fundamenta quaedam uerecundiae. Iuuentutis uero exercitatio quam absurda in gymnasiis! quam leuis epheborum illa militia! quam contrectationes et amores soluti et liberi! mitto aput Eleos et Thebanos, apud quos in amore ingenuorum libido etiam permissam habet et solutam licentiam; Lacedaemonii ipsi, cum omnia concedunt in amore iuuenum praeter stuprum, tenui sane muro dissaepiunt id, quod excipiunt: conplexus enim concubitusque permittunt palliis interiectis. Hic Laelius: praeclare intellego, Scipio, te in iis Graeciae disciplinis, quas reprendis, cum populis nobilissimis malle quam cum tuo Platone luctari, quem ne attingis quidem, praesertim cum*'

[V] 5. *Huius (Socratis) auditor Plato, quem deum philosophorum Tullius nominat, qui solus omnium sic philosophatus est ut ad ueritatem propius accederet, tamen quia deum ignorauit, in multis ita lapsus est ut nemo deterius errauerit, in primis quod in libris ciuilibus omnia omnibus uoluit esse communia. de patrimoniis tolerabile est, licet sit iniustum; nec enim aut obesse cuiquam debet, si sua industria plus habet,*

Os que entravam no serviço militar costumavam ser considerados supervisados, por quem lhes orientavam no primeiro ano (*Sérvio*, Eneida, *V, 546, segundo Túlio disse*).

Não apenas como em Esparta, onde adolescentes aprendem a furtar e a roubar (*Nônio, p.20, 12*).

Não ter amantes era uma vergonha para os adolescentes (*Sérvio*, Eneida, *X, 325: a nós foi transmitido que os cretenses eram intemperantes no amor por adolescentes, depois isso passou à Lacônia e para toda a Grécia, até que Cícero falou disso nos livros de Sobre a República*).

[IV] 4. [Cipião:]

— *quando jovem desnuda-se. Certos fundamentos do pudor estão, por assim dizer, longe de remontar. Na verdade, quão absurdo é o exercício da juventude nos ginásios! Quão levianos os treinos militares dos efebos! Quão desenfreados e livres os contatos e amores! Remeto aos elidenses e aos tebanos, entre os quais o desregramento no amor dos homens livres tem uma licenciosidade inclusive permitida e desenfreada. Os próprios lacedemônios, quando tudo permitiam no amor dos jovens, excetuavam a penetração, separavam com um muro muito tênue o que excetuam: de fato, permitiam que se deitassem juntos e se abraçassem, desde que um manto os separasse.

Aqui, Lélio:

— Muito claramente entendo, Cipião, que com respeito a essas disciplinas da Grécia que repreendes, preferes confrontar os povos mais nobres a teu Platão, a quem nem sequer mencionas, sobretudo quando*

[V] 5. Platão, discípulo de (Sócrates), a quem Túlio denomina de deus dos filósofos, entre todos o único que filosofou de tal forma que chegou mais próximo à verdade, porém, como não conhecia deus, enganou-se em muitos aspectos, de tal modo que ninguém errou mais; primeiramente, quando defendeu nos seus livros sobre civilidade que tudo fosse comum a todos — [dizer isso] sobre o patrimônio é tolerável, apesar de ser injusto. De fato, ninguém deve ser prejudicado se tem mais, graças à sua capacidade,

aut prodesse, si sua culpa minus; sed ut dixi, potest aliquo modo ferri. etiamne coniuges, etiamne libri communes erunt? non erit sanguinis ulla distinctio, nec genus certum, nec familiae nec cognationes nec adfinitates, sed sicut in gregibus pecudum confusa et indiscreta omnia? nulla erit in uiris continentia, nulla in feminis pudicitia? quis esse in utrisque amor coniugalis potest, in quibus non est certus aut proprius affectus? quis erit in patrem pius, ignoramus unde sit natus? quis filium diliget quem putabit alienum? quin etiam feminis curiam reseruauit, militiam et magistratus et imperia permisit. quanta erit infelicitas urbis illius, in qua uirorum officia mulieres occupabunt! (Lact. Epit. 33[38], 1-5).

Et noster Plato magis etiam quam Lycurgus, omnia qui prorsus iubet esse communia, ne quis ciuis propriam aut suam rem ullam queat dicere. *(Non. p.362, 11).*

Ego uero eodem quo ille Homerum redimitum coronis et delibutum unguentis emittit ex ea urbe quam sibi ipse fingit *(Non. p.308, 38).*

[VI] 6. censoris iudicium nihil fere damnato obfert nisi ruborem. Itaque ut omnis ea iudicatio uersatur tantummodo in nomine, animaduersio illa ignomínia dicta est. *(Non. p.24, 5).*

Horum [in] seueritatem dicitur inhorruisse primum ciuitas *(Non. p.423, 4).*

nec uero mulieribus praefectus praeponatur, qui apud Graecos creari solet, sed sit censor qui uiros doceat moderari uxoribus. *(Non. p.499, 13).*

Ita magnam habet uim disciplina uerecundiae: carent temeto omnes mulieres. *(Non. p.5, 10).*

Atque etiam si qua erat famosa, ei cognati osculum non ferebant. *(Non. p.306, 3).*

Itaque a petendo petulantia, a procando, id est poscendo, procacitas nominata est. *(Non. p.23, 17 et 21).*

ou beneficiado, se por sua culpa tiver menos. Mas, como disse, de alguma forma se pode admitir. Também as esposas, também os filhos serão comuns? Não haverá nenhuma distinção sanguínea, nenhuma certeza sobre a estirpe, nem famílias, nem parentescos, nem afinidades, mas tudo será confuso e estreitamente unido como nos rebanhos? Não haverá nos varões nenhuma continência? Não haverá nenhuma pudicícia nas mulheres? Que amor conjugal pode haver entre ambos, se entre eles não há um afeto certo e próprio? Quem dedicar-se-á a seu pai se desconhece de onde nasceu? Quem cuidará de um filho se o considera de outro? Também abriu a cúria às mulheres, permitiu-lhes a milícia, as magistraturas e os comandos. Quanta infelicidade a da urbe na qual as mulheres se ocupam dos deveres dos varões! (Lactâncio, Epítome, *33 [38], 1-5*).

E nosso Platão, até mais do que Licurgo, ordena que tudo seja totalmente comum para que nenhum concidadão diga que aquela coisa é própria ou sua *(Nônio, p.326, 11)*.

Eu, na verdade, faria do mesmo modo que ele ao afastar Homero — coroado e repleto de unguentos — da urbe que forjou para si[386] *(Nônio, p.308, 38)*.

[VI] 6. Ao condenado o julgamento dos censores nada implica, a não ser um rubor. Então, como todo o julgamento acaba de qualquer modo no nome, essa repreensão foi denominada ignomínia *(Nônio, p.24, 5)*.

Pela primeira vez, diz-se que a *ciuitas* horrorizou-se perante a severidade[387] *(Nônio, p.423, 4)*.

Na verdade, nem há um administrador responsável pelas mulheres, [cargo] que costuma ser criado entre os gregos, mas um censor que ensina os varões moderarem suas esposas *(Nônio, p.499, 13)*.

A disciplina [do sentimento] de vergonha tem uma grande força: todas as mulheres ficam proibidas [de beber] vinho puro *(Nônio, p.5, 10)*.

E se alguma tiver má reputação, também os seus parentes não a beijariam. *(Nônio, p.306, 3)*.

Então, denominou a petulância de atacar, a procacidade de atrever, ou seja, reclamar *(Nônio, p.23, 17 e 21)*.

[VII] 7. Nolo enim eundem populum imperatorem et portitorem esse terrarum. optimum autem et in priuatis familiis et in republica uectigal duco esse parsimoniam. *(Non. p.24, 15).*

theatra, porticus, noua templa uerecundius reprehendo propter Pompeium; sed doctissimi non probant, ut et hic ipse Panaetius, quem multum in his libris secutus sum, non interpretatus, et Phalereus Demetrius, qui Periclem, principem Graeciae, uituperat, quod tantam pecuniam in praeclara illa propylaea coniecerit. sed de hoc genere toto in iis libris quos de re publica scripsi, diligenter est disputatum (Cic. De Off. II, 17, 60).

Fides enim nomen ipsum mihi uidetur habere, cum fit quod dicitur. *(Non. p.24, 11: fidei proprietatem exemplo manifestauit M. Tullius De Republica lib. IV).*

In ciue excelso atque homine nobili blanditiam ostentationem ambitionem †meam esse leuitatis. *(Non. p.194, 26).*

Quicumque epulis et conuiuiis et sumptibus existimationem hominum sibi conciliant, palam ostendunt sibi uerum decus quod ex uirtute ac dignitate nascitur deficere. *(Anon. Paradoxa Koronne apud Bielowski, Pompeii Trogi fragmenta p.XV sq.: recte Cicero in libris de re publica scripsit).*

Intuere paululum ipsos de re publica libros, unde illum affectum amantissimi ciuis ebibisti, quod nullus sit patriae consulendi modus aut finis bonis; intuere, obsecro te, et cerne, quantis ibi laudibus frugalitas et continentia praedicetur, et erga coniugale uinculum fides, castique honesti ac probi mores. (Aug. Epist. 91, 3 = CSEL. 34, 428, 21; cf. Solmsen Mus. Helv. 13, 39 sq.)

[VIII] 8. Admiror, nec rerum solum sed uerborum etiam elegantiam. 'si iurgant' inquit: beneuolorum concertatio, non lis inimicorum, iurgium dicitur ... iurgare igitur lex putat inter se uicinos, non litigare *(v. p.111 app.).*

Sobre a República

[VII] 7. De fato, não quero que o mesmo povo seja o comandante e o portageiro[388] das terras. Porém, estimo que a parcimônia seja o melhor imposto tantos aos privados, às famílias, quanto à república (*Nônio, p.24, 15*).

Repreendo de forma mais comedida os teatros, os pórticos e os novos templos por causa de Pompeu; mas os doutíssimos não os aprovam, como o próprio Panécio — que muito foi seguido nestes livros, sem traduzi-lo — que como Demétrio de Faleros, que vitupera Péricles — o primeiro da Grécia — por ter gasto tanto dinheiro naqueles ilustres propileus. Mas todos esses tipos de [gastos] foram diligentemente discutidos nos livros que escrevi sobre a república (*Cícero*, Dos Deveres, *II, 17, 60*).

Pois me parece que confiança recebe este nome pelo fato de se fazer aquilo que se diz (*Nônio, p.24, 11: Marco Túlio Cícero manifestou a propriedade de fides com um exemplo, no livro IV de* Sobre a República).

A lisonja, a ostentação, a ambição são †indicações de leviandade em um concidadão eminente e em um homem nobre (*Nônio, p.194, 26*).

Todos aqueles que conquistam a estima dos homens por meio de refeições públicas, banquetes e gastos revelam, claramente, que não têm a verdadeira honra, que nasce da virtude e da dignidade (*Fragmentos de Trogo Pompeu, p.XV s.: Cícero escreveu corretamente em seu livros sobre a república*).

Prestes atenção um pouco nos próprios livros sobre a república, onde bebeste os afetos de um concidadão amadíssimo:[389] para os bons não há modos intermediários ou fim para servir a pátria. Peço-te, atente e observe com quantos louvores são exaltados à frugalidade e a continência, a confiança ao vínculo conjugal e aos costumes castos, honestos e íntegros (*Agostinho, Epístola, 91, 3*).

[VIII] 8. Admiro a elegância não apenas dos assuntos, mas também das palavras. Sobre guerrear diz que é disputar com [gente] benévola, não é litígio entre inimigos, [assim] se denomina guerrear ... portanto, a lei considera que os vizinhos guerreiam entre si, mas não que litigam.

*porro cum pax domestica membrum sit ciuilis pacis, si pax domestica
a domesticis uiolanda sit ne ciuilis pereat, erit tunc pax domestica inter
patrem et filium distrahenda, quemadmodum illos scripsisse legimus, qui
de statu rei publicae facundius disputauerunt. (Rufin. De Bono pacis
II, 16 PL 150, 1622).*

Eosdem terminos hominum curae atque uitae: sic
pontificio iure sanctitudo sepulturae. *(Non. p.174, 7).*

Quod insepultos reliquissent eos quos e mari propter
uim tempestatis excipere non potuissent, innocentes
necauerunt. *(Non. p.293, 41).*

Nec in hac dissensione suscepi populi causam, sed bonorum *(v. infra app.).*

Non enim facile ualenti populo resistitur, si aut nihil
iuris impertias aut parum *(Prisc. XV, 4, 20 p.76, 14 Hertz).*

Cui quidem utiam uere fideliter † abundiente augurauerim.
(Non. p.469, 16).

[IX] 9. *Frustra hoc exclamante Cicerone, qui cum de poetis ageret:*
ad quos cum accessit inquit clamor et adprobantio populi
quasi cuiusdam magni et sapientis magistri, quas illli obdu-
cunt tenebras, quos inuehunt metus, quas inflammant cupiditates! *(Aug. Ciu. II, 14 ext., quem expressit Joh. Sarisber. Policrat.
7, 9 = II 126 sq. Webb; cf. Solmsen Mus. Helu. 13, 44 sq. Et Fraenkel
ibd. 195.)*

*negat Cicero, si duplicetur sibi aetas, habiturum se tempus quo legat
lyricos. (Sen. Epist. 49, 5).*

[X] 10. *Sicut apud Ciceronem idem Scipio loquitur:* cum artem
ludicram scaenamque totam in probro ducerent, genus id
hominum non modo honore ciuium reliquorum carere, sed
etiam tribu moueri notatione censoria uoluerunt *(Romani)'.*
(Aug. Ciu. II, 13).

Sobre a República

Uma vez que a paz doméstica é um membro da paz civil, se a paz doméstica tiver de ser violada para que a paz civil não desapareça, logo, deve a paz doméstica entre pai e filho ser despedaçada, como lemos naqueles que discutiram acerca da situação da república de modo mais eloquente (Rufino, Acerca do Bem e da Paz, II, 16 PL 150, 1622).

Os limites para o cuidado e para a vida do homem são os mesmos, [a saber:] daí a inviolabilidade da sepultura [guardada] pelo direito pontifical *(Nônio, p.174, 7)*.

De modo que não foram sepultados os que não tinham podido retirar do mar, por causa da força da tempestade, condenaram à morte inocentes *(Nônio, p.239, 41)*.

E nesta disputa não acolhi a causa do povo, mas a dos bons *(v. infra app.)*.

Pois não é fácil resistir a um povo valente se não lhes der nenhum direito ou se lhes der poucos *(Prisciano, XV, 4, 20 p.76, 14 Hertz)*.

Tomara que se tenha augurado para ele de modo verdadeiro, fiel † e abundante *(Nônio, p.469, 16)*.

[IX] 9. Inutilmente exclama Cícero, quando [fala] dos poetas, ao proclamar: a eles chegou, por assim dizer, o clamor e a aprovação do povo, como se fossem os de um grande e sábio mestre, quais trevas eles carregam, quais medos arrastam, quais desejos inflamam! *(Agostinho, Cidade de Deus, II, 14)*.

Cícero afirma que mesmo se duplicasse a sua vida não teria tempo para ler os poetas líricos (Sêneca, Epístolas a Lucílio, 49, 5.)

[X] 10. Segue o que diz o mesmo Cipião na [obra] de Cícero: como [eles][390] julgavam as artes lúdicas e as cênicas uma grande desonra pública, por meio de uma nota censuradora *(os romanos)* quiseram retirar esse gênero de homens[391] não apenas das honras dos demais concidadãos, como também de sua tribo *(Agostinho, Cidade de Deus, II, 13)*.

237

Cicero

11. *quid hinc autem senserint Romani ueteres, Cicero testatur in libris quos de re publica scripsit, ubi Scipio disputans ait:* numquam comoediae, nisi consuetudo uitae pateretur, probare sua theatris flagitia potuissent. *Et Graeci quidem antiquiores uitiosae suae opinionis quandam conuenientiam seruarunt, apud quos fuit etiam lege concessum, ut quod uellet comoedia de quo uellet nominatim diceret. Itaque, sicut in eisdem libris loquitur Africanus,*

quem illa non adtigit, uel potius quem non uexauit? cui pepercit? esto, populares homines inprobos, in re publica seditiosos, Cleonem, Cleophontem, Hyperbolum laesit. patiamur, inquit, etsi eiusmodi ciues a censore melius est quam a poeta notari; sed Periclem, cum iam suae ciuitati máxima auctoritate plurimos annos domi et belli praefuisset, uiolari uersibus et eos agi in scaena non plus decuit, quam si Plautus, inquit, noster uoluisset aut Naevius Publio et Gnaeo Scipioni aut Caecilius Marco Catoni maledicere.

12. *dein paulo post:* nostrae, *inquit,* contra duodecim tabulae cum perpaucas res capite sanxissent, in his hanc quoque sanciendam putauerunt, si quis occentauisset siue Carmen condidisset quod infamiam faceret flagitiumue alteri: praeclare; iudiciis enim magistratuum, disceptationibus legitimis propositam uitam, non poetarum ingeniis, habere debemus, nec probrum audire nisi ea lege ut respondere liceat et iudicio defendere. *Haec ex Ciceronis quarto de re publica libro ad uerbum excerpenda arbitratus sum, nonnullis propter faciliorem intellectum uel praetermissis uel paululum commutatis. Multum enim ad rem pertinent quam molior explicare si potero. Dicit deinde alia et sic concludit hunc locum ut ostendat,* ueteribus displicuisse

Sobre a República

11. *Cícero testemunha o que os antigos romanos pensavam sobre isso nos livros que escreveu sobre a república, quando Cipião diz em uma discussão:* a não ser que nelas se retratasse o modo de viver, as comédias nunca poderiam ser aplaudidas por [apresentarem] suas vergonhas nos teatros. *E certamente aos gregos mais antigos havia uma conveniência em sua opinião viciosa, porque entre eles foi concedido, até pela lei, que a comédia dissesse o que quisesse acerca de quem quisesse, chamando-o pelo nome. Por isso, Africano, nos mesmos livros, diz o seguinte:* a quem ela não atingiu, ou, a quem ela não envergonhou? A quem ela poupou? Ela atacou os homens populares ímprobos, perturbadores da república – Cleão, Cleofonte, Hipérbolo. Permitamos [isso] – *disse* – embora fosse melhor que tais concidadãos tivessem sido notados por um censor do que por um poeta. Mas, depois de muitos anos à frente de sua *ciuitas*, com máxima autoridade na paz e na guerra, ser um Péricles desrespeitado em versos e estes serem apresentados em cena, é como se nosso Plauto ou Névio quisesse falar mal de Públio e de Gneu Cipião ou Cecílio de Marco Catão – *disse.*

12. *Um pouco depois, disse:* pelo contrário, nossas Doze Tábuas, apesar de sancionarem pouquíssimas coisas com pena capital, observavam que deveriam sancionar alguém que compusesse ou cantasse poemas que envergonhasse ou desonrasse alguém. [Decisão] ilustre, pois é nos tribunais dos magistrados, em decisões de acordo com as leis, que devemos ter [nossas] vidas expostas, e não pelos engenhos dos poetas. Nem devemos ouvir agravos a não ser os de acordo com a lei que permite responder e defender-se em um tribunal. *Acredito que essas palavras foram tiradas diretamente do livro quarto de* Sobre a República*, de Cícero, omitindo algumas palavras, ou modificando um pouco outras, para facilitar o entendimento. De fato [os argumentos de Cícero] são muito pertinentes com o assunto que procuro explicar do melhor modo possível. Ele diz outras [coisas], depois, e ainda conclui de modo que mostra outros lugares:* aos antigos romanos desagradava que algum

Cicero

Romanis uel laudari quemquam in scaena uiuum hominem uel uituperari. *(Aug. Ciu. II, 9).*

[XI] 13. *Comoediam esse Cicero ait imitationem uitae, speculum consuetudinis, imaginem ueritatis. (Donat. Exc. de Com. p.22, 19 Wessner).*

Ad hanc conuenientiam pertinet, quod etiam scaenicos actores earundem fabularum non paruo ciuitatis honore dignos existimarunt, siquidem, quod in eo quoque de re publica libro commemoratur, Aeschines Atheniensis uir eloquentissimus, cum adulescens tragoedias actitauisset, rem publicam capessiuit, et Aristodemum tragicum item actorem maximis de rebus pacis ac belli legatum ad Philippum Athenienses saepe miserunt. *(Aug. Ciu, II, 11; cf. et 2, 12).*

Sobre a República

homem fosse, em sua vida, louvado ou vituperado em cena. *(Agostinho, Cidade de Deus, II, 9).*

[**XI**] **13.** *Cícero afirma que a comédia é a imitação da vida, o espelho dos costumes, a imagem da verdade.* (Donato, Excertos sobre a Comédia, *p.22, 19 Wessner).*

Pertinentemente a isso também está o fato de terem considerado os atores cênicos dessas fábulas dignos de não pequenas honras da ciuitas, como o que é rememorado nesse livro sobre a república: o ateniense Ésquines, varão eloquentíssimo, apesar de na adolescência ter representado tragédias, [depois] aderiu à república.[392] E os atenienses, diversas vezes, mandaram Aristodemo, também um ator trágico, a Felipe, como embaixador de grandes assuntos sobre a paz e a guerra. *(Agostinho,* Cidade de Deus, *II, 11; cf. 2, 12).*

Liber Quintus

[I] 1. Quando ergo res publica Romana talis erat qualem illam describit Sallustius, non iam pessima ac flagitiosissima, sicut ipse ait, sed omnino nulla erat secundum istam rationem, quam disputatio de re publica inter magnos eius tum principes habita patefecit; sicut etiam ipse Tullius non Scipionis nec cuiusquam alterius sed suo sermone loquens in principio quinti libri, commemorato prius Ennii poetae uersu quo dixerat:

> Moribus antiquis res stat Romana uirisque,

quem quidem ille uersum, *inquit,* uel breuitate uel ueritate tamquam ex oraculo quodam mihi esse effatus uidetur. Nam neque uiri, nisi ita morata ciuitas fuisset, neque mores, nisi hi uiri praefuissent, aut fundare aut tam diu tenere potuissent tantam et tam fuse lateque imperantem rem publicam. itaque ante nostram memoriam et mos ipse patrius praestantes uiros adhibebat, et ueterem morem ac maiorum instituta retinebant excellentes uiri. **2.** nostra uero aetas

Livro Quinto

[I] 1. Portanto, quando a república romana era tal como descreve Salústio, já não era péssima nem muito dissolvida, segundo diz o próprio autor, mas nela não havia absolutamente nada, de acordo com as razões apresentadas na discussão acerca da república por grandes varões, na ocasião, [concidadãos] principais. O mesmo diz o próprio Túlio, no início do quinto livro, não falando pela [boca] de Cipião ou de qualquer outro, mas pela sua própria, depois de rememorar o verso do poeta Ênio em que dizia:

A coisa [pública] romana se firma nos costumes antigos e em
seus varões!

Pela brevidade e pela verdade – *diz ele* – este verso, certamente, parece-me ter sido proferido por um oráculo. Pois, nem os varões (se a *ciuitas* não tivesse esses costumes), nem os costumes (se esses varões não os governassem) teriam conseguido fundar ou manter por tanto tempo uma república tão importante e com comando por um território tão amplo. Em tempos anteriores ao nosso, os costumes pátrios geravam varões eminentes e esses varões excelentes mantinham os antigos

cum rem publicam sicut picturam accepisset egregiam, sed
iam evanescentem uetustate, non modo eam coloribus isdem
quibus fuerat renouare neglexit, sed ne id quidem curauit ut
formam saltem eius et extrema tamquam liniamenta seruaret.
quid enim manet ex antiquis moribus, quibus ille dixit rem
estare Romanam? quos ita obliuione obsoletos uidemos, ut
non modo non colantur, sed iam ignorentur. nam de uiris
quid dicam? mores enim ipsi interierunt uirorum penuria,
cuius tanti mali non modo reddenda ratio nobis, sed etiam
tamquam reis capitis quodam modo dicenda causa est. nostris
enim uitiis, non casu aliquo, rem publicam uerbo retinemus,
re ipsa uero iam pridem amisimus. *(Aug. Ciu. 2, 21)*.

*In Politia sua dicit Tullius rei publicae rectorem summum uirum
et doctissimum esse debere, ita ut sapiens sit et iustus et temperans et
eloquens, ut possit facile currente eloquentia animi secreta ad regendam
plebem exprimere. scire etiam debet ius, Graecas nosse litteras, quod
Catonis facto probatur, qui in summa senectute Graecis litteirs operam
dans indicauit, quantum utilitatis haberent. (Grillius comm. In Cic.
Rhet. p.28, 14 Martin)*.

[**II**] **3.** (Manil.?) '*<nihil esse tam> regale quam expla-
nationem aequitatis, in qua iuris erat interpretatio, quod
ius priuati petere solebant a regibus, ob easque causas agri
arui et arbusti et pascui lati atque uberes definiebantur,
qui essent regii [qui] colerenturque sine regum opera et
labore, ut eos nulla priuati negotii cura a populorum rebus
abduceret. Nec uero quisquam priuatus erat disceptator aut
arbiter litis, sed omnia conficiebantur iudiciis regiis. Et mihi
quidem uidetur Numa noster maxime tenuisse hunc morem
ueterem Graeciae regum.

costumes e as instituições dos antepassados.[393] **2.** Na verdade, como nossos tempos receberam a república como se fosse uma pintura notável, mas já de pouco fôlego por sua antiguidade, não apenas negligenciou renová-la com as cores que tivera, mas também nem procurou conservar sua forma e seus últimos delineamentos. Pois, o que permanece dos antigos costumes nos quais Ênio disse que se firmou a coisa [pública] romana? Observamo-los esquecidos de modo obsoleto, e não apenas não são cultivados como também são ignorados. Com efeito, o que dizer dos varões? Pois os próprios costumes se enterraram na penúria dos varões, mal que tanto temos que prestar contas, como também explicar a razão, como se fossemos réus da pena capital. De fato, por nossos vícios, não por algum acaso, mantemos uma república nas palavras, [mas,] na verdade, já a perdemos há muito tempo (*Agostinho, Cidade de Deus, 2, 21*).

Cícero diz na sua Política que o regente da república deve ser um varão sumo e doutíssimo, consequentemente, sábio, justo, temperante e eloquente, de forma que possa exprimir facilmente, com sua eloquência, os segredos da alma para reger a plebe. Também deve conhecer o direito, as letras gregas, o que é provado pelas ações de Catão, que, no fim da velhice, ao debruçar-se sobre as obras gregas, indicou quanta utilidade elas tinham (Grílio, Comentário à Retórica de Cícero, p.28, 14 Martin).

[II] 3. [Manílio?]:

— *<nada era tão>* régio quanto a explicação da equidade, na qual se incluía a interpretação do direito, uma vez que os privados costumavam pedir aos reis o justo; por isso eram preservados terrenos, campos cultiváveis, arvoredos e os próprios pastos — extensos e férteis — para que fossem propriedades régias, e cultivadas sem a atividade e trabalho dos reis, a fim de que nenhuma preocupação com negócios privados os distraíssem dos assuntos dos povos. Na verdade, nenhum [concidadão] privado era juiz ou árbitro de um litígio, mas tudo se resolvia pelos julgamentos régios.

Cicero

Nam ceteri, etsi hoc quoque munere fungebantur, magnam tamen partem bella gesserunt et eorum iura coluerunt; illa aut diuturna pax Numae mater huic urbi iuris et religionis fuit, qui <cum> legum etiam scriptor fuisset, quas scitis extare, quod quidem huius ciuis proprium de quo agimus*

[Exiderunt quaternionis folia interiora aut 2 aut 4]

[III] 4. sed tamen ut bono patri famílias colendi aedificandi ratiocinandi quidam usus opus est. *(Non. p.497, 23)*.

5. (Scip.) '*<ra>dicum seminumque cognoscere num te offendet?' (Manil) 'Nihil, si modo opus extabit'. (Scip.) 'Num id studium censes esse uilici?' (Manil.) 'Minime; quippe cum agri culturam saepissime opera deficiat.' (Scip.) 'Ergo, ut uilicus naturam agri nouit, dispensator litteras scit, uterque autem se a scientiae delectatione ad efficiendi utilitatem refert, sic noster hic rector studuerit sane iuri et legibus cognoscendis, fontis quidem earum utique perspexerit, sed se responsitando et lectitando et scriptitando ne impediat, ut quasi dispensare rem publicam et in ea quodam modo uilicare possit, summi iuris peritissimus, sine quo iustus esse nemo potest, ciuilis non inperitus, sed ita, ut astrorum gubernator, physicorum medicus; uterque enim illis ad artem suam utitur, sed se a suo munere non impedit. Illud autem uidebit hic uir*'

[Quot quaterniones et folia exciderint, nescimus.]

Sobre a República

E parece-me que nosso Numa observou com muito rigor este velho costume dos reis da Grécia, pois os demais, ainda que desempenhassem essa função, todavia, dedicaram-se em grande parte à guerra e às leis dessa. E, aquela duradoura paz de Numa foi para esta urbe a mãe do direito e da religião; pois ele foi também redator das leis que, como sabeis, ainda perduram — o que é próprio deste concidadão que tratamos*

[Faltam dois ou quatro fólios interiores do caderno]

[III] **4.** Mas, como um bom pai de família, ele precisa ter prática na agricultura, na construção e nos cálculos *(Nônio, p.497, 23)*.

5. [Cipião]:

— *Acaso molestar-te-á conhecer sobre as raízes e as sementes?

[Manílio]:

— Não, desde que o trabalho seja executado.

— Por acaso pensas que esse estudo é de um caseiro?

— De forma alguma; posto que com muita frequência falta quem trabalhe para o cultivo do campo.

— Então, assim como o caseiro conhece a natureza do campo, o administrador sabe ler, e ambos se voltam do deleite da ciência à utilidade da realização; assim, este nosso reitor deve se dedicar, sem dúvida, a conhecer o direito e as leis, deve examinar especialmente suas fontes, mas de modo que suas consultas, leituras, escritos não o impeçam, por assim dizer, de poder administrar a república e, de certo modo, ser caseiro, enquanto perito no sumo direito, sem o qual ninguém pode ser justo, e sem desconhecer o direito civil, mas tal como o piloto conhece os astros, o médico o físico; ambos, de fato, usam estas coisas para sua arte, mas sem deixarem sua função. Porém, este varão perceberá aquilo*

[Faltam cadernos e fólios em número desconhecido]

247

[IV] 6. (Scip.?) ‘*<ciui>tatibus, in quibus expetunt laudem optumi et decus, ignominiam fugiunt ae dedecus. Nec uero tam metu poenaque terrentur, quae est constituta legibus, quam uerecundia, quam natura homini dedit quasi quendam uituperationis non iniustae timorem. Hanc ille rector rerum publicarum auxit opinionibus perfecitque institutis et disciplinis, ut pudor ciuis non minus a delictis arceret quam metus. Atque haec quidem ad laudem pertinent, quae dici latius uberiusque potuerunt.

[V] 7. Ad uitam autem usumque uiuendi ea discripta ratio est iustis nuptiis, legitimis liberis, sanctis Penatium deorum Larumque familiarium sedibus, ut omnes et communibus commodis et suis uterentur, nec bene uiui sine bona re publica posset nec esse quicquam ciuitate bene constituta beatius. Quocirca permirum mihi uideri solet, quae sit tanta doc*’

[Desinit palimpsetus.]

[VI] 8. consumo igitur omne tempus consideran, quanta uis sit illius uiri, quem nostris libris saits diligenter, ut libi quidem uidemur, expressimus. Tenesne igitur, moderatorem illum rei publicae quo ferre uelimus omnia? nam sic quinto ut opinor in libro loquitur Scipio: ut enim gubernatori cursus secundus, medico salus, imperatori uictoria, sic huic moderatori rei publicae beata ciuium uita proposita est, ut opibus firma, copiis locuples, gloria ampla, uirtute honesta sit; huius enim operis maximi inter homines atque optimi illum esse perfectorem uolo. *(Cic. Att. 8, 1 1, 1).*

Sobre a República

[IV] 6. [Cipião?]:

– * nas <*ciuitates*> em que os optimates buscam o louvor e a honra, e fogem do desprezo e da desonra. Na verdade, nem são tão convencidos pelo medo e pelo castigo que foi instituído pelas leis, como pela vergonha que a natureza deu ao homem como uma espécie de temor do vitupério justo. O reitor da república faz ampliar [esse sentimento] por meio de opiniões e o aperfeiçoa por meio de instituições e disciplinas, de forma que, não menos que o medo, mas é o pudor que espanta os concidadãos dos delitos. E estas coisas pertencem ao louvor e, certamente, poderiam ser ditas de modo mais amplo e abundante.

[V] 7. Porém, à vida e aos hábitos de vida, essa norma difundiu-se por núpcias legais, filhos legítimos, casas consagradas aos deuses familiares Penates e Lares, [uma organização tal] que todos poderiam usufruir tanto dos bens comuns como dos próprios, e não se poderia viver bem sem uma boa república, nem poderia haver algo mais feliz que uma *ciuitas* bem constituída. Por isso costuma parecer a mim muito admirável*

[Acaba o palimpsesto]

[VI] 8. Por fim, consumo todo o meu tempo considerando quanta força há nesse varão que expusemos, muito diligentemente, em nossos livros, como, certamente, observamos. Portanto, viste aquele moderador da república ao qual tudo queríamos entregar? Pois, segundo penso, no livro quinto, Cipião disse o seguinte: pois, como de um piloto se espera um bom percurso, de um médico a saúde, de um comandante a vitória, assim, ao moderador da república está confiada uma vida feliz aos concidadãos – que [a vida] seja firme em seus trabalhos, copiosa em recursos, grande pela sua glória, honesta pela sua virtude. Pois, é essa obra, entre os homens a maior e a melhor, que

Et ubi est quod et uestrae litterae illum laudant patriae rectorem, qui populi utilitati magis consulat quam uoluntati? *(Aug. Epist. 104, 7 ext= CSEL34, 587, 24).*

[VII] 9. etiam Tullius hinc diddimulare non potuit in eisdem libris quos de re publica scripsit, ubi loquitur de instituendo principe ciuitatis, quem dicit alendum esse gloria, *et consequenter commemorat* maiores suos multa mira atque praeclara gloriae cupiditate fecisse. *(Aug. Ciu. 5, 13).*

Tullius in libris de re publica scripsit scilicet: principem ciuitatis gloria esse alendum, et tam diu stare rem publicam, quam diu ab ominibus honor principi exhiberetur. *(Petrus Pictauiensis ep. ad calumn. PL 189, 58; cf. Lehmann 205).*

Tum uirtute labore industria † quaereretur summi uiri indolem, nisi nimis animose ferox natura illum nescio quo* *(Non. p.233, 39).*

Quae uirtus fortitudo uocatur; in qua est magnitudo animi, mortis dolorisque magna contemtio. *(Non. p.201, 29).*

[VIII] 10. Marcellus ut Acer et pugnax, Maximus ut consideratus et lentus. *(Non. p.337,34).*

Orbi pro orbe Ciceronem de re publica libro V orbi terarum comprehensos ... *et frequenter antiquos ita locutos Plinius eodem libro VI notat. (Charis. I, 139, 17 Keil).*

Quod molestiis senectutis suae uestras famílias inpertire posset. *(Non. p.37, 26).*

[IX] 11. Postea hoc etiam addidit insulsissime (Seneca): 'apud ipsum quoque,' inquit, 'Ciceronem inuenies etiam in prosa oratione quaedam ex quibus intellegas illum non perdidisse operam quod Ennium legit'. ponit deinde quae apud Ciceronem reprehendat quasi Enniana, quod ita scripserit in libris de re publica: ut Menelao laconi quaedam

250

Sobre a República

quero que ele faça perfeitamente, que seja o melhor *(Cícero,* Epístolas a Ático, 8, 11, 1).

E onde está a razão de sua literatura louvar aquele regedor da pátria, que cuida mais da utilidade do que da vontade do povo? *(Agostinho,* Epístola, 104, 7).

[VII] 9. *Também naqueles livros sobre a república que escreveu, quando trata da educação do principal [concidadão] da ciuitas, Túlio também não pode dissimular que, de acordo com o que diz:* [deve] ser educado na glória, *e consequentemente, como rememora,* seus predecessores tinham feito muitas coisas admiráveis e ilustres por desejo de glória *(Agostinho,* Cidade de Deus, 5, 13).

Túlio escreveu nos livros sobre a república naturalmente: o [varão] principal da *ciuitas* deve ser educado na glória e uma república será firme por muito tempo enquanto todos honrarem o principal [concidadão] *(Petrus Pictaviense,* Epístola aos Caluniadores, *PL* 189, 58; *cf. Lehmann* 205).

Portanto, pela virtude, pelo trabalho, pela industriosidade, † em relação à índole do sumo varão se observará, por acaso, uma natureza muito feroz, animosa, não sei como* *(Nônio, p.233, 39).*

Esta virtude denomina-se fortitude; nela há a grandeza de alma e um grande desprezo pela morte e pela dor *(Nônio, p.201, 29).*

[VIII] 10. Ácido e combativo como Marcelo, ponderado e flexível como Máximo *(Nônio, p.337, 34).*

No mesmo livro VI, Plínio observa que tanto Cícero, no livro V de Sobre a República, *quanto os antigos frequentemente diziam "orbi" em vez de "orbe",*[394] compreendendo também o orbe da terra. *(Carísio, I, 139, 17 Keil).*

Porque poderia enviar às vossas famílias as moléstias de sua velhice *(Nônio, p.37, 26).*

[IX] 11. *Depois, Sêneca ainda acrescentou de modo insosso: no próprio Cícero acharás e até na sua prosa, nos seus discursos, coisas que te [permitirão] compreender que não perdeste tempo ao ler Ênio. Depois, [Sêneca] expõe o que repreende em Cícero, quando ele escreveu o seguinte em seus livros sobre a república, por assim dizer, de modo eniano:* como o lacedemônio Menelau se expressou com um

fuit suauiloquens iucunditas, *et quod alio in loco dixerit:* breuiloquentiam in dicendo colat. *(Gell. 12, 2, 6.7).*

Horum obstatinatione libertatem temeritas, constantiam audácia praeceps, eloquentiam inanis quaedam imitatus fluentia loquendi, quarum artium scaeuitate, ut Tullius adsereuerat, nefas est religionem decipi iudicantis. ait enim: (Scip.) cumque nihil tam incorruptum esse debeat in re publica quam suffragium, quam sententia, non intellego cur qui ea pecunia corruperit, poena dignus sit, qui eloquentia, laudem etiam ferat. mihi quidem hoc plus mali facere uidetur qui oratione quam qui pretio iudicem corrumpit, quod pecunia corrumpere pudentem nemo potest, dicendo potest. *(Amm. Marc. 30, 4, 10).*

Quae cum Scipio dixisset, admodum probans Mummius (erat enim odio quodam rhetorum inbutus)* *(Non. p.521, 12).*

Tum in optimam segentem praeclara essent sparsa semina. *(Comment. anon. ad Verg. Gerog. 1 init. apud Bandin. catal. lat. bibl. Laur. II p.348 [Cicero de re publica libro V]).*

Sobre a República

suave encanto. *E em outro momento disse:* cultiva a concisão em sua oratória *(Gélio, 12, 2, 6.7)*.

Por conta de sua obstinação, a temeridade se passa por liberdade, a perigosa audácia por constância, um vazio ao falar parece ser eloquência; e como adverte Túlio, é um desrespeito iludir um jurado com a crença nessas artes. De fato, diz: [Cipião] Na república nada deve ser tão incorruptível quanto o voto e a sentença; não entendo por que quem os corrompe com dinheiro é digno de ser castigado, e [se corromper] por meio da eloquência é [digno] de louvor. Parece-me que quem corrompe um juiz com um discurso, certamente, faz um mal maior do que quem o corrompe com um valor, pois ninguém pode corromper um [varão] honrado com dinheiro, [mas] pelo discurso pode *(Amiano Marcelino, 30, 4, 10)*.

Depois que Cipião disse isso, aprovando totalmente, pois estava imbuído de um pouco de ódio dos retores, Múmio* *(Nônio, p.521, 12)*.

Portanto, foram semeadas belas sementes em uma ótima terra lavrada *(Comentário anônimo à Geórgica I, de Virgílio)*.

Liber VI

[**I**] **9.** 'Cum in Africam uenissem hoc Manilio consule ad quartam legionem tribunus ut scitis militum, nihil mihi fuit potius quam ut Masinissam conuenirem, regem familiae nostrae iustis de causis amicissimum. ad quem ut ueni, complexus me senex collacrimauit aliquantoque post suspexit ad caelum et "grates" inquit "tibi ago summe Sol, uobisque reliqui caelites, quod, ante quam ex hac uita migro, conspicio in meo regno et his tectis P. Cornelium Scipionem, cuius ego nomine ipso recreor: ita [que] numquam ex animo meo discedit illius optimi atque inuictissimi uiri memoria." deinde ego illum de suo regno, ille me de nostra re publica percontatus est, multisque uerbis ultro citroque habitis ille nobis consumptus est dies.

10. 'Post autem apparatu regio accepti, sermonem in multam noctem produximus, cum senex nihil nisi de Africano loqueretur, omniaque eius non facta solum sed etiam dicta meminisset. deinde ut cubitum discessimus, me et de uia fessum, et qui ad multam noctem uigilassem, artior quam

Livro Sexto

[I] 9. – Quando cheguei à África,[395] como tribuno militar da quarta legião, e sob o comando do cônsul Mânio Manílio, como sabeis, o que eu mais queria era me encontrar com o rei Masinissa,[396] que por razões justas era muito amigo de nossa família. Ao me encontrar com ele, abraçando-me o ancião chorou muito e, pouco depois, levantou os olhos ao céu, e disse: "Dou graças a ti, supremo Sol, e a vós, demais seres celestes, pois, antes de partir desta vida,[397] enxergo[398] em meu reino e sob este teto Públio Cornélio Cipião, cujo próprio nome me conforta, pois nunca se distanciou de minha alma a memória daquele ótimo e invencível varão."[399] Então, perguntei-lhe sobre o seu reino, e ele, a mim, acerca de nossa república, e aquele dia se consumiu para nós entre muitas palavras de um e de outro.

10. Depois de ser recebido com aparato régio, prolongamos a conversa até muito tarde da noite. O ancião falava apenas do Africano e recordava não somente todos os seus feitos, mas também seus ditos. Depois, quando nos separamos para dormir, um sonho mais profundo do que de costume se apoderou de mim, que estava cansado da viagem e por ter ficado acordado até muito tarde. Nele, Africano se mostrou

solebat somnus complexus est. hic mihi — credo equidem ex hoc quod eramus locuti; fit enim fere ut cogitationes sermonesque nostri pariant aliquid in somno tale, quale de Homero scribit Ennius, de quo uidelicet saepissime uigilans solebat cogitare et loqui — Africanus se ostendit ea forma quae mihi ex imagine eius quam ex ipso erat notior. quem ubi agnoui, equidem cohorrui; sed ille "ades" inquit "animo et omitte timorem, Scipio, et quae dicam trade memoriae.

[II] 11. 'Videsne illam urbem, quae parere populo Romano coacta per me renouat pristina bella nec potest quiescere?" (ostendebat autem Carthaginem de excelso et pleno stellarum, illustri et claro quodam loco.) "ad quam tu oppugnandam nunc uenis paene miles, hanc hoc biennio consul euertes, eritque cognomen id tibi per te partum quod habes adhuc a nobis hereditarium. cum autem Carthaginem deleueris, triumphum egeris censorque fueris, et obieris legatus Aegyptum, Syriam, Asiam, Graeciam, deligere iterum consul absens bellumque maximum conficies, Numantiam exscindes. sed cum eris curru in Capitolium inuectus, offendes rem publicam consiliis perturbatam nepotis mei.

12. hic tu, Africane, ostendas oportebit patriae lumen animi ingeniique tui consiliique. sed eius temporis ancipitem uideo quasi fatorum uiam. nam cum aetas tua septenos octiens solis anfractus reditusque conuerterit, duoque hi numeri, quorum uterque plenus alter altera de causa habetur, circuitu naturali summam tibi fatalem confecerint, in te unum atque in tuum nomen se tota conuertet ciuitas: te senatus, te omnes boni, te socii, te Latini intuebuntur; tu

com uma forma que me era mais conhecida por sua estátua que por sua própria pessoa[400] (creio, certamente, que era por causa do que tínhamos falado, pois, geralmente, ocorre que nossos pensamentos e conversas engendram no sonho como aquilo que Ênio escreve em relação a Homero, acerca do qual, sem dúvida, costumava pensar e falar, estando acordado). Quando o reconheci, estremeci, mas ele disse: — Ânimo, Cipião, abandone o temor e confie à memória o que vou dizer:

[II] 11. — Vês aquela urbe forçada por mim a obedecer ao povo romano, onde recomeçam as antigas guerras e não pode estar tranquila?

E, em um lugar excelso e repleto de estrelas, resplandecente e claro, mostrava-me Cartago.

— Tu vens agora sitiá-la,[401] quase como um soldado. Daqui a dois anos, sendo cônsul, virás derrubá-la, e terás esse sobrenome que, até agora tens de nós como herdeiro, construído por ti. Depois que destruíres Cartago, celebrares o triunfo, fores censor e tiveres percorrido o Egito, a Síria, a Ásia, a Grécia, na qualidade de legado,[402] serás eleito cônsul pela segunda vez enquanto estiveres ausente, e terminarás uma guerra muito grande destruindo a Numância.[403] Mas quando fores levado, em carro triunfal, ao Capitólio, encontrarás a república perturbada pelas ideias de meu neto.[404]

12. Então, Africano, será necessário que tu mostres à pátria a luz de teu ânimo, de teu engenho e de teu discernimento. E nessa época vejo, por assim dizer, [diferentes] caminhos para o destino. Pois quando tua idade tiver cumprido oito vezes sete movimentos de idas e vindas do sol e, esses dois números (cada um dos quais é considerado perfeito, por razões diferentes) tiverem completado seu ciclo natural, a soma que o destino estabeleceu a ti, a *ciuitas* voltar-se-á apenas para ti e para o teu nome; a ti o senado, a ti todos os bons, a ti todos os aliados, a ti todos os latinos contemplarão; tu serás o único em quem a salvação

eris unus in quo nitatur ciuitatis salus. ac ne multa: dictator rem publicam constituas oportet, si impias propinquorum manus effugeris.'"

Hic cum exclamauisset Laelius ingemuissentque uehementius ceteri, leniter arridens Scipio 'st! quaeso' inquit 'ne me e somno excitetis, et parumper audite cetera.'

[**III**] **13.** '"Sed quo sis, Africane, alacrior ad tutandam rem publicam, sic habeto: omnibus qui patriam conseruauerint adiuuerint auxerint certum esse in caelo definitum locum, ubi beati aeuo sempiterno fruantur. nihil est enim illi principi deo qui omnem mundum regit, quod quidem in terris fiat, acceptius quam concilia coetusque hominum iure sociati, quae ciuitates appellantur; harum rectores et conseruatores hinc profecti huc reuertuntur."

14. 'Hic ego etsi eram perterritus non tam mortis metu quam insidiarum a meis, quaesiui tamen uiueretne ipse et Paullus pater et alii quos nos exstinctos esse arbitraremur. "immo uero" inquit "hi uiuunt qui e corporum uinclis tamquam e carcere euolauerunt, uestra uero quae dicitur uita mors est. quin tu aspicis ad te uenientem Paullum patrem?" quem ut uidi, equidem uim lacrimarum profudi, ille autem me complexus atque osculans flere prohibebat.

15. 'Atque ego ut primum fletu represso loqui posse coepi, "quaeso," inquam "pater sanctissime atque optime, quoniam haec est uita, ut Africanum audio dicere, quid moror in terris? quin huc ad uos uenire propero?"

'"Non est ita" inquit ille. "nisi enim cum deus is, cuius hoc templum est omne quod conspicis, istis te corporis custodiis liberauerit, huc tibi aditus patere non potest. homines

Sobre a República

da *ciuitas* se apoiará. E, em poucas palavras, será necessário que, como ditador, organizes a república, se escapardes das mãos ímpias de teus parentes.

Então, como Lélio tivesse gritado e os demais gemessem veementemente, Cipião, sorrindo docemente, disse: — Silêncio, por favor! Não me desperteis de meu sono e, por hora, ouçam o resto.

[III] 13. — Africano, para que sejas mais decidido para proteger a república, saiba isto: para todos que tenham conservado, ajudado e acrescentado algo à sua pátria há um lugar definido no céu, onde, felizes, desfrutarão de uma vida eterna. De fato, para esse primeiro deus que rege o mundo inteiro nada, ao menos do que se faz na terra, é mais aceitável do que aquelas reuniões e agrupamento de homens associados pelo direito, as quais se chamam *ciuitas*.[405] Seus reitores e conservadores, tendo partido daqui, regressam para cá.

14. Eu estava, então, aterrorizado – não tanto pelo medo da morte, quanto pelas traições dos meus – perguntei se ele próprio, se meu pai Paulo[406] e outros, a quem nós considerávamos mortos, estariam vivos.

— Na verdade – respondeu –, vivem os que saíram voando da prisão de seus corpos como de um cárcere;[407] e, o que se chama de vida é morte. Não vês teu pai Paulo vindo em direção a ti?

Quando o vi, irrompi em lágrimas; mas ele, abraçando-me e beijando-me, proibia-me de chorar.

15. E quando eu, finalmente, reprimi o pranto, e comecei a poder falar, disse:

— Venerado e ótimo pai, posto que esta é a vida, como ouvi o que contou Africano, por que fico na terra? Por que não me apresso para ir para junto de vós?

— Não é assim – disse ele.[408] De fato, quando o deus, cujo templo é tudo isto que vês, te liberar dessa prisão do corpo, a entrada deste lugar

enim sunt hac lege generati, qui tuerentur illum globum quem in hoc templo medium uides, quae terra dicitur, iisque animus datus est ex illis sempiternis ignibus quae sidera et stellas uocatis, quae globosae et rotundae, diuinis animatae mentibus, circos suos orbesque conficiunt celeritate mirabili. quare et tibi, Publi, et piis omnibus retinendus animus est in custodia corporis nec iniussu eius, a quo ille est uobis datus, ex hominum uita migrandum est, ne munus humanum assignatum a deo defugisse uideamini.

16. Sed sic, Scipio, ut auus hic tuus, ut ego qui te genui, iustitiam cole et pietatem, quae cum magna in parentibus et propinquis, tum in patria maxima est; ea uita uia est in caelum et in hunc coetum eorum qui iam uixerunt et corpore laxati illum incolunt locum quem uides" (erat autem is splendidissimo candore inter flammas circus elucens), "quem uos, ut a Grais accepistis, orbem lacteum nuncupatis." ex quo omnia mihi contemplanti praeclara cetera et mirabilia uidebantur. erant autem eae stellae quas numquam ex hoc loco uidimus, et eae magnitudines omnium quas esse numquam suspicati sumus, ex quibus erat ea minima quae ultima a caelo, citima <a> terris, luce lucebat aliena. stellarum autem globi terrae magnitudinem facile uincebant; iam ipsa terra ita mihi parua uisa est, ut me imperii nostri, quo quasi punctum eius attingimus, paeniteret.

[IV] 17. 'Quam cum magis intuerer, "quaeso," inquit Africanus "quousque humi defixa tua mens erit? nonne aspicis quae in templa ueneris? nouem tibi orbibus uel potius globis conexa sunt omnia, quorum unus est caelestis, extumus, qui reliquos omnes complectitur, summus ipse deus arcens et continens ceteros, in quo sunt infixi illi qui

Sobre a República

pode se abrir para ti. Pois os homens foram engendrados de acordo com esta lei: que protegessem aquela esfera, que avistas no meio deste templo, que se chama Terra; e foi-lhes dada uma alma proveniente dos fogos eternos[409] que são chamados constelações e estrelas, as quais, esféricas e redondas — animadas por mentes divinas — realizam suas revoluções e órbitas com celeridade admirável. Por esse motivo, Públio, tu e todos os [homens] piedosos devem reter a alma na prisão do corpo e não deveis partir da vida dos homens[410] sem a ordem daquele por quem [a vida] vos foi dada, para não parecer que fugis do dever humano designado pelo deus.

16. Cipião, tal como este teu avô, tal como eu, que te engendrei, cultiva a justiça e a piedade, as quais devem ser grandes para com os pais e parentes e muito maiores para com a pátria. Tal vida é o caminho para o céu e para esta congregação dos que já viveram e que, livres do corpo, habitam aquele lugar que vês (era um círculo que brilhava com uma brancura muito resplandecente entre as chamas), como vós aprendestes com os gregos, que lhe deram o nome de Via Láctea.

[Cipião:] — Ao contemplar tudo o mais a partir dali parecia-me muito brilhante e admirável; havia estrelas que nunca tínhamos visto deste lugar e todas de uma magnitude que nunca havíamos suspeitado que existisse; dentre elas estava a menor de todas,[411] a mais distante do céu e a mais próxima <da> Terra, que reluzia com luz alheia. Os globos das estrelas facilmente superavam a magnitude da Terra, e esta me pareceu tão pequena que fiquei descontente com nosso domínio, que, por assim dizer, ocupava um ponto dela.

[IV] **17.** Como eu a olhava atentamente, disse Africano:

— Até quando tua mente estará fixa na Terra? Não vês a quais templos chegastes? Tudo está conexo por meio de nove órbitas, ou melhor, esferas, das quais uma é a celeste (a mais externa, que abarca a todas as restantes, e o próprio deus supremo que compreende e contém as

Cicero

uoluuntur stellarum cursus sempiterni; cui subiecti sunt septem qui uersantur retro contrario motu atque caelum. ex quibus unum globum possidet illa quam in terris Saturniam nominant; deinde est hominum generi prosperus et salutaris ille fulgor qui dicitur Iouis; tum rutilus horribilisque terris quem Martium dicitis; deinde subter mediam fere regionem Sol obtinet, dux et princeps et moderator luminum reliquorum, mens mundi et temperatio, tanta magnitudine, ut cuncta sua luce lustret et compleat. Hunc ut comites consequuntur Veneris alter, alter Mercurii cursus, in infimoque orbe Luna radiis Solis accensa conuertitur. infra autem iam nihil est nisi mortale et caducum praeter animos munere deorum hominum generi datos; supra Lunam sunt aeterna omnia. nam ea quae est media et nona, Tellus, neque mouetur et infima est, et in eam feruntur omnia nutu suo pondera."

[V] 18. 'Quae cum intuerer stupens, ut me recepi, "quid hic?" inquam "quis est qui complet aures meas tantus et tam dulcis sonus?"

' "Hic est" inquit "ille qui interuallis coniunctus imparibus, sed tamen pro rata parte ratione distinctis, impulsu et motu ipsorum orbium efficitur, et acuta cum grauibus temperans uarios aequabiliter concentus efficit; nec enim silentio tanti motus incitari possunt, et natura fert ut extrema in altera parte grauiter, ex altera autem acute sonent. quam ob causam summus ille caeli stellifer cursus, cuius conuersio est concitatior, acuto et excitato mouetur sono, grauissimo autem hic lunaris atque infimus; nam terra nona immobilis manens una sede semper haeret, complexa medium mundi locum. illi autem octo cursus, in quibus eadem uis est

demais); ao deus supremo estão fixas as órbitas das estrelas que giram eternamente. Por baixo dele existem sete que giram para o outro lado, com um movimento contrário ao do céu.[412] Aquela que da Terra chamam Saturno, encontra-se em uma das esferas; depois, vem aquele fulgor propício e saudável para o gênero humano, que é chamado Júpiter; então, o brilhante e horrível para a Terra, que chamais de Marte; depois, abaixo, localiza-se aproximadamente na região intermediária, o Sol, condutor, príncipe e moderador das demais estrelas, mente e regulador do mundo, de uma magnitude tão grande que tudo ilumina e preenche com a sua luz. A esse seguem como companheiros os cursos de Vênus e o de Mercúrio. E na órbita mais distante gira a Lua, iluminada pelos raios do Sol. Abaixo dela já não há nada a não ser o que é mortal e perecível, com exceção das almas dadas ao gênero humano como um presente dos deuses. Acima da Lua todas as coisas são eternas.[413] Desse modo, a Terra está no meio e é a nona [estrela], nem se move e é a que está mais abaixo, e todos os corpos pesados são trazidos para ela, por seu peso.

[V] **18.** Como olhava estupefato, logo que me recuperei, perguntei:

— O que é isso? Que som tão alto e tão doce é este que enche meus ouvidos?

— Esse é – disse – aquele [som] que é unido por intervalos desiguais – todavia regulados, dispostos proporcionalmente –, é produzido pelo impulso e movimento das próprias esferas e, mesclando tons agudos e graves, tempera, de maneira equilibrada, vários concertos. De fato, movimentos tão grandes não podem realizar-se em silêncio, e a natureza faz com que os extremos soem sons graves de um lado, e agudos do outro.[414] Por isso, a órbita mais alta do céu, a das estrelas, cuja revolução é mais célere, move-se com um som agudo e intenso, por outro lado, a da Lua, que é a mais baixa, move-se com um som muito grave. A terra, sendo a nona esfera, permanece imóvel, está sempre fixa em uma mesma sede, ocupando o lugar médio do mundo. Porém, aqueles oito cursos, entre

duorum, septem efficiunt distinctos interuallis sonos, qui numerus rerum omnium fere nodus est; quod docti homines neruis imitati atque cantibus aperuerunt sibi reditum in hunc locum, sicut alii qui praestantibus ingeniis in uita humana diuina studia coluerunt. **19.** hoc sonitu oppletae aures hominum obsurduerunt; nec est ullus hebetior sensus in uobis, sicut ubi Nilus ad illa quae Catadupa nominantur praecipitat ex altissimis montibus, ea gens quae illum locum accolit propter magnitudinem sonitus sensu audiendi caret. hic uero tantus est totius mundi incitatissima conuersione sonitus, ut eum aures hominum capere non possint, sicut intueri solem aduersum nequitis, eiusque radiis acies uestra sensusque uincitur."

[**VI**] **20.** 'Haec ego admirans referebam tamen oculos ad terram identidem. tum Africanus "Sentio" inquit "te sedem etiam nunc hominum ac domum contemplari; quae si tibi parua ut est ita uidetur, haec caelestia semper spectato, illa humana contemnito. tu enim quam celebritatem sermonis hominum, aut quam expetendam consequi gloriam potes? uides habitari in terra raris et angustis in locis, et in ipsis quasi maculis ubi habitatur uastas solitudines interiectas, eosque qui incolunt terram non modo interruptos ita esse ut nihil inter ipsos ab aliis ad alios manare possit, sed partim obliquos, partim transuersos, partim etiam aduersos stare uobis; a quibus exspectare gloriam certe nullam potestis.

21. ' "Cernis autem eandem terram quasi quibusdam redimitam et circumdatam cingulis, e quibus duos maxime inter se diuersos et caeli uerticibus ipsis ex utraque parte subnixos obriguisse pruina uides, medium autem illum

Sobre a República

os quais a força de dois é a mesma, produzem sete sons separados por intervalos – número que é como o núcleo de todas as coisas. Os homens doutos ao imitarem os sons com instrumentos de cordas e cantos, abriram para si [um modo de] retornar a este lugar, do mesmo modo que outros, com seus notáveis engenhos, cultivaram na vida humana os estudos divinos. **19.** Os ouvidos dos homens ensurdeceram [por estarem] cheios desse som – não haveis sentido mais enfraquecido do que esse – como ocorre onde o Nilo, próximo de um lugar chamado Catadupa, precipita-se de altíssimos montes; pela magnitude do ruído, as pessoas que habitam perto desse lugar carecem da faculdade de ouvir. Na verdade, é tão alto o som causado pela revolução celeríssima de todo o mundo que os ouvidos dos homens não podem captá-lo, do mesmo modo que não podeis olhar para o Sol de frente, [pois] seu sentido de visão é vencido pelos seus raios.

[VI] **20.** Ainda que eu admirasse estas coisas, todavia, voltava amiúde meus olhos para a Terra. Então disse Africano:

– Percebo que agora também contemplas a sede e casa dos homens; se ela te parece tão pequena como o é, observe sempre estas coisas celestes e despreze aquelas humanas.[415] Desse modo, qual celebridade ou qual glória podes esperar conseguir, tu, do que falam os homens? Observas que a Terra é habitada em raros e pequenos lugares, e que nestes, por assim dizer, [veem-se] manchas onde se habita, intercaladas com vastos desertos; e que aqueles que habitam a Terra não só estão de tal forma separados que, entre eles próprios, nada pode ser transmitido, e há os que estão em relação a vós em posição oblíqua, outros na transversal, outros ainda opostos; desses, certamente, não podereis esperar glória alguma.

21. Porém, observas como a própria Terra está cercada e circundada por algumas, por assim dizer, faixas de terra, duas das quais, muito distantes entre si, tem tanto um lado quanto outro apoiados nos próprios

et maximum solis ardore torreri. duo sunt habitabiles, quorum australis ille, in quo qui insistunt aduersa uobis urgent uestigia, nihil ad uestrum genus; hic autem alter subiectus aquiloni quem incolitis, cerne quam tenui uos parte contingat. omnis enim terra quae colitur a uobis, angustata uerticibus, lateribus latior, parua quaedam insula est circumfusa illo mari quod Atlanticum, quod magnum, quem Oceanum appellatis in terris, qui tamen tanto nomine quam sit paruus uides.

22. ex his ipsis cultis notisque terris num aut tuum aut cuiusquam nostrum nomen uel Caucasum hunc quem cernis transcendere potuit uel illum Gangem tranatare? quis in reliquis orientis aut obeuntis solis ultimis aut aquilonis austriue partibus tuum nomen audiet? quibus amputatis cernis profecto quantis in angustiis uestra se gloria dilatari uelit. ipsi autem qui de nobis loquuntur, quam loquentur diu?

[**VII**] **23.** "'Quin etiam si cupiat proles illa futurorum hominum deinceps laudes unius cuiusque nostrum a patribus acceptas posteris prodere, tamen propter eluuiones exustionesque terrarum, quas accidere tempore certo necesse est, non modo non aeternam, sed ne diuturnam quidem gloriam adsequi possumus. quid autem interest ab iis qui postea nascentur sermonem fore de te, cum ab iis nullus fuerit qui ante nati sunt, qui nec pauciores et certe meliores fuerunt uiri; **24.** praesertim cum apud eos ipsos a quibus audiri nomen nostrum potest, nemo unius anni memoriam consequi possit? homines enim populariter annum tantum modo solis, id est unius astri, reditu metiuntur; re ipssa autem cum ad idem semel profecta sunt cuncta astra redierint eandemque totius caeli discriptionem longis interuallis rettulerint, tum ille uere

Sobre a República

polos do céu, vejas que estão endurecidas pelo gelo, enquanto a [faixa] central – que é a maior – é queimada pelo ardor do Sol. Duas [faixas] são habitáveis: [os que habitam] na austral nada tem a ver com vosso gênero (e os que nela residem imprimem as marcas dos pés de modo oposto às vossas), a outra, mais próxima do Aquilão,[416] onde habitas, observa o quão tênue é a parte que vos cabe. De fato, toda a terra que é habitada por vós, estreita nos polos e mais larga dos lados, é uma espécie de pequena ilha rodeada por aquele mar a que chamais na Terra de Atlântico, de Grande ou de Oceano; todavia, apesar de um nome tão grande, vês o quão pequeno é.

22. Por acaso, nestas terras habitadas e conhecidas, teu nome ou o de qualquer um de nós pode atravessar o Cáucaso, que vês aqui, ou atravessar a nado o Ganges, lá? Quem ouvirá teu nome nas demais partes, no oriente ou poente do sol, ou nas partes do Aquilão e do Austro? Separadas essas regiões, vês, certamente, para quais limites quer a vossa glória expandir-se? E mesmo aqueles que falam de nós, durante quanto tempo falarão?

[VII] **23.** Além disso, ainda que a prole dos homens futuros desejasse transmitir a seus descendentes os louvores de cada um de nós, recebidos de seus pais, todavia, pelas inundações e os incêndios das terras que necessariamente acontecem de tempos em tempos, não apenas não poderíamos adquirir uma glória eterna, mas nem sequer uma duradoura. E que importância terão as conversas a teu respeito por parte dos que nascerem depois, se não houve nenhuma [conversa] por parte dos que nasceram antes – os quais não poucos, e, certamente, foram varões melhores; **24.** e mesmo entre aqueles junto aos quais se pode ouvir nosso nome, ninguém poderia guardá-lo na memória sequer por um ano. Pois, comumente, os homens medem os anos apenas pelo retorno do Sol, isto é, de apenas um astro. Mas, quando todos os astros retornam ao mesmo ponto de onde partiram e restauram a mesma disposição de todo o céu,

267

uertens annus appellari potest: in quo uix dicere audeo quam multa hominum saecla teneantur. namque ut olim deficere sol hominibus exstinguique uisus est, cum Romuli animus haec ipsa in templa penetrauit, quandoque ab eadem parte sol eodemque tempore iterum defecerit, tum signis omnibus ad idem principium stellisque reuocatis expletum annum habeto; cuius quidem anni nondum uicesimam partem scito esse conuersam.

25. ' "Quocirca si reditum in hunc locum desperaueris, in quo omnia sunt magnis et praestantibus uiris, quanti tandem est ista hominum gloria, quae pertinere uix ad unius anni partem exiguam potest? igitur alte spectare si uoles atque hanc sedem et aeternam domum contueri neque te sermonibus uulgi dederis nec in praemiis humanis spem posueris rerum tuarum, suis te oportet illecebris ipsa uirtus trahat ad uerum decus. quid de te alii loquantur, ipsi uideant, sed loquentur tamen; sermo autem omnis ille et angustiis cingitur his regionum quas uides nec umquam de ullo perennis fuit et obruitur hominum interitu et obliuione posteritatis exstinguitur."

[VIII] 26. 'Quae cum dixisset, "ego uero," inquam "Africane, siquidem bene meritis de patria quasi limes ad caeli aditum patet, quamquam a pueritia uestigiis ingressus patris et tuis decori uestro non defui, nunc tamen tanto praemio exposito enitar multo uigilantius."

'Et ille: "tu uero enitere et sic habeto, non esse te mortalem sed corpus hoc; nec enim tu is es quem forma ista declarat, sed mens cuiusque is est quisque, non ea figura quae digito demonstrari potest. deum te igitur scito esse, siquidem

depois de um longo intervalo, assim, apenas esse pode ser chamado, verdadeiramente, de ano decorrido – no qual dificilmente ousaria dizer quantas muitas gerações de homens estão contidas. Pois, assim como em outro tempo, pareceu aos homens que o Sol se eclipsou e se extinguiu quando a alma de Rômulo penetrou neste mesmo templo, assim, quando o Sol se eclipsar novamente, no mesmo lugar e na mesma hora, quando, então, todas as constelações e estrelas voltarem às suas posições iniciais, terás de considerar um ano concluído; do qual se deve saber que ainda não transcorreu a vigésima parte.

25. Se não tiveres esperança de regressar a este lugar, no qual tudo existe para os grandes e ilustres varões, que valor tem, enfim, esta glória dos homens que apenas pode dizer respeito a uma exígua parte de um ano? Assim, se queres olhar para o alto e contemplar esta sede e casa eterna, não te importes com o que fala o vulgo nem ponhas a esperança de [ser recompensado] por teus feitos nos prêmios humanos. A própria virtude te atrairá com seus encantos para o verdadeiro decoro. Os mesmos que falaram de ti são os que te observam, e falarão ainda. Mas, toda conversa fica limitada à pequenez das regiões que vês, nunca foi perene acerca de ninguém, e é sepultada com a desaparição dos homens e se extingue com o esquecimento das [gerações] posteriores.

[VIII] **26.** Como ele disse isso, respondi:

– Na verdade, Africano, tendo visto que para os beneméritos da pátria se abre, por assim dizer, a estrada para a entrada do céu, ainda que tenha nela caminhado desde minha juventude não faltei para convosco com o decoro, ao seguir os passos de meu pai e os teus, agora, todavia, diante de um prêmio tão grande, esforçar-me-ei muito mais diligentemente.

E ele [disse]:

– Na verdade, tu te esforças e tens entendido que não és tu que és mortal, mas este corpo; pois tu não és este que manifesta esta forma,

est deus qui uiget, qui sentit, qui meminit, qui prouidet, qui tam regit et moderatur et mouet id corpus cui praepositus est, quam hunc mundum ille princeps deus; et ut mundum ex quadam parte mortalem ipse deus aeternus, sic fragile corpus animus sempiternus mouet. **27.** nam quod semper mouetur, aeternum est; quod autem motum adfert alicui quodque ipsum agitatur aliunde, quando finem habet motus, uiuendi finem habeat necesse est. solum igitur quod se ipsum mouet, quia numquam deseritur a se, numquam ne moueri quidem desinit; quin etiam ceteris quae mouentur hic fons, hoc principium est mouendi. principii autem nulla est origo: nam ex principio oriuntur omnia, ipsum autem nulla ex re alia nasci potest; nec enim esset id principium quod gigneretur aliunde. quodsi numquam oritur, ne occidit quidem umquam: nam principium exstinctum nec ipsum ab alio renascetur nec ex se aliud creabit, siquidem necesse est a principio oriri omnia. ita fit ut motus principium ex eo sit quod ipsum a se mouetur; id autem nec nasci potest nec mori, uel concidat omne caelum omnisque natura et consistat necesse est, nec uim ullam nanciscatur qua a primo impulsa moueatur.

[**IX**] **28.** cum pateat igitur aeternum id esse quod a se ipso moueatur, quis est qui hanc naturam animis esse tributam neget? inanimum est enim omne quod pulsu agitatur externo; quod autem est animal, id motu cietur interiore et suo; nam haec est propria natura animi atque uis; quae si est una ex omnibus quae se ipsa moueat, neque nata certe est et aeterna est.

29. hanc tu exerce optimis in rebus! sunt autem optimae curae de salute patriae, quibus agitatus et exercitatus animus uelocius in hanc sedem et domum suam peruolabit;

mas cada um é a sua própria mente e não essa figura que se pode mostrar com o dedo. Logo, tens de saber que tu és um deus, posto que é um deus aquilo que tem vida, que sente, que recorda, que prevê, que rege, governa e move este corpo à frente do qual foi posto, assim como o deus principal deste mundo. E, assim como esse mesmo deus eterno faz mover um mundo que é em parte mortal, a alma eterna move um corpo frágil. **27.** O que se move sempre é eterno, pois quem transmite a outro o movimento que recebe de outrem, quando este movimento tem fim, necessariamente, a sua vida tem um fim. Então, dessa forma, apenas aquilo que move a si mesmo – como nunca deserta de si – também nunca desiste de mover-se. Ele é sua fonte de movimento e o princípio dos seres que se movem. Porém, o princípio não tem nenhuma origem, pois tudo tem origem em um princípio, mas o próprio princípio não pode nascer de coisa alguma; pois não seria princípio aquilo que foi gerado por outro. Então, se nunca se origina, também nunca morre. Desse modo, extinto o princípio, nem ele renascerá de outro, nem criará outro a partir de si, uma vez que tudo se origina, necessariamente, de um princípio. Então, o princípio do movimento é de tal modo que ele próprio se move; mas, nem pode nascer, nem morrer; pois, necessariamente, ou todo o céu cairia e toda a natureza pararia por não ter nenhuma força que a movesse com um impulso inicial.

[**IX**] **28.** Desse modo, é patente que é eterno aquilo que se move, e quem negará que foi essa natureza atribuída às almas? Pois, é inanimado tudo aquilo que é posto em movimento por um impulso externo; todavia, o que é animado é movido por um movimento interno e seu. Pois essa é a natureza e a força da própria alma; se, de tudo, ela for a única que se move por si própria, então, certamente, ela não teve nascimento e é eterna.

29. Exercita-a, tu, nas melhores coisas! Porém os ótimos cuidados são os da salvação da pátria. A alma, agitada e exercitada por eles, voará velozmente para sua sede e sua casa. E, rapidamente, o fará se ainda

Cicero

idque ocius faciet, si iam tum cum erit inclusus in corpore, eminebit foras, et ea quae extra erunt contemplans quam maxime se a corpore abstrahet. namque eorum animi qui se corporis uoluptatibus dediderunt earumque se quasi ministros praebuerunt impulsuque libidinum uoluptatibus oboedientium deorum et hominum iura uiolauerunt, corporibus elapsi circum terram ipsam uolutantur nec hunc in locum nisi multis exagitati saeculis reuertuntur."

'Ille discessit; ego somno solutus sum.'

Sobre a República

enquanto estiver dentro do corpo, for para fora e — contemplando o que há no exterior — libertar-se inteiramente do corpo. Pois, as almas daqueles que se dedicaram aos prazeres do corpo e comportaram-se, por assim dizer, como seus criados e são dóceis aos impulsos da libido, que é escrava dos desejos, desobedeceram às leis dos deuses e dos homens. Essas almas, depois de saírem dos corpos, circundam a própria Terra e não retornam a este lugar, a não ser depois de regressarem incessantemente por muitos séculos.

Ele se foi; e eu acordei do sono.

Notas

1 Aqui Cícero faz uma lista de romanos virtuosos de tempos passados. Essas referências também podem ser encontradas em *Pro Sestio*, LXVIII, 143; *De natura deorum*, II, 165; *Tusculanae*, I, 89.
2 Catão, cônsul em 195 a.c. e censor em 184 a.c., era uma figura dominante tanto na vida política quanto no meio intelectual.
3 Enfatiza-se *ignoto e nouo*, porque a família de Catão era de origem plebeia.
4 Aqui o uso parece ser pejorativo, como uma crítica ao epicurismo.
5 São os epicuristas que julgam como insensatos os homens que são conduzidos à vida ativa e à virtude.
6 Essa metáfora do mar agitado é parte de uma metáfora maior que diz respeito ao barco da república, que tem como seu piloto o governante. Cícero também explora essa imagem ao se referir a seu exílio e seu consulado. Cf. *Pro Sestio*, 46.
7 Até esse ponto há uma argumentação sublinear dizendo que a virtude é uma característica natural do homem. A partir daqui, o autor expõe que a virtude não deve ser entendida apenas como uma faculdade mental, mas também como algo que existe para ser empregado na ação.
8 Cf. *De natura deorum*, I, 110; *De officiis*, I, 19.
9 Aqui o autor se refere a todas as escolas filosóficas sem experiência prática, e não apenas ao epicurismo.
10 Cf. *De oratore*, I, 57, quando é tratada a relação entre filosofia e oratória. Essa imagem tem origem no *Górgias*; na obra platônica, o filósofo sussurra em um canto, e, na obra do autor romano, ele diz

Cícero

que vai atribuir e permitir ao orador desenvolver com todo encanto e gravidade os mesmos temas sobre os quais eles debatem em uma linguagem simples.

11 Nesta passagem, Cícero credita ao governante não apenas o estabelecimento da religião, da lei, da equidade, mas de virtudes morais em geral. Para um aprofundamento sobre o que ele diz a respeito da superioridade do governante sobre o filósofo, cf. *De oratore*, I, 193-5.

12 Para compreender melhor o que é o direito das gentes e o civil, observamos esta passagem de *De officiis*, III, 69: "Porque a degradação dos costumes é tão grande, encaro tal maneira de proceder como não constituindo propriamente um costume malévolo, nem como sendo algo que deva ser proibido tanto pela lei como pelo direito civil; no entanto, tal é proibido pela própria lei natural. Consiste a nossa sociedade, com efeito, num elo (fato ao qual me referi vezes sem conta e que, todavia, mais ainda deveria ser recordado) que une os homens uns aos outros, tornando-se esses laços mais estreitos entre aqueles que pertencem à mesma nação, e ainda mais íntimos entre aqueles que são cidadãos da mesma cidade. Por esta razão, desejaram os nossos antepassados que fosse uma coisa do domínio do direito das gentes enquanto outra, do domínio do direito civil. Aquilo que pertence ao domínio do direito civil não será necessariamente do domínio do direito das gentes e, não obstante, aquilo que é do domínio do direito das gentes será também necessariamente do domínio do direito civil. Mas, nós não possuímos qualquer noção substancialmente consistente acerca daquilo em que poderá consistir a verdadeira lei ou a justiça pura – tudo aquilo que nos é possível desfrutar não passa de um mero esboço" (*Dos deveres*, trad. Carlos Humberto Gomes).

13 Foi discípulo de Platão e mestre de Zenão (fundador do Estoicismo). As principais referências a ele, na obra de Cícero, estão em *Acad.* II, 17, e *De Finibus*, IV, 79.

14 Aqui *ciuis* foi interpretado como nominativo singular em oposição a *philosophi* e *doctoribus*; assim, o homem de vida ativa se opõe ao homem das palavras. A frase poderia ser interpretada também como se *ciuis* estivesse no acusativo plural; nesse caso, o sentido seria "aquele homem que persuade a todos os seus concidadãos".

15 Aqui Cícero usa uma repetição de palavras com os verbos "preferir" e "antepor": "*praeferendus ... anteponenda ... praeferendas ... anteponendos*".

Sobre a República

16 Cf. Tito Lívio, *Storia di Roma dalla sua fondazione*, XXI, 33, 11.

17 Ao longo de todo o livro I, podemos encontrar quatro acepções – logo, traduções – para a palavra *consilium*. *Consilium* foi traduzido como discernimento, ou seja, como virtude nos parágrafos 3, 6, 8, 25, 41, 47, 51, 55 e 65. Podemos encontrar *consilium* com o sentido de deliberação no parágrafo 43. Nos parágrafos 65 e 71, traduzimos *consilium* por conselho. Então, no parágrafo 65 observamos dois usos distintos. No parágrafo 60, *consilium* foi traduzido por razão, pois, como indica Gorman, *The Socratic Method in the Dialogues of Cicero*, *consilium* traduz o que Platão chamava de parte racional da alma.

18 Ablativo de respeito. Nos parágrafos 9-11, *sapiens* será usado no sentido de filósofo, mas aqui e em outros parágrafos (§ 13; 2,11,1) será usado com o sentido de homem sábio; para Cícero, o homem sábio é aquele que participa da vida política, que foi educado nos costumes domésticos, nas artes liberais. Cf. *De officiis*, I, 153: "Mas aquela sabedoria, que eu disse ser a maior, consiste no conhecimento de todas as coisas humanas e divinas e inclui a convivência social, dos homens uns com os outros, bem como ainda a companhia dos deuses" (*Dos deveres*, trad. Carlos Humberto Gomes).

19 Descrição da virtude como algo dirigido pelo impulso.

20 Há uma ênfase e uma polêmica neste uso, pois Cícero estabelece que há um prazer proveniente da responsabilidade cívica, ou seja, o prazer que se tem ao cumprir com o dever; a polêmica é quanto à satisfação pessoal da doutrina epicurista – isto é, para um epicurista, cumprir com o dever cívico não configuraria um prazer.

21 Novamente o uso de uma palavra do campo semântico náutico, compondo uma grande metáfora náutica que é observada ao longo de toda a obra. Cf. *Pro Sestio*, 99.

22 Neste uso de *negotium*, não parece haver o sentido de negação do ócio, mas o de dificuldade.

23 Para a vida como um empréstimo da natureza, cf. *Tusc.*, I, 93. Além disso, o autor coloca a pátria como parte da natureza.

24 Derrotou os persas em 480 a.C.

25 Os exemplos expostos anteriormente são de atenienses. Aqui se contrasta a *leuitas* ateniense com a *grauitas* romana. Em *Pro Sestio*, 141, Cícero cita esses exemplos tais como aqui.

26 *Exilium Camili ... fuga Metelli*: Cícero discorre sobre seis homens da vida política romana que foram forçados a deixar Roma.

27 De acordo com Lepore, em *Il Princeps ciceroniano e gli ideali politici della tarda repubblica*, os príncipes são os primeiros e os principais em uma República.

28 Aqui Cícero se refere ao seu exílio de 58 a 57 a.C.

29 Cf. *Tusc.*, V, 107: *iam vero exilium, si rerum natura, non ignominiam nominis quaerimus, quantum tandem a perpetua peregrinatione differt?* Cícero questiona qual é o real significado do exílio: se não seria a desgraça do nome, no que difeririria de uma peregrinação?

30 Os asteriscos indicam trechos em que a obra está em estado fragmentário; nos pontos nos quais eles aparecem, há lacunas insanáveis no texto.

31 Cícero se refere ao último dia de seu consulado, quando o tribuno Metelo Nepo o proibiu de pronunciar um discurso de despedida descrevendo seus feitos, e apenas lhe foi permitido fazer um juramento. A lacuna pode ser suprida com o seguinte excerto de *Pis.* 6: *ego cum is contione abiens magistratu dicere a tribuno plebis prohiberer ea quae constitueram, cum mihi is tantummodo ut iurarem permitteret, sine ulla dubitatione iuraui rem publicam atque hanc urbem mea unius opera esse saluam.*

32 Cf. *De oratore*, III, 14, quando Cícero aborda de modo muito semelhante os perigos da vida pública.

33 Cf. *Pro Sestio*, 139, para conferir o que Cícero entende como *boni* e *improbi*.

34 Cícero frequentemente enfatiza a continuidade de seus estudos filosóficos. Cf. *De oratore*, I, 2.

35 Cf. *Ad Fam.* IV, 15, 2; VI, 1, 1.

36 Esse uso de *alimenta*, de acordo com Zetzel, parece corresponder ao grego *tropheia* (generosidade) (cf. Cícero, *De re publica: edited by James E. G. Zetzel*, p.106). Pode-se explicar esse uso por meio da analogia de *patria* com *parens*, ou seja, na velhice os pais devem ser alimentados pelos filhos.

37 Os opositores: o autor remete ao parágrafo III, 4; logo, refere-se aos epicuristas.

38 A mesma metáfora das rédeas é usada em *De oratore*, I, 226.

39 O mesmo argumento é usado na *República*, de Platão, I, 347a-e.

40 Em *De officiis*, I, 28, há a seguinte passagem: "Por isso, Platão pensa que eles não assumiram de modo nenhum os seus deveres cívicos, exceto sob coação. Porém, melhor seria que isso acontecesse de livre

Sobre a República

vontade – é que uma ação intrinsecamente correta é apenas justa quando voluntária" (*Dos deveres*, trad. Carlos Humberto Gomes).

41 *Vitae cursum... honorem*: aqui o curso da vida evoca o percurso da magistratura; deve-se considerar a dificuldade que um equestre teve para chegar ao consulado e construir sua carreira política.

42 Refere-se à magistratura.

43 Cf. *De oratore*, I, 174, em que o autor alude à metáfora do piloto inexperiente. A metáfora da nau da república perpassará toda a obra.

44 Postura do filósofo em relação à política e ao que é ser sábio.

45 Enfatiza-se aqui a importância do conhecimento prático, da utilidade.

46 Aqui Cícero poderia ter a intenção de se referir àqueles que já haviam escrito sobre política, no caso, ou Platão ou os peripatéticos. Ele não faz nenhuma menção específica.

47 Esse é um dos temas centrais no exórdio. Cf. *Pro Sestio*, 136.

48 Cícero usa esse mesmo argumento em *De oratore*, III, 137. Os sete sábios eram Tales de Mileto, Bias de Priene, Pítaco de Mitilene, Cleobulo de Lindos, Sólon de Atenas, Quílon de Esparta, Periandro de Corinto. O autor cita "quase todos aqueles sete", pois a exceção seria Tales de Mileto. Sobre a importância dos sete sábios como políticos, cf. *Protágoras*, 343a. De acordo com Zetzel, Dicearco proferira que os sete nem eram homens sábios nem filósofos, mas homens de conhecimento e das leis (cf. Cícero, *De re publica: edited by James E. G. Zetzel*, p.109.). Cícero parece seguir a ideia de Dicearco, sem adotar sua terminologia.

49 Aqui Cícero coloca a função da própria obra, ou seja, a escrita do tratado é por si um serviço público prestado. Em obras posteriores, as que Cícero escreveu enquanto estava no exílio, este argumento é apresentado nos exórdios como o labor mais digno diante do afastamento da vida pública.

50 A tradução literal de *ciuilium* seria: o que ocorre entre os concidadãos.

51 Em *De officiis*, I, 50, Cícero vincula os atos de aprender e ensinar com a linguagem, um dos meios que permite o homem viver em uma *ciuitas*: "A comunidade e a união entre os homens serão tanto melhor preservadas quanto maior for a nossa benevolência para com ela e, também, para quem a nós estiver mais unido. Mas, parece haver necessidade de se ir mais além quanto à questão de quais princípios naturais da comunidade e da sociedade humanas. Com

efeito, em primeiro lugar vem aquilo que se pode observar em toda a comunidade do gênero humano. O seu vínculo é constituído pela razão e pela linguagem que, ensinando, aprendendo, comunicando, discutindo e raciocinando, associam os homens uns com os outros, reunindo-os numa espécie de sociedade natural; em nenhum outro aspecto, para além deste, nos afastamos tanto da natureza dos animais, na qual afirmamos tantas vezes existir uma coragem (como acontece com os cavalos, como sucede com os leões); acerca deles, porém, não falamos nós de justiça, de equidade ou de bondade já que, com efeito, não são eles dotados de razão nem de linguagem" (*Dos deveres*, trad. Carlos Humberto Gomes).

52 Aqui há uma lacuna na frase e falta algum verbo.

53 Com isso, Cícero elabora uma figura do narrador que busca na memória aquilo que vai transmitir. A fonte desta obra é a conversa transmitida de pessoa para pessoa. A figura de Cícero como narrador é de um homem que conhece os costumes, a filosofia, a vida pública e as narrativas históricas de Roma. No diálogo, vemos Cícero o tempo todo como sujeito que dialoga nas falas de Lélio e Cipião pela defesa da república. Mas, ao rememorar a conversa de Cipião e seus amigos, nos traz a construção de conceitos políticos ao longo do curso dos acontecimentos em Roma. Contar uma história consiste no princípio de sempre contar histórias, de narrá-las e, assim, preservá-las – o que não deixa de ser um traço da tradição oral na Roma que já cultivava as letras. A conversa é narrada para que a experiência seja assimilada, pois contar histórias sempre foi a arte de recontá-las. A relação entre narrador e tradição é dominada pela ideia de preservar o que foi contado. O narrador figura entre os sábios e sabe aconselhar, pois pode recorrer ao que está guardado em sua memória, e o que está guardado é tanto o que ele próprio viveu e aprendeu quanto o que lhe foi contado – as experiências de outros varões eminentes.

54 Cícero refere-se a seu irmão Quinto.

55 Públio Rufo nasceu em 154 a.C., portanto era jovem em 129 a.C. Foi discípulo de Panécio e combateu em Numância junto com Cipião. Chegou ao consulado em 105 e, em 94, acompanhou seu amigo Cévola, o pontífice Máximo, no proconsulado da Ásia. Ficou refugiado em Mitilene e, depois, em Esmirna, onde encontrou Cícero e relatou o suposto diálogo que Cipião teve com os demais interlocutores sobre as questões da república. Rufo morreu em 75 a.C.

Sobre a República

56 Outra conversa de Cícero com Rutílio é retomada em *Brutus*, 85.

57 Aqui termina o exórdio do livro I. Devemos notar a importância do exórdio para a obra, pois cada dia de diálogo corresponde a dois livros de *Sobre a República*, e esses são introduzidos por um exórdio; assim, temos três exórdios na obra. Nos exórdios já estão postos os principais temas que serão tratados naqueles livros e já está delineada toda a cena em que se passará o diálogo. Cícero nos apresenta, no exórdio do livro I, o estatuto da obra, ou seja, do seu discurso: ele faz um discurso que versa sobre a república e o homem mais indicado para a gestão desta, elaborando, assim, a figura do sábio-político ciceroniano. Com isso ele já se diferencia dos gregos, e essa diferença é suficiente para que a sua obra tenha um encaminhamento diverso.

58 Cipião Emiliano nasceu em 184 a.C. Era filho de Emílio Paulo e filho adotivo de Públio Cornélio Cipião (filho de Cipião Africano Maior). Amigo de Políbio e Panécio, foi o patrocinador do chamado Círculo Cultural dos Cipiões, do qual participavam Políbio, Panécio, Lélio, Fânio, Terêncio e Lucílio. Ao longo de sua vida adquiriu uma vasta experiência política e militar: combateu na Espanha ao lado do cônsul Galba (151 a.C.); foi para África na qualidade de tribuno militar (149 a.C.); foi eleito cônsul em 147 a.C. e estava à frente do exército que sitiava a cidade de Cartago; e foi censor em 142 a.C. Em 133 a.C., dominou Numância. Morreu em 129 a.C., dias depois da data em que teria ocorrido o diálogo, em meio aos tumultos que foram suscitados em consequência das reformas de Tibério Graco.

59 A primeira manhã do festival. As *Feriae Latinae*, festival que não tem data fixa, foram a ocasião para a data fictícia de *De natura deorum*. Cf. *De natura deorum*, I, 15.

60 Quinto Élio Tuberão: era neto de Emílio Paulo, portanto, era sobrinho de Cipião. Tuberão foi discípulo de Panécio. Em *Brutus*, 31, 117, Cícero diz que ele tinha costumes austeros e sua vida estava em harmonia com os princípios estoicos; diz também que usava uma linguagem dura e áspera, mas era muito inteligente nas discussões. Foi pretor em 136 a.C.

61 Observa-se aqui a importância do ócio para o labor filosófico, logo, para prestar um serviço à república. Em *De oratore*, II, 22, Crasso descreve o ócio de Lélio e Cipião que iriam ao campo para descan-

281

Cícero

sar e se libertar da urbe. Em outras situações – por exemplo, na ocasião do exílio –, o ócio seria ideal para o labor filosófico, como o mais útil e honesto a se fazer.

62 Cf. *De officiis*, I, 122.

63 Quando se trata do fenômeno dos dois sóis, pode-se aludir tanto ao parélio – fenômeno de refração da luz que parece multiplicar a imagem do sol (parágrafo 25) – quanto à imagem de divisão do senado e do povo (parágrafo 31). O fenômeno astronômico era considerado, na Antiguidade, um prenúncio de desgraça. Em 129 a.C. esse fenômeno fez com que o senado consultasse os oráculos sibilinos, que eram produzidos pelas profetisas conhecidas como Sibilas. Esses oráculos apenas eram consultados em momentos de grandes e graves crises.

64 Panécio de Rodes foi chefe da escola estoica em 129 a.C., em Atenas. Dedicou muitos livros a Tuberão e era amigo de Cipião. Cf. *Tusc.*, I, 81; *De officiis*, I, 90; II, 76.

65 Cf. *De natura deorum*, I, 49.

66 Aqui o texto se refere à rejeição de Sócrates à física, e, em particular, à astronomia. Cf. *Tusc.*, V, 10; *Academici Libri*, 15: "– Sócrates parece-me ter sido o primeiro (este é um ponto reconhecido por todos) a afastar a filosofia de assuntos obscuros e velados pela própria natureza, de que se ocuparam todos os filósofos que o precederam, e a direcioná-la à vida comum, a fim de investigar a respeito das virtudes e dos vícios, bem como, de maneira geral, acerca do bem e do mal, considerando os assuntos celestes fora do alcance de nosso conhecimento, ou, ainda que fossem perfeitamente conhecidos, de nada serviam para viver bem".

67 Em *Fedão*, 96-99, Sócrates discorre sobre a natureza, mas, como afirma Cícero nas *Tusculanae*, V, 10-11, o faz em função da ética.

68 Tuberão alude a passagens da obra de Platão em que ética e política estão atreladas à matemática e à geometria, como *República*, 522c-531c.

69 Cf. *Tusc.*, I, 55; 3, 56.

70 Lúcio Fúrio Filo: amigo de Cipião e Lélio, foi cônsul em 136 a.C. Teve fama por ser o orador mais culto de sua época.

71 Entende-se *lecto* como um mobiliário em que se pode recostar e acomodar-se, uma espécie de divã. Porém, como não temos nenhuma palavra correspondente em língua portuguesa, optou-se por reformular o trecho com a inserção do verbo "acomodar".

Sobre a República

72 Lélio: nasceu em 190 a.c. Foi amigo e conselheiro político de Cipião, tendo combatido ao lado deste em Cartago. Foi pretor em 145 a.c., e em 140 a.c. chegou ao consulado.

73 Há uma cena análoga em *Protágoras*, 314e-315a.

74 Espúrio Múmio: acompanhou seu irmão Lúcio Múmio em Corinto. Também acompanhou Cipião em sua embaixada ao Oriente, o que lhe permitiu estabelecer relações com Panécio.

75 Caio Fânio: era genro de Lélio e por intermédio dele conheceu Panécio e escutou suas lições. Combateu em Cartago sob o comando de Cipião. Apoiado por Caio Graco, chegou ao consulado em 122 a.c., mas se opunha à proposta de reforma política de Graco. Fânio foi autor de uma obra intitulada *Anales*, que abarcava da fundação de Roma até seus dias.

76 Quinto Múcio Cévola: era genro de Lélio. Era estoico e amigo de Panécio. Teve a pretura e o governo da Ásia em 121 a.c., e em 117 a.c. chegou ao consulado. Foi mestre de Cícero em jurisprudência. Cícero o coloca como interlocutor em *De oratore*.

77 Mânio Manílio: cônsul em 149 a.c., esteve à frente das tropas que atacaram Cartago no início da terceira Guerra Púnica. Ele cultivou os estudos jurídicos.

78 Parece que Filo defende esse ponto de vista mais abstrato, ao passo que Lélio parece ser mais prático.

79 Esta ideia é de fundo estoico, cf. *Sonho de Cipião*, VI, 15. Em *De natura deorum*, II, 154, há a seguinte explicação: "Resta-me só deixar claro, à guisa de conclusão, que tudo o que existe neste mundo, de que o homem tira partido, foi feito e preparado por causa do homem. Desde o princípio foi o próprio mundo feito por causa dos homens e dos deuses, e tudo o que nele reside foi preparado e inventado para usufruto do homem. O mundo é quase a casa comum entre deuses e homens, ele é a cidade de ambos, pois só eles participam da razão, e vivem segundo a justiça e a lei" (*Da natureza dos deuses*, trad. Pedro Braga Falcão).

80 Aqui há uma ironia ao dizer que um magistrado pode pronunciar um interdito. Geralmente a interdição era usada para guardar algum direito de uma propriedade particular.

81 Refere-se à arte do direito.

82 Públio Múcio: cônsul em 133 a.C., pai de Quinto Múcio Cévola.

83 Esses parágrafos estão excessivamente fragmentados.

Cícero

84 A personagem de Cipião refere-se à Guerra do Peloponeso (431-404 a.C.).

85 Péricles foi discípulo de Anaxágoras de Clazômenas. Cf. *De oratore*, III, 138.

86 Esse eclipse ocorreu em 431 a.c. Há outra descrição similar do eclipse em *De natura deorum*, II, 103.

87 *Quintilis*: refere-se ao mês de julho, quinto mês do calendário romano (que começava em março).

88 Ou seja, levou Rômulo à morte. O eclipse da morte de Rômulo é citado em II, 17.

89 Entre os parágrafos 26 e 29, o autor pretende introduzir o tema da doutrina estoica na política.

90 Aqui o autor começa a preparar o desfecho do livro VI. Neste discurso de Cipião é introduzido o tema da glória.

91 Aqui, além de uma clara antítese, há um *topos* estoico que era a indiferença aos bens materiais.

92 Direito que tutela a propriedade privada dos cidadãos.

93 Que ocorre entre os concidadãos.

94 Este argumento introduz o assunto sobre a lei de natureza, que será tratado no livro III.

95 Cf. Platão, *A República*, 347a-e.

96 Lúcio Cornélio, cônsul em 259 a.C.

97 Tirano em Siracusa.

98 Cf. *Tusc.*, I, 62-63.

99 *De officiis*, I, 69: "Devemos livrar-nos de toda a espécie de perturbação espiritual, não só da ambição e do medo como também do sofrimento, do prazer e da cólera, a fim de que a tranquilidade e a segurança de espírito possam ser assim usufruídas, as quais prodigalizam tanto a constância como a dignidade.
Porém, muitos foram e são aqueles que procuram essa paz (acerca da qual falo), que deixaram os negócios públicos e se refugiaram no ócio; entre eles encontram-se, em primeiro lugar, os filósofos mais ilustres e certos homens severos e graves, que não puderam suportar a maneira de se comportar tanto do povo como dos chefes, indo alguns viver para as suas terras, aí se dedicando à administração do patrimônio familiar" (*Dos deveres*, trad. Carlos Humberto Gomes).

100 Refere-se à *humanitate politiores* de Cipião, Lélio e Filo, como em *De oratore*, II, 154. Esses romanos tiveram ao seu lado os homens mais eruditos da Grécia.

Sobre a República

101 A tragédia *Ifigênia em Áulis*, de Eurípides.

102 Refere-se à constelação de Capricórnio.

103 Cf. *Górgias*, 485e-486.

104 Citação de *Andromaca*, de Ênio. Passagem semelhante aparece em *De oratore*, II, 156.

105 Os "estudos do homem livre" correspondem ao estudo da história e da filosofia moral, para formar o homem livre.

106 Aqui o autor tenta equilibrar e aplicar os estudos, a filosofia estoica e a dedicação à vida pública.

107 Cf. *De oratore*, III, 58.

108 No latim, como na língua portuguesa, nem sempre há a necessidade de se usar pronomes, pois o verbo indica a pessoa que está falando; nesses parágrafos, notamos que Cícero usa os pronomes tanto para delinear muito bem quem são os interlocutores quanto para tornar o diálogo mais informal e aproximar mais os interlocutores.

109 Aqui Cícero introduz o problema dos dois sóis como um fenômeno político a partir do que estava acontecendo na época, a saber, a divisão do senado. Ele faz a passagem dos assuntos celestes aos políticos; a partir disso, os temas inerentes à república são discutidos.

110 Públio Crasso era sogro de Caio Graco, e Cláudio era sogro de Tibério Graco.

111 Quinto Metelo Macedônico, cônsul em 143 a.C.; e Múcio Cévola, irmão de Públio Crasso e cônsul em 133 a.C.

112 No ano de 129 a.C., os triúnviros foram responsáveis por implantar a lei Sempronia, que garantia a distribuição de terras.

113 Cícero narra, de modo não detalhado, a querela que ocorreu com os irmãos Graco.

114 Aqui é exposto um tema central na obra, assim como em I, 34; I, 70; I, 71 e II, 2. Cf. *Ad. Q. fr.*, III, 5, 1.

115 Continuação da fala de Lélio.

116 De acordo com *De legibus*, III, 14, Panécio foi um filósofo estoico que se preocupava com as aplicações da filosofia na vida política e propriamente com a teoria política.

117 Esses autores representam dois aspectos dessa obra, a combinação entre filosofia estoica e história romana.

118 A palavra *uel*, traduzida por "talvez" e acompanhada do superlativo, traz uma ideia de reforço.

119 *Rerum ciuilium*: também quer dizer política, ou aquilo que ocorre entre os concidadãos.

285

120 Nota-se que neste parágrafo Cícero usou uma analogia entre *artificem...
opificem*, os quais foram traduzidos por artesão e trabalhador, respectivamente. Porém, aqui, trabalhador pode ter também o sentido de
político, portanto há uma analogia entre o político e o artesão. Além
disso, há uma analogia vocabular entre substantivo e verbo: *cogitatione...opere...cogitare...opus*.

121 Cf. *De officiis*, I, 150-153.

122 Na frase que se segue, observa-se claramente, por meio de Cipião,
o modo como o autor quer que seu discurso seja interpretado; mais
do que isso, talvez esse sentido possa ser estendido a toda a obra,
pois deixa claro em qual registro vai operar.

123 Refere-se às artes liberais, a saber: gramática, aritmética, geometria,
retórica, astronomia, música e filosofia.

124 Refere-se aos costumes romanos, o *mos maiorum*.

125 *Rationem*: refere-se ao conhecimento, logo, à política.

126 Primeiro, Cícero trata da importância de lidar com definições pre-
cisas.

127 Aqui parece haver uma prática argumentativa da Nova Academia, à
qual Panécio aderia, conforme apresentado em *De officiis*, I, 7: "Convém, então, e porque acerca do dever será toda a nossa discussão,
definir em primeiro lugar em que consiste o dever, fato que me
admira ter Panécio deixado passar. Com efeito, toda a investigação
iniciada pelo intelecto sobre qualquer assunto deve partir de uma
definição de modo a compreender-se aquilo acerca do qual se dis-
cute" (*Dos deveres*, trad. Carlos Humberto Gomes).

128 Em *De officiis*, I, 11-12, há a seguinte passagem que dialoga com os
parágrafos 38 e 39: "Em primeiro lugar, dotou a natureza toda a
espécie de seres animados com o instinto de conservação, a fim de
se evitar aquilo que parece causar sofrimento à vida ou que a inca-
pacita, e de procurar e providenciar tudo aquilo que for necessário
para a vida – comida, refúgio e outras coisas do mesmo gênero. Um
aspecto comum a todas as criaturas é também o instinto de repro-
dução (cuja finalidade é a procriação da espécie) como ainda uma
certa preocupação com os seus progenitores. Mas a diferença mais
marcante entre homens e animais é a seguinte: o animal, porque é
comandado pelos sentidos e possui uma percepção do passado e do
futuro muito pequena, só é capaz de se adaptar, ele mesmo, aquilo
que é do domínio do presente, do momento; enquanto que o homem,

Sobre a República

porque é dotado de razão, pela qual compreende a relação de causa e consequência e pode estabelecer analogias, ligando e associando o presente ao futuro compreende facilmente o curso da vida, fazendo os preparativos necessários para a sua conduta. Essa mesma natureza associa, pela força da razão, homem com homem pelos laços comuns de linguagem e da vida, implantando nela acima de tudo (se assim posso dizer) um certo desvelo carinhoso pelas suas primícias, que foram primeiro geradas, incitando, além disso, os homens a reunirem-se em assembleias e nelas tomarem parte" (*Dos deveres*, trad. Carlos Humberto Gomes).

129 *Domique*: a tradução literal seria "e em casa", mas, como a condição normal era a de guerra e não a de paz, estar em casa passou a ser sinônimo de uma época de paz. A paz tornou-se um *topos* da poesia na era de Augusto.

130 Não se pode comparar a definição de *res publica* romana com a de *pólis* feita por Aristóteles, pois a definição aristotélica trata da aglomeração de cidadãos; assim, a *pólis* poderia ser, por assim dizer, comparável com o modo de organização da *ciuitas* romana.

131 Em *Pro Sestio*, 91: "Então, as coisas para a utilidade comum, a qual chamamos pública, portanto, os pequenos agrupamentos de homens, que, depois, foram chamados de *ciuitas*, ou seja, a reunião de domicílios, que chamamos urbe".

132 Cf. *De officii*, I, 158.

133 Aqui Cícero se opõe ao que Platão diz em sua *República*, II, 369b, quando este afirma que a cidade se funda pela debilidade dos homens.

134 Lugar determinado por Rômulo na fundação.

135 *Manuque*: foi traduzido por "mãos" e, além de carregar o sentido de obras, também pode se referir às questões bélicas.

136 Neste parágrafo Cícero define povo, *ciuitas* e república como três instâncias diferentes que pertencem a um mesmo todo.

137 A partir do parágrafo 42 até o 69, Cícero apresenta os argumentos usados na defesa de cada uma das formas de governo.

138 Cícero usa *regnum* para denominar a situação da república quando governada por apenas uma pessoa, ou seja, o que entendemos como monarquia.

139 Na denominação ciceroniana das formas de governo não há explicitamente a ideia de *krátos* grega, substantivo que significa poder, domínio; então, nota-se que quando o autor se refere ao governo

Cícero

régio e ao dos seletos há uma correspondência que ocorre mediante o uso de *penes*, uma preposição latina que significa "em poder de": *penes unum... penes delectos*. Assim, o que gostaríamos de salientar sobre a denominação das formas de governo é como a ideia de poder está posta em língua latina.

140 *Ciuitas optimatum arbitrio*, ou seja, a *ciuitas* regida pelo arbítrio dos seletos, seria o que entendemos como aristocracia.

141 *Ciuitas popularis*: a *ciuitas* popular seria o que entendemos como democracia.

142 Em *De inventione*, II, 55, 166, Cícero trata do conceito de dignidade como uma autoridade fundada na virtude: "Agora, parece desejável falar do que está associado à utilidade, o que, no entanto, chamamos também de honestidade. Portanto, muitas coisas nos conduzem a seus frutos, tais gêneros como a glória, a dignidade, a elevação e a amizade. Muitas vezes, a glória [consiste em uma pessoa ter] alguma reputação com louvor; a dignidade é uma autoridade baseada no honesto, no cultivo, na honra e na discrição; a elevação é a abundância de potestade ou majestade ou alguma grande copiosidade; a amizade é a vontade de fazer o bem a alguém para o benefício da pessoa a quem se faz a ação, com vontade de sua parte".

143 A constituição de Marselha era um exemplo de aristocracia.

144 Tribunal que assumiu funções constitucionais na época de Sólon.

145 Cícero, quando trata da degeneração e regeneração das formas de governo, não estabelece severamente uma obrigatoriedade de uma forma de república se degenerar em outra específica e, posteriormente, esta se regenerar em outra preestabelecida, como na teoria da anaciclose. Nesse ponto, o autor se diferencia de Políbio.

146 Referência aos trinta tiranos de Atenas.

147 *Pesti**, muito provavelmente, poderia ser *pestifer*, ou seja, pernicioso.

148 Seria a forma degenerada do governo dos optimates.

149 A partir daqui, Cipião, sempre falando na terceira pessoa do plural, começa uma justificativa da democracia que se estende até o parágrafo 50.

150 Aqui há uma alusão aos princípios do direito romano: viver honestamente, não lesar a ninguém e dar a cada um o que é seu. Cf. Marky, *Curso elementar de direito romano*, p.13.

151 Exemplos de democracias. Cf. *De re publica*, III, 48.

152 É na *ciuitas* que se estabelece o vínculo legal entre os concidadãos. Vejamos a complexidade que há nesse conceito para os romanos.

Sobre a República

De acordo com Benveniste, *ciuitas* é o que dá corpo ao que chamamos, em um primeiro momento e em linhas gerais, de "cidade"; mas o que significa *ciuis*? De acordo com o autor, primeiramente deve-se pensar no sentido que tem "cidadão". Traduzir *ciuis* por cidadão é um anacronismo conceitual que o uso fixou. Ora, em latim *ciuis* é o termo primário, e *ciuitas*, o derivado. A palavra básica por força deve ter um sentido que permita que o derivado signifique cidade. O uso de *ciuis* na língua antiga e ainda na época clássica é feito frequentemente com um pronome possessivo: *ciuis meus, ciues nostri*. A construção com o possessivo revela o verdadeiro sentido de *ciuis*, que é um termo de valor recíproco e não uma designação objetiva: ser *ciuis* é para aquele de quem sou *ciuis*. Essa relação de reciprocidade poderia ser expressa por "concidadão". Um concidadão (*ciuis*) é *ciuis* de outro *ciuis* antes de ser de determinada cidade. Agora, vejamos a relação que se estabelece entre *ciuis* e *ciuitas*. Como formação abstrata, *ciuitas* significará "o conjunto de concidadãos". A *ciuitas* também pode ser compreendida como coletividade e mutualidade dos concidadãos; e *ciuilis* significaria, em princípio, "o que ocorre entre os *ciuis*". Em latim, o termo básico remete sempre a um estatuto social de natureza mútua: *ciuis* não pode definir-se senão em uma relação a outro *ciuis*. Sobre este termo básico se constrói um derivado abstrato: *ciuis>ciuitas*. E apesar de não termos encontrado, em Cícero, o uso de *ciuis* com o possessivo, mantivemos, em nossa tradução o uso de concidadão, pois mantém a ideia de vínculo jurídico entre um cidadão e outro, porque ninguém é cidadão sozinho. Assim, a *ciuitas* romana é a totalidade constituída pelos *ciues*. A *ciuitas* é o lugar onde se estabelece o vínculo legal. Em grego, o caminho é inverso do que foi observado em latim: parte-se do nome da instituição para depois formar o dos membros (*pólis>pólites*), e esta particularidade mostra a diferença entre os modelos. No modelo grego, a *pólis* é independente dos homens e apenas sua sede material é a extensão do território que a funda. A partir da noção de *pólis* se determina o estatuto dos *polîtai*: estes são os membros da *pólis*, quem participa dela por direito, recebe dela cargos e privilégios; este estatuto de participante de uma entidade primordial é algo específico; tudo emana deste vínculo de dependência em relação à *pólis*, necessário e suficiente para definir *pólites*. Cf. Benveniste, *Mélanges offerts à Claude Lévi-Strauss à l'occasion de son 60º anniversaire*.

153 *Audio*: ouvir; aqui, porém, tem o sentido de refinar-se, aprender pelo ouvido.

Cícero

154 Timão ou leme. Observa-se novamente como é frequente a comparação da república com um navio.

155 A perfeita figuração do exemplo.

156 *Caritate*: caridade ou amor.

157 Nesta frase, Cícero deixa bem claro quais são as principais virtudes de cada forma de governo.

158 Se há um único rei, logo, há uma pátria comum entre deuses e homens. Desse modo observamos a ideia estoica de uma mesma pátria para homens e deuses, colocada a partir de quem governa.

159 De acordo com Gorman, *The Socratic Method in the Dialogues of Cicero* (p.37-47), de I, 58, até I, 63, Cícero compõe um diálogo tentando emular a obra platônica, servindo-se do método socrático de pergunta e resposta. Neste excerto, Cipião e Lélio discutem se a monarquia é ou não a melhor forma de governo. A parte racional da alma, como chamava Platão, foi denominada *consilium*; assim, *consilium*, como manifestação da *ratio*, está intimamente ligado à *prudentia*.

160 Cícero opta por usar a forma *graios* em vez de *graecos*. Esse uso mais refinado ao se referir aos gregos pode marcar exatamente a oposição entre cultos e incultos, ou os que falam grego e os que não falam. Esse uso ocorre também em: II, 9; III, 15; VI, 16.

161 Parece que já entre os romanos o conceito de bárbaro era de difícil compreensão, pois aqui parece haver a oposição entre cultos e incultos e não apenas o fato de falar ou não grego os diferenciava. Assim, Cícero diferenciava os bárbaros dos não bárbaros pelos costumes.

162 Cf. *Tusc.*, IV, 78.

163 Cf. Platão, *A República*, 440a-e.

164 Aqui *consilium* é novamente entendido como parte da alma, como razão, pois Cícero está usando uma terminologia platônica. Cf. Gorman, *The Socratic Method in the Dialogues of Cicero*, p.40.

165 Cf. Platão, *A República*, 445.

166 Cf. *De re publica*, II, 53-55.

167 Livros dos áugures. Cipião e Lélio foram áugures. Cf. *De re publica*, II, 16.

168 "Mestre do povo" como sinônimo de mestre da cavalaria, remetendo aos livros dos áugures.

169 *Eros* para designar amo; esse é um uso típico da poesia.

170 Cf. *Pro Sestio*, 121.

171 Cf. Platão, *A República*, 562c-563e.

Sobre a República

172 Parece que o uso de *patrium* tenta aproximar o governo dos seletos ao régio.

173 Com o exemplo de Pisístrato constrói-se uma imagem do que seria um tirano e, ao mesmo tempo, explora-se um argumento histórico.

174 *Aequatum et temperatum*: Cícero usa duas formas parecidas em I, 45, *moderatum et permixtum*.

175 *Aequabilitatem* e *firmitudinem* são dois atributos da constituição mista.

176 Neste parágrafo Cícero enuncia momentos diferentes em três frases: o primeiro refere-se ao que já aconteceu; o segundo, ao que acontece; e o terceiro, ao que poderá acontecer.

177 Pergunta que se refere ao presente.

178 Pergunta que se refere ao futuro.

179 O trecho pode querer se referir a Cartago e a Numância, tomadas respectivamente em 146 a.C. e 143 a.C.

180 Nos livros II, IV e VI não há um exórdio feito na própria voz de Cícero como nos livros I, III e V, os quais representam também o início de um dia de diálogo.

181 No livro II, Cipião conta a história romana e, de acordo com seu desenvolvimento, tenta mostrar a construção, o desenvolvimento e o aperfeiçoamento dessa república por meio das experiências de homens públicos. Essa narrativa é feita com base nas palavras de Catão, e esse recurso confere autoridade ao texto.

182 Nos parágrafos 1, 2 e 3 Cícero faz um pequeno prefácio, visto que não há um exórdio neste livro.

183 De acordo com Zetzel, "meus pais" se refere tanto ao pai natural, Emílio Paulo, quanto ao pai que o adotou, filho de Cipião Africano (cf. Cícero, *De re publica: edited by James E. G. Zetzel*, p.158).

184 Cícero coloca Cipião como discípulo de Catão.

185 Nota-se a ligação que Cícero faz entre o modo de vida e o discurso, a *práxis* e o *uerbum*. Segundo ele, deveria haver não apenas uma verdade entre ambas, mas também certa verossimilhança; além disso, a referência à vida alude às ações dos homens.

186 Cícero se refere a legisladores exemplares. A constituição feita por Licurgo foi considerada a melhor constituição grega por Políbio — que compara também a de Cartago com a dos romanos. Cf. VI, 48-52. Cf. *De Rep.* II, 42-43, quando Cícero retoma a comparação entre a constituição de Licurgo e a romana.

Cícero

187 Governou Atenas no final do século IV a.C.

188 Nesta frase, Cícero parece reforçar a ideia da contribuição de muitas gerações, além da perfeição da república romana mediante a contribuição do engenho de muitos.

189 Aqui há uma oposição à ideia de Políbio sobre a engenhosidade de Licurgo, pois, para Cícero, as coisas escapam do engenho de apenas um, e são necessários experiência e amadurecimento.

190 Aqui Cícero coloca estas palavras como já ditas por Catão, dando voz a um discurso que tem autoridade.

191 Novamente, o autor reitera a ideia de um desenvolvimento gradual e natural da república.

192 Neste livro há um esforço para distanciar o que Cipião – Cícero – faz do que foi feito por Platão; enaltece-se a narrativa histórica da formação da república romana, enquanto Platão tratou de uma república forjada.

193 A partir do parágrafo 4 até o 20, Cícero fala sobre Rômulo.

194 A ferocidade do animal passa para o ânimo de Rômulo.

195 Aqui Cícero marca a passagem do que é mito para o que é fato, ou seja, história.

196 *De natura deorum*: "A religião de todo o povo romano está dividida em rituais e em auspícios, sendo que lhes foi juntado um terceiro elemento, que diz respeito àquilo que os intérpretes e os harúspices de Sibila anunciam, vaticinando a partir [da observação] de portentos e maravilhas. Nunca pensei que nenhuma dessas práticas religiosas devia ser desprezada, e estou mesmo convencido que Rômulo, através dos auspícios, e Numa, pela instituição dos ritos, lançaram os alicerces da nossa cidade, que nunca teria engrandecido sem a benquerença dos deuses" (*Da natureza dos deuses*, trad. Pedro Braga Falcão).

197 Observa-se aqui, em uma frase, o modo como Cícero irá organizar parte deste livro: primeiro narrará a fundação da urbe, depois sua formação físico-espacial (parágrafos 5 a 11) e a organização da república e de suas instituições (parágrafos 12 a 16).

198 *Manus* refere-se ao sentido de força militar e força de trabalho. Cf. *De Rep.* I, 41.

199 Talvez os aborígenes façam uma referência aos primeiros habitantes da região do Lácio.

200 A cidade de Óstia.

Sobre a República

201 Ao usar a palavra *sermonibus*, o autor tenta passar tanto a ideia de mistura com novos discursos e ideias de outros povos quanto com novas línguas.

202 De acordo com Zetzel, as objeções morais às cidades marítimas já tinham sido proferidas em Platão e Dicearco (cf. Cícero, *De re publica: edited by James E. G. Zetzel*, p.165).

203 Cidades destruídas por Roma. Ao longo de toda a obra, compara--se Roma com Cartago diversas vezes.

204 Povos que viviam na Tessália.

205 As cidades marítimas têm suas instituições e costumes flutuantes – passa-se a ideia de que nelas nada é seguro, estável; tudo oscila e é inconstante. De acordo com Zetzel, pode ser uma alusão à origem mítica de Delos (cf. Cícero, *De re publica: edited by James E. G. Zetzel*, p.166). Essa possível alusão a Delos estabelece também uma correlação com Apolo e Ártemis, pois foi ali que nasceram, quando sua mãe Latona, de volta à terra, procurava um lugar onde pudesse dar à luz seus filhos. Porém, negaram-lhe abrigo, e apenas uma ilha flutuante e estéril chamada Ortígia acolheu Latona. Posteriormente, Apolo deu a essa ilha o nome de Delos.

206 Aqui a forma de apresentação é quiástica: *Etruscos et Poenos, alteri mercandi causa, latrocinandi alteri*. Assim, os etruscos eram piratas e os cartagineses eram comerciantes.

207 Cf. Tito Lívio, *Ab Vrbe Condita*, V, 54, 4, em que também há um elogio à localização de Roma.

208 *Obiecto*: pode significar tanto uma barreira, um obstáculo, quanto um objeto que se oferece aos olhares, um espetáculo; assim, carrega dois sentidos antagônicos, e neste contexto ambos fazem sentido. Em *De natura deorum*, III, 63, encontramos a seguinte passagem: "Que grande e molesta tarefa, além de minimamente necessária, se entregou primeiro Zenão, Cleantes depois e em seguida Crisipo, procurando a explicação de fábulas imaginadas, e decifrando a razão de ser das palavras, o porquê de se dizerem de determinada maneira. Ao procederdes assim, admitis que as coisas e as opiniões dos homens são algo de muito diferente, pois aqueles que têm o nome de deuses são propriedades da natureza, e não figuras de deuses propriamente ditos. A tão longe trouxe este erro, que não só nomes de deuses foram dados a coisas funestas, como lhes foram instituídas cerimônias religiosas. Vemos, por exemplo, um templo consagrado à Febre, no Palatino, e outro a Orbona, junto ao templo dos Lares,

Cícero

e um altar dedicado à Má Fortuna, no monte Esquilino" (*Da natureza dos deuses*, trad. Pedro Braga Falcão).

209 *Arx*: cidadela.

210 A tradução de *opes*, neste caso, também poderia ser: influência, poderio, força militar ou riqueza.

211 *Anniuersarios*: é um termo para se referir à execução de ritos anualmente.

212 Celebração em homenagem a Consus, deus agrícola cujo altar ficava sob o Circo Máximo, entre o Aventino e o Palatino.

213 Ou seja, as antigas virgens.

214 De acordo com Ernout-Meillet, *Dictionnaire étymologique de la langue latine, histoire des mots, adscire* significa admitir por decisão oficial. Assim, essa atitude de Rômulo evoca a relação romana-sabina que observamos, por exemplo, com a existência de colégios sacerdotais duplos e dois reis.

215 Patrícios. Cf. II, XXVIII, 50 quando Cícero estabelece a relação etimológica entre *senex* e *senatus*. Ainda no parágrafo 14, observamos a transição de um conselho régio para os principais. Já podemos observar aqui um traço da constituição mista desde o início de Roma.

216 Aqui, Cícero explica o motivo dos nomes dados, mas ainda não nos oferece os nomes, que apenas serão explicitados em II, 36. Os nomes são: *rhamnenses*, de Rômulo; *titienses*, de Tito Tácio; e *luceres*, de Lucumão.

217 Aqui "cúria" tem o sentido de divisão do povo romano.

218 Cf. Políbio, *Histórias*, VI, VII, 4.

219 Devemos lembrar que no princípio o *rex*, de acordo com Benveniste, *O vocabulário das instituições indo-europeias*, p.14, não era apenas um rei político, mas também um chefe religioso.

220 Ricos por terem rebanhos.

221 Ricos por terem terras.

222 Cf. *De re publica*, I, 25; II, 4.

223 *Imperiti* pode significar tanto ignorante como também mal informado, inábil ou inexperiente.

224 Os primeiros jogos olímpicos foram celebrados no ano de 776 a.C. Então, segundo o que Cícero disse, infere-se que Roma foi fundada no ano de 750 a.C.

225 O método de datação utilizado por Cícero é por comparação de eventos.

Sobre a República

226 Aqui, Cícero trata de uma confusão de nomes por haver dois Licurgos: o de Esparta e o que instituiu a primeira olímpiada.

227 Aqui, o autor está se referindo a Hesíodo; Estesícor era seu neto. Acreditava-se que Hesíodo tenha sido contemporâneo de Homero.

228 Em 556 a.C.

229 Hostilidade que se criou após a morte de Rômulo.

230 Nos parágrafos 21 e 22 há uma digressão para se falar do método usado para escrever o livro II.

231 Cícero chama sua narrativa histórica de algo feito com um novo método, pois Platão construiu sua filosofia política baseando-se em uma *politeia* que não era real e os peripatéticos citaram diversas constituições, mas não detalharam o desenvolvimento de nenhuma. Aqui podemos observar que Cícero quer comprovar historicamente o desenvolvimento de Roma e esta argumentação corrobora com a sua teoria política. Além disso, podemos notar como ele aproxima a filosofia e a história.

232 Refere-se a Platão.

233 Como o trecho se refere a Platão, *ciuitas* está como tradução de *polis*.

234 Refere-se a Aristóteles e aos peripatéticos.

235 Observa-se aqui uma crítica a Platão.

236 Há uma ironia no argumento, uma vez que ele diz que os romanos eram rudes, porém sábios ao saber procurar a virtude e a sapiência régia. Já foi dito, nos parágrafos 18 e 19, que Roma já foi fundada em tempos doutos, logo, seus concidadãos não seriam rudes.

237 Nos parágrafos 25, 26 e 27 Cícero fala sobre o governo de Numa Pompílio, enfatizando o estabelecimento da religião e a inclusão de hábitos pacificadores estabelecidos por este.

238 Lei proposta em assembleia. Outros reis fizeram o mesmo: Tulo Hostílio (parágrafo 31), Anco (parágrafo 33), Tarquínio (parágrafo 35) e Sérvio Túlio (parágrafo 38).

239 Ou seja, a agricultura como uma forma de não aderir à atividade militar.

240 Isto é, um período sem guerra, logo, de tranquilidade doméstica. A agricultura os conduziu a tal estabilidade que permitiu o desenvolvimento da justiça e da confiança.

241 Refere-se, aqui, aos Anais Máximos. De acordo com *De re publica*, V, 3, esses textos foram compilados e publicados por Mânio Manílio.

242 Nota-se que há uma importância da religião oficial e dos colégios sacerdotais. O colégio dos Pontífices supervisionava os ritos e ce-

Cícero

rimônias. Apenas os colégios dos áugures e dos Pontífices tinham importância política e religiosa.

243 Os quinze flâmines cuidavam do culto a uma divindade.

244 Os Sálios eram ligados ao deus Marte e cuidavam das cerimônias de declaração e de término das guerras.

245 Elas eram responsáveis pelo culto à deusa Vesta – Cíbele ou Terra –, mulher do Céu e mãe de Saturno, e deveriam sempre manter o fogo sagrado aceso, o qual ficava no *Atrium Vestae*.

246 Tito Lívio, em *Storia di Roma dalla sua fondazione*, I, XXI, diz que Numa reinou durante quarenta e três anos, diferentemente de Políbio.

247 Há um paralelo com o que se diz sobre o legado de Rômulo (parágrafo 17), que deixou "dois egrégios firmamentos da república, os auspícios e o senado", e com o que Numa Pompílio teria deixado, a religião e a clemência.

248 Nos parágrafos 28, 29 e 30 há uma digressão para apontar um erro cronológico que os romanos cometiam, a saber: a invenção de que Numa teria sido discípulo de Pitágoras. De acordo com Zetzel, na reconstrução que Políbio faz do período régio, a morte de Numa data de 672 a.C., ou seja, cerca de 144 ou 140 anos antes da chegada de Pitágoras (cf. Cícero, *De re publica: edited by James E. G. Zetzel*, p.185). Em *Tusc.*, IV, II, 3, Cícero também apresenta o argumento de que Numa não tinha sido discípulo de Pitágoras.

249 Ele teria começado a reinar em 532 a.C.

250 *Reperitur*: ser visto, ser descoberto, ser encontrado, saber. Este verbo indica uma prova histórica, pois se trata da questão da visão para a história e o texto historiográfico.

251 Refere-se ao Sul da Itália.

252 Refere-se ao erro de datação apontado anteriormente.

253 Cícero distingue um período em que Roma não era influenciada pelo pensamento e pelas instituições gregas, mas tinha sua base de pensamento e de virtudes domésticas próprias. No parágrafo 34 ele admitirá que, em períodos posteriores, houve uma grande influência do pensamento e das artes gregas em Roma.

254 *Progredientem* enfatiza um avanço natural da república mediante processos que fazem com que ela progrida. Cícero, por meio dos processos históricos, tem uma percepção do curso dos acontecimentos.

255 Cf. *De re publica*, III, 20: o colégio dos Feciais relacionava-se com a ideia de guerra justa e do *ius gentium*.

Sobre a República

256 Assim como no parágrafo 25, o autor mostra que o governo régio tem participação do povo.

257 Acompanhavam pretores e cônsules transportando os símbolos do poder.

258 Agostinho, em *Cidade de Deus*, 3, 15, afirma que de acordo com Cícero, Tulo Hostílio foi atingido por um raio, mas apesar disso não foi considerado recebido entre o número dos deuses, pois os romanos não queriam tornar trivial aquilo que havia sido atribuído a Rômulo.

259 Aqui se inicia uma fala de Cipião.

260 Ou seja, Tulo Hostílio.

261 Em toda a obra esta é a única referência à palavra *historia*.

262 Nos parágrafos 34, 35 e 36 o autor trata do reinado de Tarquínio, o Antigo.

263 Lúcumo ou Lucumão Tarquínio (Tarquínio, o Antigo) e Arunte.

264 Cícero quer dizer que a romanização do nome tira a influência grega não apenas nele, mas também por extensão em Roma. Ele passou a se chamar apenas Lúcio Tarquínio e não Lucumão Tarquínio.

265 Na Roma republicana ainda se manteve a distinção entre senadores de origem patrícia – ou seja, os pais de estirpes maiores – e senadores de origem plebeia – pais de estirpes menores.

266 Cf. *De re publica*, II, 14.

267 As três centúrias que Rômulo tinha organizado.

268 Povo vizinho do Lácio.

269 *Accipio, accipere*: este verbo também é muito usado na narrativa historiográfica para designar que quem está narrando foi uma espécie de testemunha do fato.

270 Jogos em honra a Júpiter, Juno e Minerva, celebrados em setembro.

271 Do parágrafo 37 ao 43, Cícero narra o governo de Sérvio Túlio. Pode-se dividir esta parte em três subpartes: a ascensão (§§ 37-38), a constituição (§§ 39-40) e uma discussão sobre o governo misto (§§ 42-43).

272 Cf. *De re publica*, II, 2.

273 Cf. Tito Lívio, *Ab Vrbe Condita*, I, 39. Nessa obra, o historiador descreve Sérvio Túlio do seguinte modo: "teria sua cabeça em chamas diante dos olhos de muitos".

274 Sérvio Túlio dispensou a intervenção do senado no processo de sucessão, mas se apoiou na vontade do povo.

Cícero

275 Estes parágrafos resumem a criação de uma assembleia centuriada por Sérvio, mas a distribuição das classes feita por Cícero difere, por exemplo, de Tito Lívio, *Storia di Roma dalla sua fondazione*, I, 43. De acordo com Zetzel, também parece haver outra divergência a respeito da estrutura timocrática da assembleia (cf. Cícero, *De re publica: edited by James E. G. Zetzel*, p.194).

276 Operários que trabalhavam com construção, carpinteiros etc.; em suma, profissões de artífice.

277 Optou-se por traduzir *accensis uelatis* como soldados sem armas.

278 Aqui Cícero fala do governo misto em três povos distintos.

279 O vocabulário usado em *De re publica*, I, 69 (*aequatum et temperatum*) é reiterado e explicado de modo mais detalhado por meio de exemplos. Aqui temos uma distinção entre constituições nas quais as formas simples de governo coexistem (como Esparta e Cartago) e estas são apenas mescladas, enquanto na constituição romana, em que as três formas se temperam de tal modo que produzem uma constituição mista, as partes estão equilibradas.

280 Aqui ócio tem o sentido de tranquilidade.

281 Refere-se tanto à oposição homem livre/escravo quanto ao sentido político amplo. Cf. *De re publica*, I, 43, 47, 50, 55.

282 Nos parágrafos 44, 45 e 46, o autor tratará de Tarquínio, o Soberbo.

283 Refere-se a Tarquínio, o Soberbo.

284 Cf. *De re publica*, II, 36.

285 Cícero começará a demonstrar a degeneração do governo em Roma a partir do governo tirânico de Tarquínio, o Soberbo.

286 É um exemplo da função pedagógica da história como *magistrae vita*. A natureza humana parece ser tal que as repúblicas, assim como os homens, parecem ter caminhos e desvios. Portanto, observar e aprender para onde a república se inclinará e socorrê-la faz parte da ação do sábio na vida política.

287 Descrição de um tirano.

288 Cf. *De re publica*, I, 9-10, quando se atrela a ação política à figura do homem sábio que participa dela.

289 Do parágrafo 47 ao 52 far-se-á uma digressão para falar sobre a tirania.

290 Cf. *De re publica*, I, 54, 56, 64, 65.

291 Aqui, *communionem* e *societatem* foram traduzidas por "associação". Esses conceitos retomam a definição de república apresentada em I, 39.

292 *Humanitas* pode ser lida como benevolência ou filantropia.

Sobre a República

293 A diferença é que no livro III Cícero retira a qualidade de república das formas degeneradas.

294 De acordo com Zetzel, todos estes foram condenados e sofreram morte violenta por terem uma política mais popular, em particular sobre leis agrárias.

295 Apesar de fragmentado, poder-se-ia compreender o trecho do seguinte modo: "Na Lacedemônia, Licurgo os chamou *gerontes*". Os *gerontes* formavam o conselho de anciãos, no qual os membros não tinham menos de sessenta anos.

296 Relação etimológica entre *senex* e *senatus*. Cf. *De re publica*, II, 14, 23, 35, 43.

297 Cf. a figura do tirano em Platão, *A República*, VIII, 565; IX, 580.

298 A cruz indica um *locus deperditus*, isto é, uma passagem perdida, uma palavra perdida.

299 Para Cícero, o governante personifica a forma de governo. Desse modo, o autor descreve uma forma de governo por quem a rege e pelas virtudes dessa(s) pessoa(s).

300 Cf. *De oratore*, I, 211.

301 Cf. Platão, *Leis*, 737-738.

302 Remete a *De re publica*, I, 62.

303 Dos parágrafos 53 a 63, Cícero trata das origens da República romana.

304 Aqui retoma-se *De re publica*, II, 46.

305 *Contione*, assembleia, significa a assembleia do povo convocada e presidida por um magistrado, porém sem a finalidade de votar.

306 Isto é, tinha e cultivava a simpatia popular.

307 Principal assembleia popular de Roma.

308 *Prouocatio ad populum* era o direito que os cidadãos tinham de apelar, ao povo reunido, contra sentenças dos magistrados que consideravam abusivas ou injustas, principalmente quando eram impostas penas capitais. Essa lei era mais usada quando o condenado pedia ao povo a anulação de sua sentença.

309 Este parágrafo faz uma digressão na narrativa histórica para tratar do direito de apelação. Aqui notaremos a importância que este teve para a constituição da República Romana.

310 Eram uma importante fonte de documentação histórica.

311 A primeira Lei Pórcia foi proposta em 199 a.C., por P. Pórcio Leca, e concedia direito de apelação em penas capitais. A segunda, proposta em 195 a.C., por M. Pórcio Catão (Catão, o Velho), proibia

Cícero

o flagelo dos cidadãos sem apelação e um cidadão poderia escapar da morte se voluntariamente se exilasse. A terceira foi proposta em 184 a.C., pelo cônsul L. Pórcio Licínio, e salvaguardava os cidadãos de execução sumária, sempre com o direito de apelação, e foi estendida para os cidadãos que estavam fora da cidade de Roma.

312 Simbolizavam o direito de vida e de morte.

313 Na urbe, os cônsules exerciam seu cargo por um mês e depois se alternavam.

314 A partir do parágrafo 56, a palavra *res publica* passa a se referir à República romana.

315 Aqui, homem nobre está em oposição a homem novo.

316 Cf. *De re publica*, I, 63. O período de ditadura poderia durar seis meses e esta era instituída caso algum cônsul morresse, ou se houvesse uma crise militar.

317 Aproximadamente 493 a.C.

318 *Consilio principium*.

319 Esse movimento quebrou a unidade de Roma.

320 Eram altos magistrados cuja designação pode relacionar-se com o conceito de boa ordem.

321 Aqui, Cícero atrela as virtudes privadas e a autoridade pública. Na verdade, as virtudes privadas se projetam sobre a vida pública.

322 *Lex Aternia Tarpeia*, 454 a.C.

323 *Sacramentum* pode se referir a várias partes do processo civil, por exemplo, quando o juramento era acompanhado de garantia ou caução.

324 *Lex Iulia Papiria*, 430 a.C., cujo objetivo seria facilitar o pagamento de multas.

325 A *Lex Canuleia*, de 445 a.C., permitiu que se realizassem casamentos mistos, ou seja, entre patrícios e plebeus.

326 Refere-se ao direito de vida e de morte que um pai tinha sobre os próprios filhos.

327 A tradução dos livros III, IV e V foi baseada no texto estabelecido por Ziegler.

328 Cf. *De re publica*, I, 39.

329 Essa é uma interpretação de Agostinho, e não o que Cícero diz nos livros em I, 69 e II, 47.

330 Em nenhum momento encontramos isso dito em Cícero; pelo contrário, conforme a visão estoica do nosso autor, a natureza é uma razão ordenadora que dota os homens de razão e linguagem. Para

Sobre a República

o pensamento estoico é a natureza que mantém o mundo de modo coeso, que faz nascerem os seres na terra, que permite o impulso à conservação e à sociabilidade natural.

331 Ou seja, os que são privados de fala.

332 Refere-se ao clima.

333 Aqui o critério é que se a pessoa é privada de fala, é porque ela é privada de razão.

334 Linguagem, aqui, traduz *sermo*. Cícero refere-se ao *topos* da invenção da linguagem e do vínculo que esta estabelece entre os homens.

335 Cf. Plínio, *História Natural*, VII, 192 e 210.

336 Cf. *De natura deorum*, II, 153-154.

337 Este argumento retoma o exórdio do livro I, parágrafos II e III.

338 Retoma três grandes interlocutores deste livro.

339 Cf. *De re publica*, II, XIX, 34.

340 Aqui, assim como no exórdio no livro I, o autor elabora a figura do concidadão sábio-político.

341 Refere-se ao termo grego *Philosophos*.

342 Aqui termina o exórdio do livro III.

343 Do parágrafo 8 ao 31, Filo reproduz o discurso de Carnéades contra a justiça.

344 Aqui Cícero alude ao método cético da nova Academia de dissertar. Cf. Cícero, Academica Posteriora, in: *De natura deorum. Academica.*

345 Cf. Platão, *A República*, 336a-e.

346 Carnéades de Cirene, membro da Nova Academia. Quando enviado em uma embaixada a Roma, em 155 a.C., fez, em um dia, um discurso a favor da justiça e, em outro, a favor da injustiça.

347 De acordo com Grimal, *Dicionário de mitologia grega e romana*, p.338: "Nas crenças populares romanas, Orco é o espírito da morte, que dificilmente se distingue dos Infernos, morada dos mortos. Aparece nas pinturas funerárias dos túmulos etruscos sob a forma de um gigante barbudo e hirsuto. Pouco a pouco, este espírito foi-se aproximando dos deuses helenizados e Orco passou a ser apenas um dos nomes de Plutão ou de *Dis Pater*. Mas Orco permaneceu vivo na língua familiar, enquanto as duas outras divindades pertenciam à mitologia erudita".

348 Sucessor de Cleantes na escola estoica.

349 Cf. Aristóteles, *Ética a Nicômaco*, V, I, 1130a5-10.

350 Invadiu a Grécia em 480 a.C.

351 Mar Negro ou Ponto Euxino.

Cícero

352 Lei elaborada em 169 a.C., que consistia em limitar ou excluir as mulheres da herança e também as impedir de poder fazer testamentos (provavelmente uma filha só poderia herdar metade da fortuna). A Lei Vocônia não se aplicava às Virgens Vestais, pois elas não estavam sob a potestade e a tutela do *pater*, ou seja, não eram dependentes da *patria potestas*. Cf. Fustel de Coulanges, *A Cidade Antiga*, quando trata da herança e como eram os direitos à herança de acordo com a religião doméstica.

353 Do parágrafo 18 ao 22, Filo reproduz a parte do discurso de Carnéades que nega o direito natural.

354 Cf. Aristóteles, *Ética a Nicômaco*, V, 5, 1134a-5.

355 Conforme já foi dito, ausência de fala é o mesmo que ausência de razão.

356 Cf. *De re publica*, II, XVII, 31.

357 Cf. *De re publica*, I, 50.

358 Cf. *De re publica*, I, 51-52.

359 Refere-se ao governo misto.

360 Cf. Platão, *A República*, II, 358a-359b.

361 Aqui não podemos traduzir *imperium* por "comando" como vínhamos fazendo, pois neste contexto o sentido é de extensão territorial.

362 Potestade para comandar.

363 Cf. Platão, *A República*, 361a-e.

364 Filo foi cônsul em 136 a.C. e presidiu uma reunião do Senado que não acatou os acordos que Rufo Pompeu, em 141 a.C., e Hostílio Mancino, em 137 a.C., haviam firmado com Numância para evitar a destruição das tropas romanas.

365 Cícero usa esse mesmo argumento em *De officiis*, III, 54.

366 Transição para o discurso de Lélio.

367 Lélio inicia o discurso de Carnéades a favor da justiça.

368 Essa definição de lei é estoica e também podemos encontrá-la nas *Leis*, I, 22.

369 Forma composta de *ob* e *rogo*, que significa que esta lei não pode ser invalidada por outra.

370 Pode ter o mesmo sentido de ab-rogar (ver nota seguinte); aqui, porém, o sentido é de que nenhuma parte desta lei pode ser separada, cortada ou diminuída.

371 Verbo composto por *ab* e *rogo*, significa que a lei não pode ser abolida.

372 Para a filosofia estoica, "deus" tem o sentido de razão universal ou natureza.

302

Sobre a República

373 Está subentendida a ideia do suicídio, que reaparecerá no livro VI.

374 Cf. *De re publica*, I, 59-60.

375 Foi chefe da escola epicurista.

376 Cf. *De officiis*, III, 116.

377 Foi cônsul em 144 a.C. Ele foi membro do colégio dos áugures e era um grande orador. Cícero o coloca como personagem em sua obra *Brutus*.

378 Foi tirano em Siracusa em 405 a.C.

379 Refere-se aos Trinta Tiranos.

380 Retoma-se aqui a definição de povo e, por conseguinte, de república. Cf. *De re publica*, I, 39.

381 Cf. *De re publica*, I, 61.

382 Sugere que o teatro pode ser um espaço para refletir a respeito da política.

383 Sobre os presentes dados aos homens pela natureza, ver *De natura deorum*, II, 133-153.

384 Cf. *De legibus*, I, 27.

385 De acordo com Zetzel, talvez Cícero tratasse dos apoiadores de Graco que visavam retirar dos senadores a possibilidade de votar na centúria dos cavaleiros. Cf. *On the Commonwealth*, p.80.

386 De acordo com Zetzel, este fragmento está relacionado com a discussão sobre a arte, mas, claramente, estabelece um diálogo com Platão, *A República*, III, 398a-e (cf. Cícero, *De re publica: edited by James E. G. Zetzel*, p.81).

387 Dos censores.

388 Encarregado de receber os impostos.

389 No sentido de muito patriota, ou seja, que tem muito amor à pátria.

390 "Nossos predecessores", de acordo com Zetzel (cf. Cícero, *De re publica: edited by James E. G. Zetzel*, p.83).

391 Os comediantes.

392 À carreira política.

393 Neste parágrafo, o autor retoma os princípios do amor pátrio e da virtude dos varões eminentes, expostos no exórdio do livro I.

394 Talvez o autor queira se referir tanto ao substantivo masculino *orbis* (órbita da terra, círculo, região) quanto ao adjetivo *orbus, a, um*, que significa "privado de".

395 O sexto livro, conhecido como *Sonho de Cipião*, se passa em 149 a.C., ano em que ocorreu a Terceira Guerra Púnica, e não em 129 a.C. (data

Cícero

dramática da obra). O avô de Cipião aparece em seu sonho, quando ele visitava Masinissa – rei da Numídia.

396 Aliou-se a Roma na Segunda Guerra Púnica e tornou-se cliente dos Cipiões. Masinissa morreu em 148 a.C., um ano depois da data dramática do *Sonho*.

397 Cícero já coloca aqui a ideia de imortalidade do homem virtuoso.

398 No livro VI, Cícero usa alguns verbos para transmitir o sentido da visão, como *conspicio* e *intuerer*.

399 Refere-se ao avô de Cipião, isto é, Públio Cornélio Cipião Africano Maior.

400 Provavelmente Cipião tinha apenas dois anos quando seu avô morreu.

401 Cipião derrubou Cartago em 146 a.C.

402 Funcionário que cuida da fiscalização e da administração das províncias.

403 Em 133 a.C.

404 Aqui Cícero se refere a Tibério Graco, cuja mãe Cornélia era filha de Cipião Africano Maior. Uma das principais ideias de Tibério Graco como tribuno em 133 a.C. consistia na divisão do *ager publico* para a população romana.

405 Cf. *De re publica*, I, 39-41.

406 Lucio Emílio Paulo.

407 Cf. Platão, *Fedão*, 67c-d; Cícero, *Tusc.*, I 71-75; e Cícero, *Da velhice*, 77-84.

408 Fala de Emílio Paulo.

409 O fogo como inerente à natureza do homem é um registro estoico.

410 Refere-se ao suicídio. O tema também é abordado em *Fedão*, 62 a-e.

411 Refere-se à Lua.

412 As sete estrelas seriam Saturno, Júpiter, Marte, Vênus, Sol, Mercúrio e Lua.

413 Assim, a Lua separaria o que é mortal do que é eterno.

414 De acordo com Zetzel, provavelmente a música das esferas retratada aqui não é platônica, mas pitagórica (cf. Cícero, *De re publica: edited by James E. G. Zetzel*, p.239-40).

415 "Aquelas [coisas] humanas" não se refere à política, mas aos vícios.

416 Assim chamavam o vento do Norte.

Referências bibliográficas

Obras de Cícero

CICERO. *De re publica. De legibus.* With an English translation by Clinton Walker Keyes. Cambridge, MA: Harvard University Press, 1988.

CICERO. *De re publica.* With an English translation by James E. G. Zetzel. Cambridge: Cambridge University Press, 1999.

CICERO. *De re publica*: edited by James E. G. Zetzel. Cambridge: Cambridge University Press, 1995.

CICERO; ZIEGLER, K. M. *Tullius Cicero*: De re publica – Librorum sex quae manserunt sextum recognouit. Leipzig: Teubner, 1969.

CICERO. *On The Commonwealth.* Translated, with an Introduction by George Holland Sabine and Stanley Barney Smith. Indianapolis: A Liberal arts press book, s.d.

CICERO. *Das Leis.* Tradução, introdução e notas por Otávio T. de Brito. São Paulo: Editora Cultrix, s.d.

CICERO. *De natura deorum. Academica.* With an English translation by H. Rackham. Cambridge, MA: Harvard University Press, 1979.

CICERO. *Da natureza dos deuses.* Introdução, tradução e notas de Pedro Braga Falcão. Lisboa: Nova Veja, 2004.

CICERO. *De officiis.* With an English translation by Walter Miller. Cambridge, MA: Harvard University Press, 1990.

Cícero

CICERO. *Dos deveres.* Tradução, introdução, notas, índice e glossário de Carlos Humberto Gomes. Lisboa: Edições 70, 2000.

CICERO. *De oratore.* Books I and II. With an English translation by E. W. Sutton. Completed with an introduction by H. Rackham. Cambridge, MA: Harvard University Press, 1942.

CICERO. *De oratore.* Book III. *De fato. Paradoxa stoicorum. De partitione oratoria.* With an English translation by H. Rackham. Cambridge, MA: Harvard University Press, 1997.

CICERO. *Cicero – On Academic Scepticism.* With an English translation by Charles Brittain. Indianapolis/Cambridge: Hackett Publising Company, Inc., 2006.

CICERO. *Pro Sestio.* With an English translation by R. Gardner. Cambridge, MA: Harvard University Press, 1958.

CICERO. *De finibus bonorum et malorum.* With an English translation by H. Rackham. Cambridge, MA: Harvard University Press, 1988.

CICERO. *Do sumo bem e do sumo mal.* Trad. Carlos Ancêde Nougué. São Paulo: Martins Fontes, 2005.

CICERO. *De inuentione. De optimo genere oratorum. Topica.* With an English translation by H. M. Hubbell. Cambridge, MA: Harvard University Press, 1976.

CICERO. *De senectute. De amicitia. De diuinatione.* With an English translation by William Armistead Falconer. Cambridge, MA: Harvard University Press, 1979.

CICERO. *Letters to Atticus.* With an English translation by E. O. Winstedt. v.I. Cambridge, MA: Harvard University Press, 1950.

CICERO. *Letters to Atticus.* With an English translation by E. O. Winstedt. v.II. Cambridge, MA: Harvard University Press, 1984.

CICERO. *Letters to Atticus.* With an English translation by E. O. Winstedt. v.III. Cambridge, MA: Harvard University Press, 1987.

CICERO. *Letters to his friends* (with an English translation by W. Glynn Williams). v.I. Cambridge, MA: Harvard University Press, 1990.

CICERO. *Tusculan disputations.* With an English translation by J. E. King. Cambridge, MA: Harvard University Press, 1989.

Sobre a República

CICÉRON. *Correspondance, Tome IV.* Paris: Belles Lettres, 1967. Texte établi et traduit par Henri Bornecque. [Paris: Les Belles Lettres, 1924.]

CICÉRON. *Correspondance, Tome V.* Texte établi et traduit par Henri Bornecque. Paris: Les Belles Lettres, 1924.

CICÉRON. *Divisions de l'art oratoire. Topiques.* Texte établi et traduit par Henri Bornecque. Paris: Les Belles Lettres, 1924.

CICERONE. *De re publica.* Trad. A. R. Barrile. Bologna: Zanichelli Editore, 1992.

CICERONE. *La Vecchiezza.* Con un saggio introduttivo, premessa al testo e note di Emanuele Narducci. Trad. Carlo Saggio. Milano: BUR, 1983.

CICERONE. *Il Fato.* Introduzione, traduzione e note di Francesca Antonini. Milano: BUR, 1994.

CICERONE. *Le Filippiche.* A cura di Giovanni Bellardi. Milano: BUR, 2003.

CICERONE. *Le Catilinarie.* Introduzione, traduzione e note di Lidia Storoni Mazzolani. Premessa al texto di Salvatore Rizzo. Milano: BUR, 1979.

CICERONE. *I Doveri.* Saggio introduttivo e note di Emanuele Narducci. Trad. Anna Resta Barrile. Milano: BUR, 1987.

CICERONE. *L'Amicizia.* Saggio introduttivo, premessa al testo e note di Emanuele Narducci. Trad. Carlo Saggio. Milano: BUR, 1958.

CICERONE. *Dell'Oratore.* Con un saggio introduttivo di Emanuele Narducci. Milano: BUR, 1994.

CICERONE. *Bruto.* Introduzione, traduzione e comento di Rosa Rita Marchese. Roma: Carocci Editore, 2011.

CICERONE. *Della Divinazione.* Introduzione, traduzione e note di Sebastiano Timpanaro. Milano: Garzanti, 1988.

Outras fontes

ARISTÓTELES. *Poética.* Tradução, prefácio, introdução, comentário e apêndices de Eudoro de Sousa. Porto Alegre: Globo, 1966.

ARISTÓTELES. *Retórica*. Lisboa: Imprensa Nacional-Casa da Moeda, 2005.

ARISTÓTELES. *Política*. Trad. R. L. Ferreira. São Paulo: Martins Fontes, 1998.

ARISTÓTELES. *Ethica Nicomachea*. São Paulo, Odysseus, 2008.

ARISTÓTELES. *Ethica Nicomachea*. Ed. I. Bywater. Oxford: Oxford University Press, 1894 (Reimp. 1962).

HORÁCIO, *Obras completas*: odes, epodos, sátiras e epistolas. São Paulo: Edições Cultura, 1941.

LAERTIUS, D. *Vidas e doutrinas dos Filósofos ilustres*. Trad. Mário da Gama Kury. Brasília: UnB, 1987.

PLATÃO. *A República*. São Paulo: Martins Fontes, 2006.

PLATO. *Laws*. With an English translation by R. G. Bury. Cambridge, Mass./Londres: Harvard University Press/W. Heinemann, 1952.

PLATO. *Timée*. Traduction inédite, introduction et notes par Luc Brisson; avec la collaboration de Michel Patillon pour la traduction. Paris: Flammarion, 1992.

PLATO. *Protágoras, Górgias, Fedão*. Trad. Carlos Alberto Nunes. Belém: EDUFPA, 1973.

POLIBIO. *Storie*. A cura di Domenico Musti. Nota biografica di Domenico Musti. Traduzione di Manuela Mari. Note di John Thornton. 3v. Milano: BUR, 2001.

POLYBIUS. *The Histories*. With an English translation by W. R. Paton. 6v. Londres, William Heinemann Ltd., 1960.

PLINY. *Natural History*. With an English translation by Eichholz, D. E. Cambridge: Harvard University Press, 1989.

QUINTILIANO. *La formazione dell'oratore*. Milano: Biblioteca Universale Rizzoli, 1997.

VON ARNIM. *Stoicorum Veterum Fragmenta*. SVF. Stoici antichi, tutti i frammenti raccolti da Hans von Arnim. Introduzione, traduzione, note e apparati a cura di Roberto Radice; presentazione di Giovanni Reale. Milano: Bompiani, 2006.

Sobre a República

TITO LÍVIO. *Storia di Roma dalla sua fondazione*. Testo latino a fronte. Con saggio di Ronald Syme; introduzione e note di Claudio Moreschini; traduzione di Mario Scándola, Bianca Ceva. Milano: Rizzoli, 1987.

Bibliografia crítica

BENVENISTE, E. *Mélanges offerts à Claude Lévi-Strauss à l'occasion de son 60° anniversaire*. Jean Pouillon e Pierre Maranda. La Haya: Mouton & Co., 1970, p.489-496.

BENVENISTE, E. *O vocabulário das instituições indo-europeias*. 2v. Trad. Denise Bottman. Campinas, Editora da Unicamp, 1995.

BERNARDO, I. P. Apresentação à Epístola *Ad Quintum Fratrem*, III, V e VI, de Marco Túlio Cícero. *Cadernos De Ética E Filosofia Política*, [s.l.,] v.2, n.15, p.239-48, 2009. Disponível em: https://www.revistas. usp.br/cefp/article/view/82617. Acesso em: 3 jul. 2024.

CHAUI, M. de Souza. *Introdução à história da filosofia*, vol. 2: As escolas helenísticas. São Paulo, Companhia das Letras, 2010.

COLLINGWOOD. *A Ideia de História*. Lisboa: Editorial Presença, 1986.

COULANGES, F. de. *A cidade antiga*. Trad. Fernando de Aguiar. 5.ed. São Paulo: Martins Fontes, 2004.

DUMÉZIL. *La religion romaine archaïque*. Paris: Payot, 1974.

DUMÉZIL. *Mito y epopeya, I. La ideología de las tres funciones en las epopeyas de los pueblos indoeuropeos*. Trad. Eugenio Trías. México: Fce, 2016.

DUMÉZIL. *Mito y epopeya, II. Tipos épicos indoeuropeos*: un héroe, un brujo, un rey. Trad. Sergio René Madero Báez. 2.ed. México: Fce, 2016.

DUMÉZIL. *Mito y epopeya, III. Historias romanas*. Trad. Sergio René Madero Báez. 2.ed. México: Fce, 2016.

ERNOUT, A.; MEILLET, A. *Dictionnaire étymologique de la langue latine, histoire des mots*. Paris: C. Klincksieck, 1959.

FOX, M. *Cicero's Philosophy of History*. Oxford University Press, 2007.

FREDE, M. *Essays in Ancient Philosophy*. Oxford: Clarendon Press, 1987.

GORMAN, R. *The Socratic Method in the Dialogues of Cicero*. [s.l.:] Franz Steiner Verlag, 2005.

Cícero

GRIMAL, Pierre. *Dicionário de mitologia grega e romana*. Trad. Victor Jabouille. 5.ed. Rio de Janeiro: Bertrand Brasil, 2005.

HARTOG, F. A fábrica da História: do "acontecimento" à escrita da História – as primeiras escolhas gregas. *História em Revista*, Pelotas, v.6, dez. 2000. p.7-20.

HARTOG, F. *A História – de Homero a santo Agostinho*. Belo Horizonte: Ed. UFMG, 2001.

LE GOFF, J. *História e Memória*. Trad. Bernardo Leitão et al. 5.ed. Campinas: Editora da Unicamp, 2003.

LEPORE, E. *Il Princeps ciceroniano e gli ideali politici della tarda repubblica*. Napoli, Istituto italiano per gli studi storici, 1953.

LÉVY, C. *Cicero academicus*: Recherches sur les Académiques et sur la philosophie cicéronienne. Paris: Collection de l'Ecole française de Rome, 1992.

LÉVY, C. *Devenir dieux*: désir de puissance et rêve d'éternité chez les Anciens. Paris: Les Belles Lettres, 2010.

MARKY, Thomas. *Curso elementar de direito romano*. São Paulo: Saraiva, 1995.

MOMIGLIANO, A. Time in Ancient Historiography. *History and Theory*, v.6, p.1-23, 1996.

MOMIGLIANO, A. *As Raízes Clássicas da Historiografia Moderna*. Trad. Maria Beatriz Borba Florenzano. Bauru: Edusc. 2004.

MOMIGLIANO, A. *Os limites da helenização*. Rio de Janeiro: Jorge Zahar Editor Ltda., 1990.

OJEA, G. P. *Ideología e historia*: el fenómeno estoico en la sociedad antigua. Madrid: Siglo veintiuno de España Editores, S.A., 1995.

RADFORD, R. T. *Cicero*: a Study in the origins of republican philosophy. Amsterdam: Editions Rodopi B. V., 2002.

RADICE, R. *Estoicismo*. Trad. Alessandra Siedschlag. São Paulo: Ideias e Letras, 2016.

RADICE, R. *Oikeiosis*: Ricerche sul fondamento del pensiero stoico sulla sua genesi. Milano: Vita e Pensiero, s.d.

RAWSON, E. Cicero the Historian and Cicero the Antiquarian. *The Journal of Roman Studies*, v.62, 1972, p.33-45.

RAWSON, E. *Intellectual Life in the Late Roman Republic.* Londres: Phoenix, 1985.

SALEM. *Tel un dieu parmi les hommes – l'Éthique d'Épicure.* Paris: Vrin, 1989.

SCHOFIELD, M. *Saving the City.* Routledge, 2012.

SCHOFIELD, M. Social and political thought. In: ALGRA, K.; BARNES, J.; MANSFELD, J.; SCHOFIELD, M. *The Cambridge History of Hellenistic Philosophy.* Cambridge: Cambridge University Press, 1999.

SCHOFIELD, M. *The Stoic Idea of the City.* Chicago: The University of Chicago Press, 1991.

VALENTE, M. *A ética estoica em Cícero.* Caxias do Sul: Editora da Universidade de Caxias do Sul, 1984.

VERNANT, J.-P. *Entre mito e política.* Trad. Cristina Murachco. São Paulo: Editora da Universidade de São Paulo, 2002.

VERNANT, J.-P. *Mito e pensamento entre os gregos*: estudos de psicologia histórica. São Paulo: Paz e Terra, 2008.

VOGT, K. M. *Law, Reason and the Cosmic City*: political philosophy in the early Stoa. Nova York: Oxford University Press, 2008.

WENLEY, R. M. *Stoicism and its influence.* Nova York: Cooper Square Publishers, 1963.

ZETZEL, J. E. G. Cicero and the Scipionic Circle. *Harvard Studies in Classical Philology*, v.76, 1972, p.173-179.

ZETZEL, J. E. G. Natural Law and Poetic Justice: A Carneadean Debate in Cicero and Virgil. *Classical Philology*, v.91, n.4, out. 1996, p.297-319.

Dicionários

ERNOUT, A.; MEILLET, A. *Dictionnaire étymologique de la langue latine, histoire des mots.* Paris: C. Klincksieck, 1959.

FERREIRA, A. G. *Dicionário de latim-português.* Porto: Porto, 1983.

GAFFIOT, F. *Dictionnaire abrégé latin-français illustré.* Paris: Hachette, 1946.

GLARE, P. G. W. *Oxford Latin Dictionary.* Oxford: Clarendon Press, 1982.

GRIMAL, Pierre. *Dicionário de Mitologia grega e romana.* Trad. Victor Jabouille. 5.ed. Rio de Janeiro: Bertrand Brasil, 2005.

SOBRE O LIVRO

Formato: 13,7 x 21 cm
Mancha: 23 x 44 paicas
Tipologia: Venetian 301 12,5/16
Papel: Off-white 80 g/m² (miolo)
Cartão Triplex 250 g/m² (capa)

1ª edição Editora Unesp: 2024

EQUIPE DE REALIZAÇÃO

Edição de texto
Marcelo Porto (Copidesque)
Tomoe Moroizumi (Revisão)

Capa
Vicente Pimenta

Editoração eletrônica
Eduardo Seiji Seki

Assistente de produção
Erick Abreu

Assistência editorial
Alberto Bononi
Gabriel Joppert

Camacorp Visão Gráfica Ltda

Rua Amorim, 122 - Vila Santa Catarina
CEP:04382-190 - São Paulo - SP
www.visaografica.com.br